UM PEQUENO PASSO PARA A LIBERDADE
A ERA DA DISRUPÇÃO

edição especial com
BITCOIN – A MOEDA NA ERA DIGITAL
de Fernando Ulrich

Um livro dos associados do Instituto de Formação de Líderes de São Paulo

Copyright desta edição © 2017, Instituto de Formação
de Líderes de São Paulo

Copyright de Bitcoin – A Moeda na Era Digital © 2014, Mises Brasil
Copyright © Creative Commons

Revisão de texto
Natália Crissaff Amaro, Danilo Soares Pacheco de Medeiros e
Alexandre Luiz de Oliveira Serpa

Capa, projeto gráfico e diagramação
Mauricio Nisi Gonçalves / Nine Design Gráfico

Imagem da capa
Feng Yu / Alamy Stock Photo

P349

Um pequeno passo para a liberdade: a era da disrupção
  Organizado por Alexandre Luiz de Oliveira Serpa; Danilo Soares
Pacheco de Medeiros; Leonardo de Siqueira Lima - 3ª edição. – São Paulo:
LVM, 2017.

ISBN: 978-85-93751-07-3

1. Sociologia. 2. Política. 3. Administração. 4. Criptomoedas. I. Serpa,
Alexandre Luiz de Oliveira. II. Medeiros, Danilo Soares Pacheco de. III.
Lima, Leonardo de Siqueira. IV. Título.

CDD 301

Todos os direitos reservados.
Nenhuma parte desta obra, protegida por copyright, pode ser
reproduzida, armazenada ou transmitida de alguma forma ou por
algum meio, seja eletrônico ou mecânico, inclusive fotocópia e
gravação, ou por qualquer outro sistema de informação, sem prévia
autorização por escrito da editora.

ORGANIZAÇÃO
DANILO SOARES PACHECO DE MEDEIROS
ALEXANDRE LUIZ DE OLIVEIRA SERPA | LEONARDO DE SIQUEIRA LIMA

UM PEQUENO PASSO PARA A LIBERDADE
A ERA DA DISRUPÇÃO

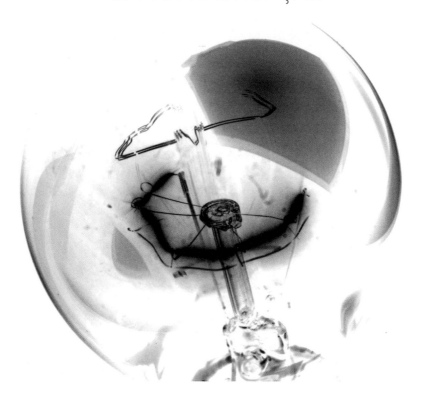

3ª EDIÇÃO

LVM EDITORA

O progresso é precisamente aquilo não previsto pelas regras e regulamentos.

Ludwig von Mises

SUMÁRIO

Agradecimentos
A Era da Disrupção – *Danilo Soares Pacheco de Medeiros* 11

Prefácio
Miguel Furian Campos 13

BITCOIN – A MOEDA NA ERA DIGITAL

Agradecimentos 21

Prefácio
Bitcoin, a Nova Moeda Internacional – *Jeffrey Tucker* 23

Capítulo I
Introdução 29

Capítulo II
Bitcoin: o que é e como funciona 33
1. *O que É Bitcoin* 33
2. *Benefícios do Bitcoin* 40
3. *Desafios do Bitcoin* 46
4. *Regulação e legislação* 52

Capítulo III
A História e o Contexto do Bitcoin 53
1. *A Grande Crise Econômica do século XXI e a Perda de Privacidade Financeira* 53

2. O Bloco Gênese 60

3. O que Possibilitou a Criação do Bitcoin 63

Capítulo IV

O que a Teoria Econômica Tem a Dizer Sobre o Bitcoin 67

1. O Nascimento do Dinheiro 70

2. Escassez Intangível e Autêntica 76

3. Moeda Tangível e Intangível 78

4. Dinheiro, Meio de Troca ou O quê? 82

5. Ouro, Papel-moeda ou Bitcoin? 84

6. Deflação e Aumento do Poder de Compra, Adicionando Alguns Zeros 90

7. O Preço do Bitcoin, Oferta e Demanda 93

8. Valor Intrínseco ou Propriedades Intrínsecas? 95

9. A Falta de Lastro Aparente Não É um Problema 96

10. A Política Monetária do Bitcoin 99

11. As Reservas Fracionárias, o Tantundem e o Bitcoin 102

12. Outras Considerações 105

13. Revisitando a Definição de Moeda 108

14. Meio de Troca, Reserva de Valor e Unidade de Conta 118

15. Conclusão 121

Capítulo V

A Liberdade Monetária e o Bitcoin 125

1. A Importância da Liberdade Monetária para uma Sociedade Próspera e Livre 126

2. As Propostas de Reformas Pelos Liberais 130

3. Bitcoin Contra a Tirania Monetária 132

4. O Futuro do Bitcoin 134

Apêndice

Dez Formas de Explicar O que É o Bitcoin 137

Referências 141

A ERA DA DISRUPÇÃO

A Velha Batalha Contra o Novo
Leandro Narloch.. 151

Livre-Arbítrio em Xeque
Rodolfo Castro... 155

Singularidade: Futuro Maravilhoso ou Futuro Caótico?
Helena Masullo.. 159

Liberdade e Subsidiariedade na Era da Disrupção
Wagner Lenhart 165

O Estado Essencial: Governo Focado, Sociedade Livre
Vinicius Poit e Caio Coppolla... 171

Que todo Tipo de Político vá para o Espaço!
Mariana Marcolin Peringer.. 174

Tecnologia Suplantando Regulamentação – O Verdadeiro "Empoderamento"
dos Indivíduos.
Renato Dias... 179

A Disrupção e os Seus Inimigos: Patentes e Direitos Autorais
Lucca Tanzillo... 183

Regulações Estatais: Um Auxílio Prejudicial
Nathaly Priebe.. 188

Produtividade no Setor Público e Privado: Inovação
Ruth Walter e Luiza Lemos Roland... 196

Por que não Fazer uma Lei que Proíba os Empresários de Demitirem?
Leonardo Siqueira... 202

Quem tem Medo de Robôs?
Joseph Teperman 204

A Reforma Trabalhista e o Futuro do Trabalho
Alfredo Samson Maldonado... 207

Os Atrasos do Poder Judiciário Brasileiro e a Solução Empreendedora
João Antonio Teixeira Madureira de Pinho... 213

A Morte da Morte?
Alexandre Luiz de Oliveira Serpa.. 219

Inovação Digital – um Caminho para o Acesso à Saúde

Caroline Sanflorian Pretyman e Renata Rothbarth 224

A Verdadeira Função do Estado no Ensino Superior

Vanessa Muglia 226

Seria *Blockchain* um Facilitador da Teoria Austríaca da Moeda?

Cesare Rollo Iacovone 232

Impressão 3D – Tecnologia, Liberdade de Criação e Mudança de Hábitos de Consumo

Renan Augusto Falcão Vaz 239

Liberdade e Tecnologia

Jamile Obeid 243

A Era da Informação e a Nova Economia

Mauricio Filippon 246

A Era da Liberdade

Georges Ebel 250

AGRADECIMENTOS

A ERA DA DISRUPÇÃO

Chegamos à 3ª edição de *Um Pequeno Passo Para a Liberdade* sem temer o futuro. A Era da Disrupção que, para alguns, provoca medo, nos traz excitação e esperança. Em um mundo cada vez mais veloz, vemos o futuro se desdobrar na nossa frente. Presente e futuro se fundem. *Chaos is the new calm.*

Em 1965, Gordon Moore previu que a capacidade de processamento dos computadores dobraria a cada 18 meses. A "Lei de Moore" continua vigente e, em breve, chegaremos à Singularidade, momento em que o poder computacional irá superar a inteligência humana.

Este é um novo mundo forjado pela somatória de ações individuais, ao qual nenhum planejamento central seria capaz de chegar. Ele é essencialmente voluntário e colaborativo – dois conceitos impossíveis na ausência de liberdade. Indivíduos movidos por seu próprio interesse, promovendo trocas voluntárias, *pushing the world forward, shaping the future.* A Ordem Espontânea, definida por Hayek, é exponencial.

Este é o tema desta edição de *Um Pequeno Passo Para a Liberdade* e do 4º Fórum Liberdade e Democracia, duas iniciativas do Instituto de Formação de Líderes de São Paulo.

O IFL/SP completa 10 anos também em crescimento exponencial, com o sólido propósito de formar líderes cujo DNA é a busca de seus interesses próprios, potencializada em um ambiente de liberdades individuais, livre iniciativa e em que a propriedade privada é respeitada.

Agradeço a todos que ajudaram a construir esta obra. Ao Fernando Ulrich, pela reedição de *Bitcoin*, que disseca essa inovação de gigantesco potencial disruptivo e que se atreve a desafiar banqueiros centrais mundo afora. Ao Leandro Narloch, por seu artigo inédito, que, numa perspectiva histórica, mostra nossa tendência de lutar contra o novo, contra o que nos tira da zona de conforto. Ao David Feffer, que trouxe o IFL para São Paulo e nosso grande apoiador nesses 10 anos, por gentilmente ceder o papel para a impressão deste livro. Ao Helio Beltrão, pelo grande apoio e inspiração para nossas iniciativas. Ao Rafael Dal Molin e à Thaiz Batista (IMB e LVM Editora), por todo o suporte para que este livro acontecesse. Aos associados do instituto que encararam o desafio da página em branco, especialmente ao Alexandre Serpa, por me ajudar a navegar na burocracia do mercado editorial e ao Leonardo Siqueira, pela coordenação com os autores.

Que a tecnologia nos traga um mundo com mais trocas voluntárias e menos coerção. Convidamos o leitor a encarar o futuro e a ajudar a construí-lo.

Danilo Soares Pacheco de Medeiros
Diretor de Formação do IFL/SP

PREFÁCIO

Como presidente do Instituto de Formação de Líderes de São Paulo (IFL/SP) no ano de 2017, coube a mim a nobre tarefa de prefaciar essa edição da série *Um Pequeno Passo para a Liberdade*. Apesar de alguns acadêmicos não reconhecerem a importância do prefácio, acredito que este seja essencial para o entendimento e bom proveito dessa grande coletânea e experiência que o leitor está prestes a iniciar.

A série *Um Pequeno Passo para a Liberdade*, que, nesse ano, chega a sua 3ª edição, confunde-se com a própria história do Instituto de Formação de Líderes e do Fórum Liberdade e Democracia. Por meio dos livros da série, os nossos associados e parceiros expõem suas ideias e contribuições para o debate acerca de temas importantes para o futuro do país. Os livros também dão voz às temáticas que abordamos nas edições do Fórum Liberdade e Democracia, evento em que ecoamos, aos quatro cantos do país, os ideais e assuntos que consideramos importantes para o debate a nível estadual e nacional.

Essa edição da série *Um Pequeno Passo para a Liberdade* tem como pano de fundo o tema do 4º Fórum Liberdade e Democracia, A Era da Disrupção. E não há nada mais atual que essa discussão. Apesar de ter sido cunhado pela primeira vez em 1997, o termo disrupção nunca esteve tão em voga nos debates acadêmicos, na mídia e nas rodas de conversa da sociedade civil. O professor de Harvard, Clayton M. Christensen, o "pai do termo", refere-se à disrupção para descrever inovações que oferecem produtos acessíveis e criam um novo mercado de consumidores, desestabilizando as empresas que até então eram líderes no setor. Essas inovações, quando criadas, geralmente, têm qualidade inferior aos produtos que dominam o mercado, mas, eventualmente, acabam ganhando terreno, conquistando diversos consumidores e entrando em um ciclo virtuoso de melhora constante do produto e conquista de mais mercado. Exemplos desses produtos disruptivos não faltam no cenário atual.

O mercado de mobilidade urbana, nas grandes cidades brasileiras, por exemplo, foi dominado por muitos anos pelos taxistas e transporte público precário. Com a entrada do aplicativo Uber no país, no início dessa década, uma revolução ocorreu: a companhia americana, rapidamente, conquistou um mercado consumidor cativo e reduziu, drasticamente, o custo da mobilidade para os brasileiros acostumados a utilizar táxi e a pagar caro por um serviço, muitas vezes, ruim e altamente regulado. Hoje em dia, os motoristas de táxi e, principalmente, os proprietários de licenças, por não serem os únicos ofertantes do mercado, são obrigados a sair da zona de conforto e disputarem os consumidores. A competição não para por aí: entrantes como a espanhola Cabify, além dos já presentes Easy Taxi e 99 prometem uma concorrência forte para os próximos anos, um alento para os consumidores, que devem ser beneficiados com mais redução dos custos de transporte.

Outro mercado que parece estar na mira constante das tecnologias disruptivas é o bancário. Tradicional, de altas margens e extremamente regulado, este mercado parece estar em ebulição. As *fintechs*, *startups* que oferecem serviços que antes eram restritos a grandes corporações, como empréstimo, cartão de crédito e investimentos, estão se multiplicando pelo Brasil e hoje já são mais de 250 em operação. A maior parte delas atua com serviços de pagamentos, reduzindo os custos de transação para os consumidores acostumados a pagar altas taxas. Há casos, inclusive, de *startups* que avançam, rapidamente, por mercados ainda mais restritos a bancos, como o de cartões, conta-corrente e empréstimos para pessoa física. É válido, ainda, mencionar o mercado de criptomoedas, que parece ter vindo para ficar e promete tirar o sono dos grandes bancos e reguladores globais.

Além desses dois exemplos, existem tantos outros que afetam mercados tradicionais e que serão objeto de discussão ao longo das páginas desse livro. Como de praxe, para discutir esse importante tema da disrupção, além dos artigos dos associados do IFL, optamos por convidar dois grandes parceiros do Instituto para estarem presentes no livro e contribuírem, ainda mais, com o debate.

O primeiro deles, Fernando Ulrich, um dos grandes especialistas em *bitcoin* do país, gentilmente, aceitou nosso convite de republicar seu grande livro *Bitcoin. A Moeda na Era Digital* nessa edição de *Um Pequeno Passo para a Liberdade*. Apesar de escrito em 2014, o livro já previa o eminente crescimento do mercado de *bitcoin* no país e no mundo. De rápida leitura e didático, o livro explica, com clareza, os principais conceitos relacionados à criptomoeda e traz ao leitor um novo patamar de conhecimento desse importante tema, que vem dominando o debate nesses últimos meses.

Outro grande escritor que nos honra com sua presença nessa edição é o best-seller Leandro Narloch. O autor da série *Guia Politicamente Incorreto*, que desmitificou diversas "verdades" proferidas em aulas de História e Economia pelo Brasil, premia-nos com um excelente artigo inédito sobre tecnologia. Narloch, nos últimos anos, vem se dedicando muito ao tema e é um grande defensor da liberdade e do avanço da inovação como forma de combate a mercados tradicionais e altamente regulados.

Por fim, gostaria de parafrasear um grande autor liberal para reafirmar que a tecnologia e inovação são benéficas para todo o país e são resultantes de mentes humanas brilhantes e não de um Estado paquidérmico e burocrático, que apenas inibe o ambiente de negócios. Ludwig von Mises já afirmava: "Só uma pequena minoria faz uso da liberdade de criação artística e científica, mas todos se beneficiam dela". Ou seja, é necessário criarmos uma cultura que estimule a meritocracia individual, pois é o Brasil, como um todo, que avança nesse processo. Aguardo ansioso pelas novas tecnologias nessa era da disrupção que, certamente, continuarão levando o Brasil e o mundo à prosperidade.

Boa leitura!

Miguel Furian Campos
Presidente IFL/SP

BITCOIN
A MOEDA NA
ERA DIGITAL

Fernando Ulrich

Ao Joaquim, que a sua geração colha
os frutos de uma moeda honesta

AGRADECIMENTOS

Primeiramente, agradeço aos irmãos Fernando e Roberto Fiori Chiocca pela idéia deste livro e pela confiança em mim depositada como encarregado da realização deste projeto. Sem esse estímulo inicial, talvez esta obra jamais tivesse sido escrita. Agradeço ao Instituto Ludwig von Mises Brasil (IMB) pela publicação e ao Hélio Beltrão, presidente do IMB, pelo convite para fazer parte dessa nobre instituição e pelo apoio a mim sempre dispensado, especialmente em relação a esta iniciativa.

Pela cuidadosa e rigorosa revisão, agradeço ao Leandro Roque, editor do IMB, e, novamente, ao Fernando Fiori Chiocca. Pela revisão final, sempre precisa e meticulosa, agradeço ao Alexandre Barreto. Agradeço também ao Jerry Brito e à Andréa Castillo pela permissão para traduzir parte de sua obra aqui reproduzida no segundo capítulo.

Não posso deixar de mencionar dois brilhantes economistas por desbravar o estudo econômico aplicado ao Bitcoin de forma formidável e original, Konrad S. Graf e Peter Surda. Agradeço também ao Jeffrey Tucker pelo belo prefácio e pela sua sempre contagiante defesa da liberdade.

Por fim, agradeço à minha família pelo carinho e suporte constante durante a realização deste livro, em especial, à minha esposa, Karine, pela paciência inesgotável, pela energia sempre positiva e pelo incentivo fundamental para a conclusão desta obra.

PREFÁCIO

Bitcoin, a nova moeda internacional

Por muitos séculos, a moeda em cada pais era distintos nomes para essencialmente a mesma coisa: uma commodity, geralmente ouro ou prata. Estes eram o que o mercado havia selecionado pelas suas propriedades únicas particularmente adequadas à função monetária. Esse universalismo da moeda serviu bem ao mundo porque promovia o livre-comércio, auxiliando os comerciantes no cálculo econômico, e provia um freio sólido e confiável ao poder dos governos. Ela limitava o impulso nacionalista.

Duas formas de nacionalismo arruinaram o sistema monetário antigo. Os próprios estados-nação descobriram que o melhor meio para o aumento do poder se dava pela depreciação do dinheiro, o que acaba sendo menos doloroso e mais opaco do que o método tradicional de tributar a população. Para escaparem imunes desse processo, governos promoviam zonas cambiais, protecionismo e controle de capitais, removendo, assim, um elemento do crescente universalismo do mundo antigo.

Então, no início do século XX, os governos nacionalizaram a própria moeda, removendo-a do setor das forças competitivas de mercado. O banco central foi, nesse sentido, uma forma de socialismo, mas de uma variedade especial. Governos seriam o arbitrador final no destino do dinheiro, mas a sua gestão diária seria tarefa do cartel dos bancos com a garantia de proteção contra a falência – à custa da população.

O novo poder de criação de moeda sob o regime de bancos centrais foi imediatamente posto em prática por meio das mortes em massa da Primeira Guerra Mundial. Foi uma guerra total e absoluta – a primeira guerra internacional da história que fez de toda a população parte do esforço de guerra – e financiada por endividamento lastreado no novo poder mágico dos governos de usar o sistema bancário para fabricar receita com a impressora de dinheiro.

Oposição intelectual a essas políticas nefastas emergiram durante o período entreguerras. Os economistas austríacos lideraram a batalha em direção à reforma. A não ser que alguma coisa fosse feita para desnacionalizar e privatizar o dinheiro, alertaram eles, o resultado seria uma série infinita de ciclos econômicos, guerras, inflações catastróficas, e a contínua ascensão do estado leviatã. A suas previsões foram assustadoras e precisas, mas não são motivo de satisfação, pois foram impotentes para impedir o inevitável. No decorrer do século, a maior parte dos bens e serviços da sociedade estava melhorando em qualidade, mas a moeda, agora removida das forças de mercado, apenas piorava. Tornou-se o catalizador do despotismo.

Durante todas essas décadas, lidar com esse problema foi algo que intrigou os economistas. A moeda precisava ser reformada. Mas o governo e os cartéis bancários não tinham nenhum interesse nessa empreitada. Eles beneficiavam-se desse sistema ruim. Centenas de livros e conferências foram realizados incitando uma restauração do universalismo do mundo antigo do padrão-ouro. Os governos, porém, os ignoraram. O impasse tornou-se particularmente intenso depois de os últimos vestígios do padrão-ouro serem eliminados na década de 70. Mentes brilhantes tinham prateleiras repletas de planos de reforma, mas eles acumularam nada além de pó.

Tal era a situação até 2008, quando então Satoshi Nakamoto tomou a iniciativa incrível de reinventar a moeda na forma de código de computador. O resultado foi o Bitcoin, introduzido ao mundo na forma menos promissora possível. Nakamoto lançou-o com um white paper em um fórum aberto: aqui está uma nova moeda e um sistema de pagamento. Usem se quiserem.

Agora, para sermos justos, já haviam ocorrido tentativas prévias de projetar tal sistema, mas todas falharam por uma das duas razões: 1) eram usualmente detidas de forma proprietária por uma empresa comercial e, portanto, apresentavam um ponto centralizado de falha; ou 2) não superavam o chamado problema do "gasto duplo". O Bitcoin, por outro lado, era absolutamente não reproduzível e construído de tal modo que seu registro histórico de transações possibilitava que cada unidade monetária fosse conciliada e verificada no decorrer da evolução da moeda. Ademais, e o que era essencial, a moeda residia em uma rede de código-fonte aberto, não sendo propriedade de ninguém em particular, removendo, assim, o problema de um ponto único de falha. Havia outros elementos também: a criptografia, uma rede distribuída, e um desenvolvimento contínuo tornado possível por meio de desenvolvedores pagos pelos serviços de verificação de transações por eles providos.

Dificilmente passa um dia sem que eu – assim como muitos outros – me maravilhe na formidável genialidade desse sistema; tão meticuloso, tão aparentemente completo, tão puro. Muitas pessoas, até mesmo economistas da Escola Austríaca, estavam convencidas da impossibilidade de reinventar o dinheiro em bases privadas (F. A. Hayek foi a grande exceção, tendo sugerido a idéia ao redor de 1974). Entretanto, tornou-se um fato inegável que o Bitcoin existia e obtinha um valor de mercado. Dois anos após ter sido lançado ao mundo, o bitcoin atingiu a paridade com o dólar americano – algo imaginado como possível por muito poucos.

Hoje reverenciamos o acontecimento. Temos diante de nós mesmos uma moeda internacional emergente, criada inteiramente pelas forças de mercado. O sistema está sendo reformado não porque banqueiros centrais o desejem, não por causa de uma conferência internacional, tampouco porque um grupo de acadêmicos se reuniu e formulou um plano. Está sendo reformado, na verdade, de fora para dentro e de baixo para cima, baseado nos princípios do empreendedorismo e das trocas de mercado. É realmente incrível o quanto todo o processo que se desenrola diante de nosso testemunho se conforma ao modelo delineado pela teoria da origem do dinheiro de Carl Menger. Há apenas uma diferença, que surpreendeu o mundo: a base do valor do Bitcoin jaz não no seu uso prévio no escambo, conforme Menger descreveu, mas sim no seu uso atual como um sistema de pagamento. Quão privilegiados somos de testemunhar esse acontecimento no nosso tempo!

E qual é o potencial? O Bitcoin tem todas as melhores características do melhor dinheiro, sendo escasso, divisível, portátil, mas vai, inclusive, além na direção do ideal monetário, por ser ao mesmo tempo "sem peso e sem espaço" – é incorpóreo. Isso possibilita a transferência de propriedade a despeito da geografia a um custo virtualmente nulo e sem depender de um terceiro intermediário, contornando, dessa forma, todo o sistema bancário completamente subvertido pela intervenção governamental. O Bitcoin, então, propicia a perspectiva de restaurar a solidez e o universalismo do padrão-ouro do mundo antigo, além de aprimorá-lo por existir fora do controle direto do governo. Isso é, mais uma vez, digno de admiração.

Muitos têm alertado que governos não tolerarão que o sistema monetário seja reformado por um punhado de cyberpunks e seu dinheiro mágico de internet. Haverá intervenções. Haverá regulações. Haverá taxações. Haverá também tentativas de controlar. Mas olhemos a história recente. Governos tentaram impedir e então nacionalizar os correios. Buscaram impedir o compartilhamento de arquivos. Procuraram acabar com a pirataria. Tentaram também suspender a distribuição online de fármacos. Tentaram acabar com o uso, a fabricação e distribuição online de drogas. Buscaram gerir e controlar o desenvolvimento de software por meio de patentes e leis antitruste. Se tentarem barrar ou até mesmo controlar uma criptomoeda, não terão êxito. Serão novamente derrotados pelas forças de mercado.

E aqui está a ironia. A forma mais direta com a qual os governos podem controlar o Bitcoin é intervindo na conversão entre a moeda digital e as moedas nacionalizadas. Quanto mais eles intervêm, mais eles incentivam os indivíduos a mover-se ao e permanecer no ecossistema do Bitcoin. Todas essas tentativas poderiam acabar alimentando o mercado. Mas há outras razões, além dessa consideração, que fazem de uma criptomoeda algo irreversível: taxas de transações praticamente nulas, segurança, proteção contra fraude, velocidade, privacidade e muito mais. Bitcoin é simplesmente uma tecnologia superior.

Cem anos atrás, o desenvolvimento da moeda foi retirado das forças de mercado e posto nas mãos dos governos. As conseqüências foram guerra, instabilidade econômica, o furto dos poupadores, exploração em massa e a explosão do poder e tamanho dos estados ao redor de todo o mundo. A criptomoeda proporciona a perspectiva de não somente reverter essas tendências, mas, também, de jogar um papel crucial na construção de um novo mundo de liberdade.

O que podemos todos nós aprender com a recente história do Bitcoin? Seja honesto: praticamente ninguém pensou que isso seria possível. Os mercados provaram o contrário. A lição nos ensina a sermos humildes, a olharmos para fora da janela, estando dispostos a sermos surpreendidos, deferindo aos resultados da ação humana, e nunca deixarmos nossa teoria interferir no nosso entendimento, e esperarmos que o mercado entregue muito mais do que jamais imaginamos ser possível.

Por tudo isso é tão importante o livro que você tem em mãos. Publicado pelo prestigioso Instituto Ludwig von Mises Brasil, nesta obra Fernando Ulrich explica o funcionamento e o potencial do Bitcoin em relação ao futuro da moeda, da política nacional e da própria liberdade humana.

Jeffrey Tucker

CAPÍTULO I

Introdução

A primeira vista, entender o que e Bitcoin não é uma tarefa fácil. A tecnologia é tão inovadora, abarca tantos conceitos de distintos campos do conhecimento humano – e, além disso, rompe inúmeros paradigmas – que explicar o fenômeno pode ser uma missão ingrata.

Em poucas palavras, o Bitcoin é uma forma de dinheiro, assim como o real, o dólar ou o euro, com a diferença de ser puramente digital e não ser emitido por nenhum governo. O seu valor é determinado livremente pelos indivíduos no mercado. Para transações online, é a forma ideal de pagamento, pois é rápido, barato e seguro. Você lembra como a internet e o e-mail revolucionaram a comunicação? Antes, para enviar uma mensagem a uma pessoa do outro lado da Terra, era necessário fazer isso pelos correios. Nada mais antiquado. Você dependia de um intermediário para, fisicamente, entregar uma mensagem. Pois é, retornar a essa realidade é inimaginável. O que o e-mail fez com a informação, o Bitcoin fará com o dinheiro. Com o Bitcoin você pode transferir fundos de A para B em qualquer parte do mundo sem jamais precisar confiar em um terceiro para essa simples tarefa. É uma tecnologia realmente inovadora.

Mas como ele funciona na prática? Quais os benefícios e desafios do Bitcoin? A primeira parte desta obra é dedicada justamente a explicar o que é a tecnologia, suas principais características e como ela opera, bem como as suas vantagens e desafios. Será possível entender os detalhes de seu funcionamento e algumas das implicações dessa inovação tecnológica.

Entendido o básico sobre o Bitcoin, partiremos ao capítulo seguinte, buscando compreender o contexto e a história do surgimento da tecnologia. Muito mais do que algo aparentemente repentino, veremos como o Bitcoin é fruto de anos de intensa pesquisa em ciência da computação. Procuraremos contextualizar o aparecimento do Bitcoin, abordando em detalhes a ordem monetária atual e sua evolução até o presente. Será possível entender não apenas o altíssimo nível de intervenção presente no sistema financeiro moderno, mas também como o Bitcoin é uma resposta direta a esse estado de coisas.

Concluído esse capítulo, entraremos na parte mais densa desta obra, dedicada especialmente aos economistas, em que aplicaremos todo o fer-ramental teórico da ciência econômica – alicerçado principalmente na teoria monetária desenvolvida por Ludwig von Mises – para analisar o fenômeno Bitcoin sob todos os ângulos possíveis[1]. Como veremos adiante, a compreensão do seu surgimento no mercado e das suas particularidades e vantagens comparadas às formas de moeda hoje existentes nos permitirá realizar uma análise do Bitcoin plena e fundamentada. Abordando peculiaridades desde a falta de lastro, até a intangibilidade, a oferta inelástica e a ausência de um emissor central, etc, será possível aperfeiçoar o entendimento não somente do Bitcoin, mas, até mesmo, da própria noção de dinheiro no sentido estritamente econômico do termo. Encerraremos esse capítulo revisitando a definição de moeda como é comumente entendida, propondo, inclusive, um refinamento dela.

Por fim, defenderemos, na última parte do livro, o ideal de liberdade monetária, demonstrando a sua imprescindibilidade a qualquer sociedade que almeje a prosperidade e a paz – ideal pelo qual renomados economistas liberais lutaram durante décadas, tendo todos, igualmente, fracassado. Aproveitaremos esse momento para expor nossas conclusões sobre o porquê desses sucessivos malogros e, finalmente, compreender a essência do Bitcoin e como ele se encaixa nesse cenário. O futuro da moeda será o pano de fundo para a conclusão da obra.

Embora este livro seja uma introdução do Bitcoin ao público leigo, ele é, sobretudo, uma obra de ciência econômica aplicada à mais recente inovação no âmbito monetário. Espero, portanto, que ele possa contribuir ao progresso

---

[1] Àqueles que detêm pouco conhecimento em economia, poderá ser um pouco difícil acompanhar esse capítulo, embora tenhamos nos esforçado para deixá-lo o mais palatável possível.

da economia, agregando perspectivas originais e aprimorando o entendimento dos fenômenos monetários segundo a tradição da Escola Austríaca iniciada por Carl Menger.

Em definitivo, o Bitcoin é a maior inovação tecnológica desde a internet, é revolucionário, sem precedentes e tem o potencial de mudar o mundo de uma forma jamais vista. A moeda, ele é o futuro. Ao avanço da liberdade individual, é uma esperança e uma grata novidade.

Boa leitura,

Fernando Ulrich
10 de fevereiro de 2014.

CAPÍTULO II

BITCOIN: O QUE É E COMO FUNCIONA[1]

1. O que é Bitcoin

Bitcoin e uma moeda digital *peer-to-peer* (par a par ou, simplesmente, de ponto a ponto), de código aberto, que não depende de uma autoridade central. Entre muitas outras coisas, o que faz o Bitcoin ser único é o fato de ele ser o primeiro sistema de pagamentos global totalmente descentralizado. Ainda que à primeira vista possa parecer complicado, os conceitos fundamentais não são difíceis de compreender.

Visão geral

Até a invenção do Bitcoin, em 2008, pelo programador não identificado conhecido apenas pelo nome Satoshi Nakamoto, transações online sempre requereram um terceiro intermediário de confiança. Por exemplo, se Maria quisesse enviar 100 u.m. ao João por meio da internet, ela teria que depender de serviços de terceiros como PayPal ou Mastercard. Intermediários como o PayPal mantêm um registro dos saldos em conta dos clientes. Quando Maria

---

[1] Este segundo capítulo é uma tradução da obra de Jerry Brito e Andréa Castillo, "Bitcoin: A Primer for Policymakers" (Arlington, VA: Mercatus Center at George Mason University, 2013). A seção final sobre regulação foi reduzida visando adequá--la ao público brasileiro. [N.A.]

envia 100 u.m ao João, o PayPal debita a quantia de sua conta, creditando-a na de João. Sem tais intermediários, um dinheiro digital poderia ser gasto duas vezes. Imagine que não haja intermediários com registros históricos, e que o dinheiro digital seja simplesmente um arquivo de computador, da mesma forma que documentos digitais são arquivos de computador. Maria poderia enviar ao João 100 u.m. simplesmente anexando o arquivo de dinheiro em uma mensagem. Mas assim como ocorre com um e-mail, enviar um arquivo como anexo não o remove do computador originador da mensagem eletrônica. Maria reteria a cópia do arquivo após tê-lo enviado anexado à mensagem. Dessa forma, ela poderia facilmente enviar as mesmas 100 u.m. ao Marcos. Em ciência da computação, isso é conhecido como o problema do "gasto duplo", e, até o advento do Bitcoin, essa questão só poderia ser solucionada por meio de um terceiro de confiança que empregasse um registro histórico de transações.

A invenção do Bitcoin é revolucionária porque, pela primeira vez, o problema do gasto duplo pode ser resolvido sem a necessidade de um terceiro; Bitcoin o faz distribuindo o imprescindível registro histórico a todos os usuários do sistema via uma rede *peer-to-peer*. Todas as transações que ocorrem na economia Bitcoin são registradas em uma espécie de livro-razão[2] público e distribuído chamado de *blockchain* (corrente de blocos, ou simplesmente um registro público de transações), o que nada mais é do que um grande banco de dados público, contendo o histórico de todas as transações realizadas. Novas transações são verificadas contra o *blockchain* de modo a assegurar que os mesmos bitcoins[3] não tenham sido previamente gastos, eliminando assim o problema do gasto duplo. A rede global *peer-to-peer*, composta de milhares de usuários, torna-se o próprio intermediário; Maria e João podem transacionar sem o PayPal.

É importante notar que as transações na rede Bitcoin não são denominadas em dólares, euros ou reais, como são no PayPal ou Mastercard; em vez

---

[2] Livro-razão é nome dado pelos profissionais de contabilidade ao agrupamento dos registros contábeis de uma empresa que usa o método das partidas dobradas. Nele é possível visualizar todas as transações ocorridas em dado período de operação de uma empresa.

[3] Quando nos referirmos ao sistema, à rede ou o ao projeto Bitcoin, usamos sempre inicial maiúscula. No entanto, quando fizermos referência às unidades monetárias bitcoins, utilizamos a palavra em caixa baixa.

disso, são denominadas em bitcoins. Isso torna o sistema Bitcoin não apenas uma rede de pagamentos descentralizada, mas também uma moeda virtual. O valor da moeda não deriva do ouro ou de algum decreto governamental, mas do valor que as pessoas lhe atribuem. O valor em reais de um bitcoin é determinado em um mercado aberto, da mesma forma que são estabelecidas as taxas de câmbio entre diferentes moedas mundiais.

Como funciona

Até aqui discutimos o que é o Bitcoin: uma rede de pagamentos *peer-to-peer* e uma moeda virtual que opera, essencialmente, como o dinheiro online. Vejamos agora como é seu funcionamento.

As transações são verificadas, e o gasto duplo é prevenido, por meio de um uso inteligente da criptografia de chave pública. Tal mecanismo exige que a cada usuário sejam atribuídas duas "chaves", uma privada, que é mantida em segredo, como uma senha, e outra pública, que pode ser compartilhada com todos. Quando a Maria decide transferir bitcoins ao João, ela cria uma mensagem, chamada de "transação", que contém a chave pública do João, assinando com sua chave privada. Olhando a chave pública da Maria, qualquer um pode verificar que a transação foi de fato assinada com sua chave privada, sendo, assim, uma troca autêntica, e que João é o novo proprietário dos fundos. A transação – e portanto uma transferência de propriedade dos bitcoins – é registrada, carimbada com data e hora e exposta em um "bloco" do *blockchain* (o grande banco de dados, ou livro-razão da rede Bitcoin). A criptografia de chave pública garante que todos os computadores na rede tenham um registro constantemente atualizado e *verificado* de todas as transações dentro da rede Bitcoin, o que impede o gasto duplo e qualquer tipo de fraude.

Mas o que significa dizermos que "a rede" verifica as transações e as reconcilia com o registro público? E como exatamente são criados e introduzidos novos bitcoins na oferta monetária? Como vimos, porque o Bitcoin é uma rede *peer-to-peer*, não há uma autoridade central encarregada nem de criar unidades monetárias nem de verificar as transações. Essa rede depende dos usuários que proveem a força computacional para realizar os registros e as reconciliações das transações. Esses usuários são chamados de "mineradores"[4], porque são recompensados pelo seu trabalho com bitcoins recém-criados. Bitcoins são criados, ou "minerados", à medida que milhares de computadores dispersos resolvem problemas matemáticos complexos que verificam as transações no *blockchain*. Como um analista afirmou,

> A real mineração de bitcoins é puramente um processo matemático. Uma analogia útil é a procura de números primos: costumava ser relativamente fácil achar os menores (Erastóstenes, na Grécia Antiga, produziu o primeiro algoritmo para encontrá-los). Mas à medida que eles eram encontrados, ficava mais difícil encontrar os maiores. Hoje em dia, pesquisadores usam computadores avançados de alto desempenho para encontrá-los, e suas façanhas são observadas pela comunidade da matemática (por exemplo, a Universidade do Tennessee mantém uma lista dos 5.000 maiores).
>
> No caso do Bitcoin, a busca não é, na verdade, por números primos, mas por encontrar a seqüência de dados (chamada de "bloco") que produz certo padrão quando o algoritmo "*hash*" do Bitcoin é aplicado aos dados. Quando uma combinação ocorre, o minerador obtém um prêmio de bitcoins (e também uma taxa de serviço, em bitcoins, no caso de o mesmo bloco ter sido usado para verificar uma transação). O tamanho do prêmio é reduzido ao passo que bitcoins são minerados.
>
> A dificuldade da busca também aumenta, fazendo com que seja computacionalmente mais difícil encontrar uma combinação. Esses dois efeitos combinados acabam por reduzir ao longo do tempo a taxa com que bitcoins são produzidos, imitando a taxa de produção de uma commodity como o ouro. Em um

---

[4] Mineradores tendem a ser entusiastas da computação comuns, mas à medida que a mineração se torne mais difícil e cara, a atividade será, provavelmente, profissionalizada. Para maiores informações, ver LIU, Alec. A Guide to Bitcoin Mining. Motherboard, 2013. Disponível em: <http://motherbo-ard.vice.com/blog/a-guide-to-bitcoin-mining-why-someone-bought-a-1500-bitcoin-miner-on-ebay--for-20600>. Acesso em: 10 dez. 2013.

momento futuro, novos bitcoins não serão produzidos, e o único incentivo aos mineradores serão as taxas de serviços pela verificação de transações[5].

O protocolo, portanto, foi projetado de tal forma que cada minerador contribui com a força de processamento de seu computador visando à sustentação da infraestrutura necessária para manter e autenticar a rede da moeda digital. Mineradores são premiados com bitcoins recém-criados por contribuir com força de processamento para manter a rede e por verificar as transações no *blockchain*. E à medida que mais capacidade computacional é dedicada à mineração, o protocolo incrementa a dificuldade do problema matemático, assegurando que bitcoins sejam sempre minerados a uma taxa previsível e limitada.

Esse processo de mineração de bitcoins não continuará indefinidamente. O Bitcoin foi projetado de modo a reproduzir a extração de ouro ou outro metal precioso da Terra – somente um número limitado e previamente conhecido de bitcoins poderá ser minerado. A quantidade arbitrária escolhida como limite foi de 21 milhões de bitcoins. Estima-se que os mineradores colherão o último "satoshi", ou 0,00000001 de um bitcoin, no ano de 2140. Se a potência de mineração total escalar a um nível bastante elevado, a dificuldade de minerar bitcoins aumentará tanto que encontrar o último "satoshi" será uma empreitada digital consideravelmente desafiadora. Uma vez que o último "satoshi" tenha sido minerado, os mineradores que direcionarem sua potência de processamento ao ato de verificação das transações serão recompensados com taxas de serviço, em vez de novos bitcoins minerados. Isso garante que os mineradores ainda tenham um incentivo de manter a rede operando após a extração do último bitcoin.

O USO DE PSEUDÔNIMO

Muita atenção midiática é dada ao suposto anonimato que a moeda digital permite aos seus usuários. Essa idéia, no entanto, deriva de um errôneo

---

[5] TINDELL, Ken. Geeks Love the Bitcoin Phenomenon Like They Loved the Internet in 1995. Business Insider, 5 abr. 2013. Disponível em: <http://www.businesssinsider.com/how-bitcoins-are-mined-and-used-2013-4>. Acesso em: 10 dez. 2013.

entendimento do Bitcoin. Porque as transações online até hoje necessitaram de um terceiro intermediário, elas não foram anônimas. O PayPal, por exemplo, tem um registro de todas as vezes em que a Maria enviou dinheiro ao João. E porque as contas no PayPal da Maria e do João são amarradas a suas contas bancárias, suas identidades são provavelmente sabidas. Em contraste, se a Maria entrega ao João 100 reais em dinheiro, não há intermediário nem registro da transação. E se a Maria e o João não conhecem um ao outro, podemos dizer que a transação é completamente anônima.

O Bitcoin encaixa-se em algum ponto entre esses dois extremos. Por um lado, bitcoins são como dinheiro vivo, no sentido de que, quando a Maria envia bitcoins ao João, ela não mais os possui, e ele sim, e não há nenhum terceiro intermediário entre eles que conhece suas respectivas identidades. Por outro lado, e diferentemente do dinheiro vivo, o fato de que a transação ocorreu entre duas chaves públicas, em tal dia e hora, com certa quantidade, além de outras informações, é registrado no *blockchain*. Em realidade, qualquer e toda transação já efetuada na história da economia Bitcoin pode ser vista no *blockchain*.

Enquanto as chaves públicas de todas as transações – também conhecidas como "endereços Bitcoin"[6] – são registradas no *blockchain,* tais chaves não são vinculadas à identidade de ninguém. Porém, se a identidade de uma pessoa estivesse associada a uma chave pública, poderíamos vascular as transações no *blockchain* e facilmente ver todas as transações associadas a essa chave. Dessa forma, ainda que Bitcoin seja bastante semelhante ao dinheiro vivo, em que as partes podem transacionar sem revelar suas identidades a um terceiro ou entre si, é também distinto do dinheiro vivo, pois todas as transações de e para um endereço Bitcoin qualquer podem ser rastreadas. Nesse sentido, Bitcoin não garante o anonimato, mas permite o uso de pseudônimo.

Vincular uma identidade do mundo real a um endereço Bitcoin não é tão difícil quanto se possa imaginar. Para começar, a identidade de uma pessoa (ou pelo menos informação de identificação, como um endereço IP) é freqüentemente registrada quando alguém realiza uma transação de Bitcoin em uma página web ou troca dólares por bitcoins em uma casa de câmbio de bitcoins.

---

[6] Bitcoin wiki "Address". Disponível em: <https://en.bitcoin.it/wiki/Address>. Acesso em: 30 mar. 2013.

Para aumentar as chances de manter o pseudônimo, seria necessário empregar softwares de anonimato como Tor, e ter o cuidado de nunca transacionar com um endereço Bitcoin no qual poderia ser rastreada a identidade do usuário.

Por fim, é também possível colher identidades simplesmente olhando o *blockchain*. Um estudo descobriu que técnicas de agrupamento baseadas em comportamento poderiam revelar as identidades de 40% dos usuários de Bitcoin em um experimento simulado. Uma pesquisa mais antiga das propriedades estatísticas do gráfico de transações de Bitcoin mostrou como uma análise passiva da rede com as ferramentas apropriadas pode revelar a atividade financeira e as identidades de usuários de Bitcoin.

Já uma análise recente das propriedades estatísticas do gráfico de transações de bitcoins colheu resultados similares ao de um banco de dados mais abrangente. Uma outra análise do gráfico de transações de bitcoins reiterou que observadores usando "fusão de entidade"[7] podem notar padrões estruturais no comportamento do usuário, enfatizando que esse "é um dos desafios mais importantes ao anonimato do Bitcoin".[8] Apesar disso, usuários de Bitcoin desfrutam de um nível muito maior de privacidade do que usuários de serviços tradicionais de transferência digital, os quais precisam fornecer informação pessoal detalhada a terceiros intermediários que facilitam a troca financeira.

Ainda que Bitcoin seja freqüentemente referido como uma moeda "anônima", em realidade, é bastante difícil permanecer anônimo na rede Bitcoin. Pseudônimos ligados a transações protocoladas no registro público podem ser identificados anos após a realização de uma troca. Uma vez que intermediários de Bitcoin[9] estejam completamente em dia com as regulações requeridas a intermediários financeiros tradicionais, o anonimato será ainda menos

---

[7] Fusão de entidade é o processo de observar duas ou mais chaves públicas usadas como um input a uma transação ao mesmo tempo. Assim, mesmo que um usuário tenha diversas chaves públicas distintas, um observador pode gradualmente vinculá--las e remover o ostensivo anonimato esperado de múltiplas chaves públicas

[8] OBER, KATZENBEISSERe HAMACHER. Structure and Anonymity of the Bitcoin Transaction Graph. Future Internet 5, no. 2, 2013. Disponível em: <http://www.mdpi.eom/1999-5903/5/2/237>. Acesso em: 10 dez. 2013.

[9] Como exemplos de intermediários de Bitcoin, temos as casas de câmbio que facilitam a compra e venda entre moeda fiduciária e bitcoins. No Brasil, tais casas já solicitam uma quantidade de informações pessoais que pode desagradar a muitos usuários.

garantido, porque dos intermediários de Bitcoin será exigido coletar dados pessoais de seus clientes.

2. Benefícios do Bitcoin

A primeira pergunta que muitas pessoas fazem quando aprendem sobre Bitcoin é: por que eu usaria bitcoins quando posso usar reais (ou dólares)? Bitcoin ainda é uma moeda nova e flutuante que não é aceita por muitos comerciantes, tornando seus usos quase experimentais. Para entender melhor o Bitcoin, ajuda se pensarmos que ele não é necessariamente um substituto às moedas tradicionais, mas sim um novo sistema de pagamentos.

Menores custos de transação

Porque não há um terceiro intermediário, as transações de Bitcoin são substancialmente mais baratas e rápidas do que as feitas por redes de pagamentos tradicionais. E porque as transações são mais baratas, o Bitcoin faz com que micropagamentos e suas inovações sejam possíveis. Adicionalmente, o Bitcoin é uma grande promessa de uma forma de reduzir os custos de transação aos pequenos comerciantes e remessas de dinheiro globais, aliviar a pobreza global pelo facilitado acesso ao capital, proteger indivíduos contra controles de capitais e censura, garantir privacidade financeira a grupos oprimidos e estimular a inovação (dentro e acima do protocolo Bitcoin). Por outro lado, a natureza descentralizada do Bitcoin também apresenta oportunidades ao crime. O desafio, então, é desenvolver processos que reduzam as oportunidades para criminalidade enquanto mantêm-se os benefícios que Bitcoin oferece.

Em primeiro lugar, Bitcoin é atrativo a pequenas empresas de margens apertadas que procuram formas de reduzir seus custos de transação na condução de seus negócios. Cartões de crédito expandiram de forma considerável a facilidade de transacionar, mas seu uso vem acompanhado de pesados custos aos comerciantes. Negócios que desejam oferecer aos seus clientes a opção de pagamento com cartões de crédito precisam, primeiro, contratar uma conta com as empresas de cartões. Dependendo dos termos de acordo com cada empresa, os comerciantes têm de pagar uma variedade de taxas de autorização, taxas de transação, taxas de extrato, etc. Essas taxas rapidamente se acumulam e aumentam significativamente o custo dos negócios. Entretanto, se um comerciante rejeita aceitar pagamentos com cartões de crédito, pode perder um número considerável de suas vendas a clientes que preferem o uso de tal comodidade.

Como Bitcoin facilita transações diretas sem um terceiro, ele remove cobranças custosas que acompanham as transações com cartões de crédito. O Founders Fund, um fundo de *venture capital* encabeçado por Peter Thiel, do PayPal e Facebook, recentemente investiu 3 milhões de dólares na companhia de processamento de pagamentos BitPay, por causa da habilidade do serviço em reduzir os custos no comércio online internacional. De fato, pequenos negócios já começaram a aceitar bitcoins como uma forma de evitar os custos de operar com empresas de cartões de crédito. Outros adotaram a moeda pela sua velocidade e eficiência em facilitar as transações. O Bitcoin provavelmente continuará a reduzir os custos de transações das empresas que o aceitam à medida que mais e mais pessoas o adotem.

Aceitar pagamentos com cartões de crédito também sujeita as empresas ao risco de fraude de estorno de pagamentos (*charge-back fraud*). Há muito que comerciantes têm sido infestados por estornos fraudulentos, ou reversões de pagamentos iniciadas por clientes, baseados no falso pretexto de que o produto não foi entregue[10]. Comerciantes, portanto, podem perder o pagamento pelo item vendido, além do próprio item, e ainda terão de pagar uma taxa pelo estorno. Como um sistema de pagamentos não reversível, o Bitcoin elimina a "fraude amigável" acarretada pelo mau uso de estornos de consumidores. Aos pequenos negócios, isso pode ser fundamental.

Consumidores gostam dos estornos, no entanto, porque o sistema os protege de erros de comerciantes, inescrupulosos ou não. Consumidores podem também gozar dos outros benefícios que os cartões de crédito oferecem. E muitos consumidores e comerciantes provavelmente preferiram ater-se aos serviços tradicionais de cartões de crédito, mesmo com a disponibilidade dos pagamentos pela rede Bitcoin. Ainda assim, a ampliação do leque de escolhas de opções de pagamento beneficiaria a todos os gostos.

---

[10] MALTBY, Emily. Chargebacks Create Business Headaches. Wall Street Journal, 10 fev. 2011. Disponível em: <http://online.wsj.com/article/SB10001424052748704698004 576104554234202010.html>. Acesso em: 10 dez. 2013.

Aqueles que querem a proteção e as regalias do uso do cartão de crédito podem continuar a operar assim, mesmo que isso signifique pagar um pouco mais. Aqueles mais sensíveis ao preço ou à privacidade podem usar bitcoins. Não ter de pagar taxas às companhias de cartões de crédito significa que os comerciantes podem repassar as economias aos preços finais ao consumidor. Exatamente nesse modelo de negócios trabalha a loja Bitcoin Store, que vende milhares de eletrônicos com grandes descontos, aceitando como pagamento somente bitcoins[11].

Como um acessível sistema de transferência de fundos, Bitcoin também é uma grande promessa ao futuro das remessas de dinheiro de baixo custo. Em 2012, imigrantes de países desenvolvidos enviaram pelo menos 401 bilhões de dólares em remessas ao seus parentes vivendo em países em desenvolvimento[12]. Estima-se que a quantidade de remessas aumente para 515 bilhões de dólares por volta de 2015[13]. A maior parte dessas remessas é enviada usando serviços tradicionais como Western Union ou a MoneyGram, que cobram pesadas taxas, além de demorar diversos dias úteis para concluir a transferência dos fundos. No primeiro trimestre de 2013, a taxa média pelo serviço girou em torno de 9%[14]. Em contraste, as taxas de transações na rede Bitcoin tendem a ser menos de 0,0005 BTC[15], ou 1% da transação. Essa oportuni-

---

[11] O mesmo Samsung Galaxy Note que vende-se por US$ 779 na Amazon mais postagem é vendido na Bitcoin Store por meros US$ 480,25. Dessa forma, Bitcoin oferece mais opções de baixo custo a consumidores e pequenas empresas sem remover a opção de uso de cartão de crédito daqueles que o preferem. BUTERIN, Vitalik. Bitcoin Store Opens: Ali Your Electronics Cheaper with Bitcoins. Bitcoin Magazine, 5 nov. 2012. Disponível em: <http://bitcoinmagazine.com/bitcoin-store-opens-all-your-electronics-cheaper-with-bitcoins/>. Acesso em: 10 dez. 2013.

[12] World Bank Payment Systems Development Group, Remittance Prices Worldwide: An Analysis of Trends in the Average Total Cost of Migrant Remittance Services, Washington, DC, World Bank, 2013. Disponível em: <http://remittanceprices.worldbank.0rg/~/media/FPDKM/Remittances/Documents/ RemittancePriceWorldwide-Analysis-Mar2013.pdf>. Acesso em: 11 dez. 2013.

[13] Ibid.

[14] Ibid.

[15] Bitcoin wiki "Transaction fees". Disponível em: <https://en.bitcoin.it/wiki/Transaction_fees>. Acesso em: 11 dez. 2013. PAUL, Andrew. Is Bitcoin the Next Generation of Online Payments? Yahoo! Small Business Advisor, 24 mai. 2013. Disponível em: <http://smallbusiness.yahoo.com/ad-visor/bitcoin-next-generation--online-payments-213922448-finance.html>. Acesso em: 11 dez. 2013.

dade empreendedora de melhorar as transferências de dinheiro tem atraído grandes nomes do universo de investidores de *venture capital*. Até mesmo a MoneyGram e a Western Union estão analisando se integram o Bitcoin ao seu modelo de negócios. O Bitcoin permite remessas baratas e instantâneas, e a redução de custo dessas remessas aos consumidores pode ser considerável.

Potencial arma contra a pobreza e a opressão

Bitcoin também tem o potencial de melhorar a qualidade de vida dos mais pobres no mundo. Aumentar o acesso a serviços financeiros básicos é uma técnica antipobreza promissora[16]. De acordo com estimativas, 64% das pessoas vivendo em países em desenvolvimento têm parco acesso a esses serviços, talvez porque seja bastante custoso a instituições financeiras tradicionais servir às áreas pobres e rurais[17].

Por causa dos empecilhos ao desenvolvimento de serviços bancários tradicionais em áreas pobres, pessoas em países em desenvolvimento têm recorrido aos serviços bancários via rede de telefonia móvel para fazer frente às necessidades financeiras. O sistema fechado de pagamentos por celular M--Pesa tem sido particularmente exitoso em países como Quênia, Tanzânia e Afeganistão[18]. Empreendedores já estão se movendo rumo a esse modelo; o serviço de carteira de Bitcoin Kipochi recentemente desenvolveu um produto que permite a usuários do M-Pesa trocar bitcoins[19]. Serviços bancários por celular em países em desenvolvimento podem ser ampliados pela adoção do

---

[16] YUNUS, Muhammad. Banker to the Poor: Micro-lending and the Battle against World Poverty New York: Public Affairs, 2003.

[17] PINAR ARDIC, HEIMANN e MYLENKO. Access to Financial Services and the Financial Inclusion Agenda around the World. Policy Research Working Paper, World Bank Financial and Private Sector Development Consultative Group to Assist the Poor, 2011. Disponível em: <https://openknowledge.worl-dbank.org/bitstream/handle/10986/3310/WPS5537.pdf>. Acesso em: 12 dez. 2013.

[18] FONG, Jeff. How Bitcoin Could Help the World's Poorest People. PolicyMic, mai. 2013. Disponível em: <http://www.policymic.com/articles/41561/bitcoin--price-2013-how-bi-tcoin-could-help-the-world-s-poorest-people>. Acesso em: 12 dez. 2013.

[19] SPAVEN, Emily. Kipochi launches M-Pesa Integrated Bitcoin Wallet in África. CoinDesk, 19 jul. 2013. Disponível em: <http://www.coindesk.com/kipochi--launches-m-pesa-integrated-bitcoin-wallet-in-africa/>. Acesso em 12 dez. 2013.

Bitcoin. Como um sistema aberto de pagamentos, o Bitcoin pode fornecer às pessoas nesses locais acesso barato a serviços financeiros, em uma escala global.

O Bitcoin pode também propiciar alívio às pessoas vivendo em nações com controles de capitais bastante estritos. O número total de bitcoins que podem ser minerados é limitado e não pode ser manipulado. Não há autoridade central que possa reverter transações e impedir a troca de bitcoins entre países. O Bitcoin, dessa forma, proporciona uma válvula de escape para pessoas que almejam uma alternativa à moeda depreciada de seu país ou a mercados de capitais estrangulados. Já há casos de pessoas recorrendo ao Bitcoin para evadir-se dos efeitos danosos dos controles de capitais e da má gestão de bancos centrais. Alguns argentinos, por exemplo, adotaram o Bitcoin em resposta ao duplo fardo do país, taxas de inflação de mais de 25% ao ano e rigorosos controles de capitais[20]. A demanda por bitcoins é tão grande na Argentina que uma popular casa de câmbio está planejando abrir um escritório no país[21]. O uso de bitcoins naquele país continua crescendo em face da péssima ingerência estatal no âmbito monetário.

Indivíduos em situações de opressão ou emergência também podem beneficiar-se da privacidade financeira que o Bitcoin proporciona. Há muitas razões legítimas pelas quais pessoas buscam privacidade em suas transações financeiras. Esposas fugindo de parceiros abusivos precisam de alguma forma de discretamente gastar seu dinheiro sem ser rastreadas. Pessoas procurando serviços de saúde controversos desejam privacidade de familiares, empregadores e outros que podem julgar suas decisões. Experiências recentes com governos despóticos sugerem que cidadãos oprimidos se beneficiaram altamente da possibilidade de realizar transações privadas, livres das garras de tiranos. O Bitcoin oferece algo de privacidade como a que tem sido tradicionalmente permitida pelo uso de dinheiro vivo – com a conveniência adicional de transferência digital.

---

[20] MATONIS, Jon. Bitcoirís Promise in Argentina. Forbes, 27 abr. 2013. Disponível em: <http://www. forbes.com/sites/jonmatonis/2013/04/27/bitcoins-promise--in-argentina/>. Acesso em: 12 dez. 2013.

[21] RUSSO, Camila. Bitcoin Dreams Endure to Savers Crushed by CPI: Argentina Credit. Bloomberg, 16 abr. 2013. Disponível em: <http://www.bloomberg.com/news/2013-04-16/bitcoin-dreams-endure-to-savers-crushed-by-cpi-argentina--credit.html>. Acesso em: 12 dez. 2013.

Estímulo à inovação financeira

Uma das aplicações mais promissoras do Bitcoin é como uma plataforma à inovação financeira. O protocolo do Bitcoin contém o modelo de referência digital para uma quantidade de serviços financeiros e legais úteis que programadores podem desenvolver facilmente. Como bitcoins são, no seu cerne, simplesmente pacotes de dados, eles podem ser usados para transferir não somente moedas, mas também ações de empresas, apostas e informações delicadas[22]. Alguns dos atributos que estão embutidos no protocolo do Bitcoin incluem micropagamentos, mediações de litígios, contratos de garantia e propriedade inteligente[23]. Esses atributos permitiriam o fácil desenvolvimento de serviços de tradução via internet, processamento instantâneo de transações pequenas (como medição automática de acesso Wi-Fi) e serviços de *crowdfunding*[24].

Adicionalmente, programadores podem desenvolver protocolos alternativos em cima do protocolo do Bitcoin da mesma forma que a *web* e o correio eletrônico operam no protocolo da internet TCP/IP. Um programador já propôs uma nova camada de protocolo para agregar ao protocolo do Bitcoin

---

[22] BRITO, Jerry. The Top 3 Things I Learned at the Bitcoin Conference. Reason, 20 mai. 2013. Disponível em: <http://reason.com/archives/2013/05/20/the-top-3--things-i-learned-at-the-bitcoi>. Acesso em: 12 dez. 2013.

[23] HEARN, Mike. Bitcoin 2012 London: Mike Hearn. YouTube video, 28:19, publicado por "QueuePolitely," 27 set. 2012. Disponível em: <http://www.youtube.com/ watch?v=mD4L7xDNCmA>. Acesso em: 13 dez. 2013. Propriedade inteligente (*smartproperty*) é um conceito para controlar propriedade de um item por meio de acordos feitos no *blockchain* do Bitcoin. A propriedade inteligente permite que as pessoas intercambiem propriedade de um produto ou serviço uma vez que uma condição é atingida usando a criptografia. Embora a propriedade inteligente seja ainda teórica, os mecanismos básicos já estão incorporados ao protocolo do Bitcoin. Ver Bitcoin wiki "Smart Property". Disponível em https://en.bitcoin.it/ wiki/Smart_Property. Acesso em: 13 dez. 2013.

[24] O financiamento coletivo (*crowdfunding*) consiste na obtenção de capital para iniciativas de interesse coletivo por meio da agregação de múltiplas fontes de financiamento, em geral, pessoas físicas interessadas na iniciativa. O termo é muitas vezes usado para descrever especificamente ações na internet com o objetivo de arrecadar dinheiro para artistas, jornalismo cidadão, pequenos negócios e startups, campanhas políticas, iniciativas de software livre, filantropia e ajuda a regiões atingidas por desastres, entre outras.

e assim aperfeiçoar a estabilidade e segurança da rede[25]. Outro criou um serviço de tabelião digital para armazenar anonimamente e com segurança uma "prova de existência" para documentos privados, em cima do protocolo do Bitcoin[26]. Outros, ainda, adotaram o modelo Bitcoin como forma de cifrar comunicações de correio eletrônico[27]. Um grupo de desenvolvedores esboçou um protocolo aditivo que melhorará a privacidade da rede[28]. O Bitcoin é, portanto, a fundação sobre a qual outras camadas de funcionalidade podem ser construídas. O projeto Bitcoin pode ser mais bem imaginado como um processo de experimentação financeira e comunicativa. Os elaboradores de políticas públicas devem ter cuidado para que suas diretivas não suprimam as inovações promissoras em desenvolvimento dentro e sobre o novato protocolo.

3. Desafios do Bitcoin

Apesar dos benefícios que ele apresenta, o Bitcoin tem algumas desvantagens que usuários em potencial devem levar em consideração. Houve significativa volatilidade no preço ao longo de sua existência. Novos usuários correm o risco de não proteger devidamente suas carteiras ou de, até mesmo, acidentalmente apagar seus bitcoins, caso não sejam cautelosos. Além disso, há preocupações sobre se *hackers* podem de alguma forma comprometer a economia Bitcoin.

VOLATILIDADE

---

[25] WILLETT, J. R. The Second Bitcoin Whitepaper, white paper, 2013. Disponível em: <https:// sites.google.com/site/2ndbtcwpaper/2ndBitcoinWhitepaper.pdf>. Acesso em: 13 dez. 2013.

[26] KIRK, Jeremy. Could the Bitcoin Network Be Used as an Ultrasecure NotaryService? Compu-terWorld, 23 mai. 2013. Disponível em: <http://www.computerworld.eom/s/article/9239513/Could_ the_Bitcoin_network_be_used_as_an_ultrasecure_notary_service_>. Acesso em: 13 dez. 2013.

[27] WARREN, Jonathan. Bitmessage: A Peer-to-Peer Message Authentication and Delivery System, white paper, 27 nov. 2012. Disponível em: <https://bitmessage. org/bitmessage. pdf>. Acesso em: 13 dez. 2013.

[28] MIERS, lan et ai. Zerocoin: Anonymous Distributed E-Cash from Bitcoin, working paper, the Johns Hopkins University Department of Computer Science, Baltimore, MD, 2013. Disponível em: <http://spar.isi.jhu.edu/~mgreen/ZerocoinOakland.pdf>. Acesso em: 13 dez. 2013.

O Bitcoin foi exposto a pelo menos cinco ajustes de preço significativos desde 2011[29]. Esses ajustes se assemelham a bolhas especulativas tradicionais: coberturas da imprensa otimistas em demasia provocam ondas de investidores novatos a pressionar para cima o preço do bitcoin[30]. A exuberância, então, atinge um ponto de inflexão, e o preço finalmente despenca. Novos entrantes ávidos por participar correm o risco de sobrevalorizar a moeda e perder dinheiro em uma queda abrupta. O valor flutuante do bitcoin faz com que muitos observadores permaneçam céticos quanto ao futuro da moeda.

Será que essa volatilidade prediz o fim do Bitcoin? Alguns analistas acham que sim[31]. Outros sugerem que essas flutuações acabam por realizar testes de estresse à moeda e podem, por fim, diminuir em freqüência à medida que mecanismos para contrabalancear a volatilidade se desenvolvem[32]. Se bitcoins são usados apenas como reserva de valor ou unidade de conta, a volatilidade poderia de fato ameaçar seu futuro. Não faz sentido gerir as finanças de um negócio ou guardar as economias em bitcoins se o preço de mercado oscila desenfreada e imprevisivelmente. Quando o Bitcoin é empregado como meio de troca, entretanto, a volatilidade não é tanto um problema. Comerciantes podem precificar seus produtos em termos de moeda tradicional e aceitar o equivalente em bitcoins. Clientes que adquirem bitcoins para realizar uma só compra não se importam com o câmbio amanhã; eles somente se preocupam com que o Bitcoin reduza custos de transações no presente. A utilidade do Bitcoin como meio de troca poderia explicar por que a moeda tem se tornado popular entre

---

[29] LEE, Tímothy B. An Ulustrated History of Bitcoin Crashes, Forbes, 11 abr. 2013. Disponível em: <http://www.forbes.com/sites/timothylee/2013/04/1 l/an-illus-trated-history-of-bitcoin-crashes/>. Acesso em: 13 dez. 2013.

[30] SALMON, Felix. The Bitcoin Bubble and the Future of Currency, Médium, 3 abr. 2013. Disponível em: <https://medium.com/money-banking/2b5ef79482cb>. Acesso em: 13 dez. 2013.

[31] FARRELL, Maureen. Strategist Predicts End of Bitcoin, CNNMoney, 14 mai. 2013. Disponível em: <http://money.cnn.com/2013/05/14/investing/bremmer--bitcoin/index.html>. Acesso em: 13 dez. 2013.

[32] GURRI, Adam. Bitcoins, Free Banking, and the Optional Clause, Ümlaut, 6 mai. 2013. Disponível em: <http://theumlaut.com/2013/05/06/bitcoins-free--banking-and-the-optional-clause/>. Acesso em: 13 dez. 2013.

comerciantes, a despeito da volatilidade de seu preço[33]. É possível que o valor de bitcoins venha a apresentar uma menor volatilidade ao passo que mais pessoas se familiarizam com sua tecnologia e desenvolvam expectativas realistas acerca de seu futuro.

Violação de segurança

Como uma moeda digital, o Bitcoin apresenta alguns desafios de segurança específicos[34]. Se as pessoas não são cuidadosas, elas podem inadvertidamente apagar ou perder seus bitcoins. Uma vez que o arquivo digital esteja perdido, o dinheiro está perdido, da mesma forma com dinheiro vivo de papel. Se as pessoas não protegem seus endereços Bitcoin, elas podem estar mais sujeitas ao roubo. As carteiras de Bitcoin agora podem ser protegidas por criptografia, mas os usuários devem selecionar a ativação da criptografia. Se um usuário não cifra a sua carteira, os bitcoins podem ser roubados por *malware*[35]. As casas de câmbio de Bitcoin também enfrentaram complicações de segurança; *hackers* furtaram 24 mil BTC (então valorados em 250 mil dólares) de um casa de câmbio chamada Bitfloor em 2012[36], e houve em uma série de ataques DDoS (*distributed denial-of-service*) contra a mais popular casa de câmbio, Mt.Gox, em 2013[37]. (A Bitfloor finalmente repagou os fun-

---

[33] Hoje serviços como esse aceitam o risco inerente à volatilidade e ainda assim mantêm baixas taxas. Se esse modelo será sustentável no longo prazo, é algo inconclusivo.

[34] A maioria dos desafios de segurança está relacionada aos serviços de carteiras e às casas de câmbio. O protocolo em si tem-se provado consideravelmente resiliente a hackers e riscos de segurança. O renomeado pesquisador de segurança Dan Kaminsky tentou, mas fracassou, hackear o protocolo Bitcoin em 2011. KAMINSKY, Dan. I Tried Hacking Bitcoin and I Failed, Business Insider, 12 abr. 2013. Disponível em: <http://www.businessinsider.com/dan-kaminsky-highlights-flaws-bi--tcoin-2013-4>. Acesso em: 13 dez. 2013.

[35] O termo *malware* é proveniente do inglês *malicious software; é* um software destinado a se infiltrar em um sistema de computador alheio de forma ilícita, com o intuito de causar algum dano, alterações ou roubo de informações (confidenciais ou não).

[36] COLDEWEY, Devin. $250,000 Worth of Bitcoins Stolen in Net Heist, NBC News, 5 set. 2012. Disponível em: <http://www.nbcnews.com/technology/250-000-worth-bitcoins-stolen-net-heist-980871>. Acesso em: 14 dez.2013.

[37] KELLY, Meghan. Fool Me Once: Bitcoin Exchange Mt.Gox Falls after Third DDoS Attack This Month, VentureBeat, 21 abr. 2013. Disponível em: <http://venturebeat. com/2013/04/2 l/mt-gox-ddos/>. Acesso em 14 dez. 2013.

dos roubados aos clientes, e a Mt.Gox recuperou-se de tais ataques). Obviamente, muitos dos riscos de segurança enfrentados pelo Bitcoin são similares àqueles com os quais moedas tradicionais também se defrontam. Notas de reais podem ser destruídas ou perdidas, informação financeira pessoal pode ser roubada e usada por criminosos e bancos podem ser assaltados ou alvos de ataques DDoS. Os usuários de Bitcoin deveriam aprender sobre e como preparar-se contra riscos de segurança, da mesma forma que o fazem com outras atividades financeiras.

Uso para fins criminosos

Também há razões para os políticos ficarem apreensivos quanto a algumas das aplicações não intencionais do Bitcoin. Porque o Bitcoin permite o uso de pseudônimos, políticos e jornalistas têm questionado se criminosos podem usá-lo para lavagem de dinheiro ou para aceitar pagamentos da venda de produtos e serviços ilícitos. De fato, e como o dinheiro vivo, ele pode ser usado tanto para o bem quanto para o mal. Um exemplo notório é o caso do site de mercado negro em *deep web*[38] conhecido como Silk Road[39]. Esse site se aproveitava da rede para anonimato Tor e da natureza de se usar pseudônimo no Bitcoin para disponibilizar um vasto mercado digital em que se podia encomendar drogas por correio, além de outros produtos lícitos e ilícitos. Ainda que os administradores do Silk Road não permitissem a troca de nenhum produto que resultasse de fraude ou dano, como cartões de crédito roubados ou fotos de exploração de menores, era permitido aos comerciantes vender produtos ilegais, como documentos de identidade falsos e drogas ilícitas.

---

[38] Wikipedia "Deep Web". Disponível em http://en.wikipedia.org/wiki/Deep_Web. Acesso em: 30 jul.2013.

[39] O site Silk Road foi fechado pelas autoridades americanas no final de 2013, mas a associação do Bitcoin ao uso para fins criminosos é algo recorrente. Isso nos remete a um ponto fundamental: o Bitcoin é uma tecnologia e, portanto, não é boa nem má. É neutra. O crime está na ação do infrator, jamais na tecnologia empregada para tal. O Bitcoin, ou qualquer outra forma de dinheiro, pode ser usado para o bem ou para o mal. Além disso, a compra e venda de drogas, dependendo do país, já é algo normal e perfeitamente lícito. Isso quer dizer que a proibição das drogas é uma questão política que independe por completo do Bitcoin. Ademais, a experiência sugere que a guerra às drogas é muito mais nefasta do que qualquer conseqüência derivada de seu uso por cidadãos honestos.

O fato de se usar pseudônimo no Bitcoin permitia que compradores adquirissem produtos ilegais online, da mesma forma que o dinheiro tem sido tradicionalmente usado para facilitar compras ilícitas pessoalmente. Um estudo estimou que o total de transações mensais no Silk Road alcance aproximadamente 1,2 milhão de dólares[40]. Mas o mercado de Bitcoin acumulou 770 milhões de dólares em transações durante junho de 2013; vendas no Silk Road, portanto, constituíam uma quase insignificante parcela do total da economia Bitcoin[41].

A associação do Silk Road com o Bitcoin manchou sua reputação. Na seqüência da publicação de um artigo sobre o Silk Road em 2011, os senadores norte-americanos Charles Schumer e Joe Manchin enviaram uma carta ao promotor-geral Eric Holder e ao administrador do *Drug Enforcement Administration,* Michele Leonhart, pedindo por uma caçada ao Silk Road, ao software de anonimato Tor e ao Bitcoin[42].

Outra preocupação é que o Bitcoin seja usado para a lavagem de dinheiro para o financiamento do terrorismo e tráfico de produtos ilegais. Apesar de essas inquietações serem, neste momento, mais teóricas do que empíricas, o Bitcoin poderia de fato ser uma opção àqueles que desejam mover dinheiro sujo discretamente. Preocupações com o potencial de o Bitcoin ser usado para lavagem de dinheiro foram atiçadas após o Liberty Reserve, um serviço privado e centralizado de moeda digital com sede na Costa Rica, ter sido encerrado pelas autoridades sob alegações de lavagem de dinheiro[43].

Embora o Liberty Reserve e o Bitcoin pareçam similares porque ambos oferecem moedas digitais, há diferenças importante entre os dois. O Liberty

---

[40] CHRISTIN, Nicolas. Traveling the Silk Road: A Measurement Analysis of a Large Anonymous Online Marketplace, Carnegie Mellon CyLab Technical Reports: CMU-CyLab-12-018, 30 jul. 2012 (atualizado em 28 Nov. 2012). Disponível em: <http://www.cylab.cmu.edu/files/pdfs/tech_reports/CMUCyLabl2018.pdf>. Acesso em: 14 dez. 2013.

[41] BRITO, Jerry. National Review Gets Bitcoin Very Wrong, Technology Liberation Front, 20 jun. 2013. Disponível em: <http://techliberation.com/2013/06/20/national-review-gets-bitcoin-very-wrong/>. Acesso em: 14 dez. 2013.

[42] WOLF, Brett. Senators Seek Crackdown on 'Bitcoin' Currency, Reuters, 8 jun. 2011. Disponível em: <http://www.reuters.com/article/2011/06/08/us-fmancial--bitcoins-idUSTRE7573T320110608>. Acesso em: 14 dez. 2013.

[43] Liberty Reserve Digital Money Service Forced Offline, BBC News–Technology, 27 mai. 2013. Disponível em: <http://www.bbc.co.uk/news/technology-22680297>. Acesso em: 14 dez. 2013.

Reserve era um serviço de divisas centralizado, criado e pertencente a uma empresa privada, supostamente com o expresso propósito de facilitar a lavagem de dinheiro; o Bitcoin, não. As transações dentro da economia do Liberty Reserve não eram transparentes. O Bitcoin, por outro lado, é uma moeda descentralizada aberta que fornece um registro público de todas as transações. Lavadores de dinheiro podem tentar proteger seus endereços de Bitcoin e suas identidades, mas seus registros de transações serão sempre públicos e acessíveis a qualquer momento pelas autoridades. Lavar dinheiro por meio do Bitcoin, então, pode ser visto como uma empreitada muito mais arriscada do que usar um sistema centralizado como o Liberty Reserve. Ademais, diversas casas de câmbio de bitcoins têm tomado as medidas necessárias para estar em dia com as regulações e exigências das autoridades no que tange ao combate à lavagem de dinheiro[44]. A combinação de um sistema de registro público (o livro-razão do Bitcoin, ou o *blockchain*) com a cooperação das casas de câmbio na coleta de informações dos usuários fará do Bitcoin uma via relativamente menos atrativa aos lavadores de dinheiro.

Também é importante notar que muitas das potenciais desvantagens do Bitcoin são as mesmas enfrentadas pelo tradicional dinheiro vivo; este tem sido historicamente o veículo escolhido por traficantes e lavadores de dinheiro, mas políticos jamais seriamente considerariam banir o dinheiro vivo. A medida que os reguladores comecem a contemplar o Bitcoin, eles deveriam ser cautelosos com os perigos da regulação excessiva. No pior cenário possível, os reguladores poderiam impedir que negócios legítimos se beneficiem da rede Bitcoin sem impor nenhum empecilho ao uso do Bitcoin por traficantes ou lavadores de dinheiro. Se as casas de câmbio são sobrecarregadas pela regulação e encerram suas atividades, por exemplo, traficantes e afins ainda assim poderiam colocar dinheiro na rede, pagando uma pessoa com dinheiro vivo para que esta lhes transfira seus bitcoins. Nesse cenário, transações benéficas são impossibilitadas por regulação excessiva, enquanto as atividades-alvo continuam a ocorrer.

---

[44] SPARSHOTT, Jeffrey. Bitcoin Exchange Makes Apparent Move to Play by U.S. Money-Laun-dering Rules, Wall Street Journal, 28 jun. 2013. Disponível em: <http://online.wsj.com/article/SB10 001424127887323873904578574000957464468.html>. Acesso em: 14 dez. 2013.

4. Regulação e legislação

As leis e regulações atuais não preveem uma tecnologia como o Bitcoin, o que resulta em algumas zonas legais cinzentas. Isso ocorre porque o Bitcoin não se encaixa em definições regulamentares existentes de moeda ou outros instrumentos financeiros ou instituições, tornando complexo saber quais leis se aplicam a ele e de que forma.

O Bitcoin tem as propriedades de um sistema eletrônico de pagamentos, uma moeda e uma commodity, entre outras. Dessa forma, estará certamente sujeito ao escrutínio de diversos reguladores. Vários países estão atualmente debatendo o Bitcoin em nível governamental. Alguns já emitiram pareceres ou pronunciamentos oficiais, estabelecendo diretrizes, orientações, etc. Uns com uma postura neutra, outros de forma mais cautelosa.

Embora não seja o foco deste livro averiguar qual o tratamento legal adequado, é oportuno afirmar que as questões legais certamente afetarão a forma como o Bitcoin se desenvolve ao redor do mundo. Em países desenvolvidos, as incertezas sobre como o Bitcoin será regulado pouco a pouco se dissolvem.

Mas em pleno ano de 2014, ainda há questões a serem endereçadas pelas autoridades. No Brasil, nada em específico concernente ao Bitcoin foi emitido pelos órgãos reguladores[45]. Por ser um mercado em franco e rápido crescimento, é de se esperar novidades no âmbito legal proximamente.

---

[45] A exceção foi um caso, em julho de 2012, interpelado pela Comissão de Valores Mobiliários (CVM), ao impedir e multar um cidadão não registrado na autarquia de ofertar publicamente um veículo de investimento em bitcoins. Entretanto, não houve qualquer juízo de valor referente ao Bitcoin em si, apenas ao fato de que constituía uma oferta de investimento irregular em território nacional. Disponível em: <http://www.cvm.gov.br/port/infos/comunicado-deliberacao%20680.asp>.

CAPÍTULO III

A HISTÓRIA E O CONTEXTO DO BITCOIN

E com a analise do contexto em que o Bitcoin surgiu que podemos entender a sua razão de ser. Ainda que possa ser considerada uma mera coincidência o fato de a moeda digital ter surgido em meio à maior crise financeira desde a Grande Depressão de 1930, não podemos deixar de notar o avanço do estado interventor, as medidas sem precedentes e arbitrárias das autoridades monetárias na primeira década do novo milênio e a constante perda de privacidade que cidadãos comuns vêm enfrentando em grande parte dos países desenvolvidos e emergentes.

Esses fatores são certamente responsáveis por parte do ímpeto da criação do Bitcoin. E, enquanto os reais motivos de seu surgimento podem ser apenas intuídos, não há dúvidas quanto ao que possibilitou o seu desenvolvimento: a era da computação, a revolução digital.

1. A grande crise econômica do século XXI e a perda de privacidade financeira

A quebra do banco Lehman Brothers, em setembro de 2008 – um dos grandes marcos da atual crise econômica e a maior falência da história dos Estados Unidos –, ocorreu há pouco mais de cinco anos. E, até hoje, seguimos sentindo as repercussões dessa grande crise.

No *mainstream* da ciência econômica, muito ainda se debate sobre as reais causas da débâcle financeira. A ganância, a desregulamentação do setor financeiro, os excessos dos bancos ou, simplesmente, o capitalismo, são todos elementos apontados como os causadores da crise. Mas é justamente o setor financeiro, aquele em que a intervenção dos governos é mais presente e marcante, seja em países desenvolvidos, seja em países em desenvolvimento. Assim, e como veremos adiante, o mais correto seria apontar o socialismo aplicado ao âmbito monetário como o real culpado e não o livre mercado.

O atual arranjo monetário[1] do Ocidente baseia-se em dois grandes pilares: 1) monopólio da emissão de moeda com leis de curso legal forçado[2]; e 2) banco central, responsável por organizar e controlar o sistema bancário. Em grande parte dos países, a tarefa de emissão de moeda é delegada pelo estado ao próprio banco central. É, portanto, patente a interferência governamental no âmbito monetário. Tal arranjo é a antítese de livre mercado; considerá-lo um exemplo de capitalismo exige uma boa dose de elasticidade intelectual.

Além disso, as moedas hoje emitidas pelos governos não têm lastro algum, senão a confiança dos governos. Ao longo de centenas de anos, o arranjo monetário desenvolveu-se de tal forma que não há mais vestígios de qualquer vínculo ao ouro ou à prata, ambos metais preciosos que serviram como dinheiro por milênios. O chamado padrão-ouro hoje não passa de um fato histórico com remotas possibilidades de retornar. E não porque não funcionava, mas porque impunha restrições ao ímpeto inflacionista dos governos. Quando estes emitiam moeda em demasia, acabavam testemunhando a fuga de ouro das fronteiras nacionais, sendo obrigados a depreciar a paridade cambial com o metal precioso.

Desde 1971, quando o então presidente Richard Nixon suspendeu a conversibilidade do dólar em ouro, vivemos na era do papel-moeda fiduci--ário, em que bancos centrais podem imprimir quantidades quase ilimitadas de dinheiro, salvo o risco de que os cidadãos percam toda a confiança na

---

[1] Para uma breve análise do colapso da ordem monetária do Ocidente, ver ROTHBARD, Murray N. O que o governo fez com o nosso dinheiro? São Paulo: Instituto Ludwig von Mises Brasil, 2013.

[2] Leis de curso legal forçado {*legal tender laws* em inglês) são leis que obrigam os cidadãos em um determinado país a aceitar o dinheiro emitido pelo estado como meio de pagamento.

moeda, recusando-se a usá-la em suas transações, como costuma ocorrer em episódios de hiperinflação[3].

A realidade é que recorrer à impressão de dinheiro é algo que os governos naturalmente fizeram ao longo da história para financiar seus déficits, para custear suas guerras ou para sustentar um estado perdulário incapaz de sobreviver apenas com os impostos cobrados da sociedade. O poder de imprimir dinheiro é tentador demais para não ser usado.

Mas, nos últimos cem anos, o mecanismo de impressão de dinheiro foi, de certa maneira, sofisticado. Antigamente, diluía-se o conteúdo do metal precioso de uma moeda, adicionando um metal de mais baixa qualidade. Na República de Weimar, as impressoras de papel-moeda operavam a todo o vapor 24 horas por dia. Atualmente, entretanto, o processo inflacionário é um pouco mais indireto e envolve não somente um Banco Central ou um órgão de governo imprimindo cédulas de dinheiro, mas também todo o sistema bancário.

Inflação é o aumento na quantidade de moeda em uma economia, e a eventual elevação dos preços é a conseqüência inevitável[4]. Mas, em uma economia moderna, a oferta de moeda não é composta apenas por cédulas e moedas de metal; os depósitos bancários também fazem parte da oferta monetária, uma vez que desempenham a mesma função que a moeda física. Ainda que não "existam" materialmente, os depósitos constituem parte da oferta monetária total. Assim, quando se emite moeda ou se criam depósitos bancários do nada, está ocorrendo inflação. E quanto maior a quantidade de dinheiro (oferta monetária) em uma economia, menor o poder de compra de cada unidade monetária. Ou, o seu corolário, mais caros se tornam os produtos e serviços.

Mas e como se multiplicam os depósitos bancários? Por meio de um mecanismo chamado reservas fracionárias. Em suma, significa que os bancos podem guardar nos seus cofres apenas uma fração do dinheiro que foi

---

[3] Os brasileiros viveram alguns episódios hiperinflacionários nas décadas de 1980 e 90.

[4] Infelizmente, o conhecimento convencional define inflação como o aumento de preços, quando, na verdade, isso é a conseqüência da inflação, e não inflação per se. Ver MISES, Ludwig von. A verdade sobre a inflação, Instituto Ludwig von Mises Brasil, 27 mai. 2008. Disponível em: <http://mises.org. br/Article.aspx?id=101>. Acesso em: 16 dez. 2013.

depositado e emprestar o restante ao público – daí o nome reservas fracionárias[5]. E o impacto desse arranjo no sistema financeiro é monumental, porque esse simples mecanismo concede aos bancos o poder de criar depósitos bancários por meio da expansão do crédito. E como depósitos bancários são considerados parte da massa monetária, os bancos criam moeda de fato – por isso, diz-se que os bancos são "criadores de moeda".

Além de aumentar a quantidade de moeda, a expansão do crédito pelo sistema bancário tem outro efeito nocivo na economia: a formação de ciclos econômicos[6]. Para que haja investimento, é preciso haver poupança. É o investimento que permite o acúmulo de capital, que, por sua vez, possibilita uma maior produtividade da economia. Mas sem poupança prévia não é possível investir. A expansão do crédito pelo sistema bancário sob um regime de reservas fracionárias permite que os bancos concedam empréstimos às empresas e indivíduos como se houvesse poupança disponível, quando, na verdade, isso não ocorreu. Logo, os empresários investem como se houvesse recursos disponíveis para levar a cabo seus empreendimentos, criando um auge econômico que contém as sementes de sua própria ruína. Cedo ou tarde, alguns investimentos não poderão ser concluídos (pois simplesmente não há recursos suficientes para que sejam completados lucrativamente), devendo ser liquidados o quanto antes. Esse é o momento da recessão, quando os excessos cometidos durante o *boom* precisam ser sanados para que a estrutura produtiva da economia retome o seu rumo de forma sustentável. Normalmente, o sinal que antecede um ciclo de auge é a redução artificial dos juros pelo banco central. Por meio da manipulação da taxa de juros, o banco central injeta moeda no sistema bancário, propiciando uma maior expansão do crédito.

As crises financeiras deste início de milênio são uma ilustração perfeita da teoria explicada, chamada de Teoria Austríaca dos Ciclos Econômicos. Foi a redução artificial dos juros pelo Federal Reserve que deu início ao *boom*

---

[5] No Brasil, esse mecanismo se confunde com o conceito do "compulsório", o qual é determinado pelo Banco Central. Atualmente, o percentual de "compulsório" para os depósitos à vista está estabelecido em 10%. Dessa forma, com um depósito hipotético de R$ 1.000, um banco pode expandir o crédito em R$ 9.000, criando do nada R$ 9.000 de depósitos à vista, pelo simples registro contábil (débito de R$ 9.000 em empréstimos contra crédito de R$ 9.000 em depósitos à vista).

[6] MISES, Ludwig von. Ação Humana: Um Tratado de Economia. São Paulo: Instituto Ludwig von Mises Brasil, 2010.

no setor imobiliário americano logo após o estouro da bolha da internet, em 2001 – que, por sua vez, foi também precedida por um período de expansão monetária orquestrada pelo Federal Reserve. Anos de crédito farto e barato levaram a um superaquecimento da economia americana, em especial no setor da construção civil, inflando uma bolha imobiliária[7] de proporções catastróficas. E para piorar ainda mais o cenário, os principais bancos centrais do mundo seguiam a mesma receita de juros baixos para estimular a economia, formando bolhas imobiliárias em outros países também.

Cegados pelos baixos índices de inflação ao consumidor – enquanto os preços dos ativos imobiliários e financeiros disparavam –, os banqueiros centrais acreditavam piamente terem domado os ciclos econômicos; entráramos na chamada "Era da Grande Moderação". Infelizmente, a realidade logo veio à tona, e, com ela, todas as conseqüências perversas de um sistema monetário e bancário sujeito a mais absoluta intervenção.

Começando em 2007 com o imbróglio das hipotecas de alto risco (os *subprimes*) e o conseqüente "aperto da liquidez" (o *liquidiy crunch*), o setor financeiro logo congelou, os preços dos ativos despencaram – em especial os do setor imobiliário – e os grandes bancos do mundo ocidental viram-se praticamente insolventes.

No ano seguinte, a crise seria intensificada. Bancos e fundos de investimento buscavam desesperadamente sacar seus depósitos de instituições problemáticas. Era a versão moderna da velha corrida bancária. A interco-nectividade, a interdependência, a exposição mútua e os riscos de contra-parte (o *"counterparty risk"*) eram de tal magnitude e complexa mensuração que o sistema financeiro estava simplesmente à beira do colapso. Depois de seguidos resgates de bancos em dificuldades, fusões forçadas pelo Federal Reserve, acordos de "troca de liquidez" entre os principais bancos centrais do mundo (*"liquidity swap"*), legislações apressadas e desesperadas, o impensável ocorria: no dia 15 de setembro de 2008, um banco considerado "grande demais para quebrar" viria a falir. O Lehman Brothers entrava para a história como a maior falência dos Estados Unidos até então.

---

[7] Não foram as únicas razões, mas foi condição *sine qua non* à atividade econômica insustentável. Para mais detalhes, ver WOODS Jr., Thomas E. Meltdown. Washington: Regnery Publishing, 2009.

A queda do Lehman foi certamente um ponto de inflexão na crise. A partir daquele momento, os bancos centrais passaram a atuar com uma discricionariedade e arbitrariedade sem precedentes no mundo desenvolvido. A teoria econômica já não seria suficiente para justificar as medidas extraordinárias. Somente argumentos contrafatuais poderiam embasar o pleito dos banqueiros centrais: "Se adotarmos a medida X, o resultado pode ser ruim, mas se não fizermos nada, será ainda pior". A despeito de jamais terem previsto a crise de 2007/08, as autoridades monetárias ainda gozavam de enorme confiança perante os políticos e a opinião pública. E, dessa forma, carta branca era dada pelos governos aos bancos centrais. A cautela era preterida, e o caminho estava livre para o grande experimento monetário do novo milênio.

Desde setembro de 2008, o rol de medidas extremas e imprevistas empregadas pelas principais autoridades monetárias globais é realmente assombroso. Resgate de bancos, seguradoras e montadoras; nacionalização de instituições financeiras; trocas de liquidez entre bancos centrais; monetização de dívida soberana; redução das taxas de juros a zero – aliada à promessa de que nesse nível permanecerão por um bom tempo; e compras maciças de ativos financeiros e hipotecas, quase ilimitadas e sem fim predeterminado, os notórios "afrouxamentos quantitativos" {*quantitative easing,* ou QE). E qual foram os resultados desse experimento? Quadruplicar o balanço do Federal Reserve; incitar uma guerra cambial[8] mundial, em que bancos centrais historicamente prudentes – como o Banco Nacional da Suíça – passaram a imprimir dinheiro desesperadamente, com o intuito de evitar uma apreciação abrupta de suas moedas; gerar imposição de controle de capitais, muitas vezes de forma velada; e reinflar os preços dos ativos financeiros (ações e bônus) e imobiliários, formando uma renovada bolha com potencial de destruição ainda maior.

Ao cidadão comum, resta assistir ao valor do seu dinheiro esvair-se, enquanto banqueiros centrais testam suas teorias, ora para salvar bancos, ora para resgatar governos quebrados, mas sempre sob o pretexto da inatingível estabilidade de preços. Na prática, a única estabilidade que existe é a da perda do poder de compra da moeda, e quanto a esta, a impotência da sociedade é absoluta.

E é precisamente este ponto que ficou claro na atual crise: o cidadão não tem controle algum sobre seu dinheiro[9] e está à mercê das arbitrariedades dos

---

[8] RICKARDS, James. Currency Wars. New York: Penguin, 2011.

[9] Talvez no Brasil isso fosse diferente, mas no exterior é inédito.

governos e de um sistema bancário cúmplice e conivente. Além do imenso poder na mão dos bancos centrais, a conduta destes – envoltas por enorme mistério, reuniões a portas fechadas, atas indecifráveis, critérios escusos, decisões intempestivas e autoritárias – causa ainda mais consternação e desconfiança, justamente o oposto do que buscam. O que, nos dias de hoje, é uma grande ironia, pois, enquanto as autoridades monetárias se esquivam do escrutínio público, exigem cada vez mais informações da sociedade, invadindo a privacidade financeira dos cidadãos.

Isso nos traz a outro desdobramento do paradigma atual que vivemos: a crescente perda de privacidade financeira, freqüentemente justificada pela ameaça do terrorismo, real ou imaginário, a qual foi intensificada depois dos ataques às torres gêmeas do World Trade Center em setembro de 2001.

Sob a alegação de impedir o financiamento de atividades terroristas e lavagem de dinheiro, quem acaba sofrendo as conseqüências da supervisão e espionagem são os cidadãos de bem, que encontram cada vez mais dificuldade para proteger seus ativos e movê-los a qualquer jurisdição fora do alcance dos governos. Em países emergentes, cujo histórico de estritos controles de capitais é bastante notório, a falta de liberdade financeira não é novidade. Mas aos cidadãos de países de primeiro mundo, esse novo paradigma não é nada bem-vindo.

É provável que nenhum país desenvolvido tenha avançando tanto a agenda contra a privacidade financeira como os Estados Unidos. Seguidos acordos secretos[10] com a União Européia, Suíça e outros portos financeiros tidos como seguros têm levado o cidadão americano a ser um cliente altamente indesejado, quando não rejeitado em primeira instância. Muitos bancos europeus e suíços têm preferido declinar esses clientes, para não ter que obedecer a todas as exigências do governo dos EUA, como aquelas impostas pela infame legislação FATCA[11] (*Foreign Account Tax Compliance Act*). Aprovada pelo Congresso em 2010, a FATCA simplesmente concede à Receita Federal dos EUA (*Internai Revenue Service,* ou IRS) o poder de violar o direito de privacidade

---

[10] Another Loss of Personal & Financial Privacy, The Sovereign Society, 13 jul. 2010. Disponível em: <http://sovereignsociety.com/2010/07/13/another-loss-of--personal-financial-privacy/>. Acesso em: 20 dez. 2013.

[11] Foreign Account Tax Compliance Act, Internai Revenue Service, 2010. Disponível em: <http:// www.irs.gov/Businesses/Corporations/Foreign-Account-Tax-Compliance-Act-%28FATCA%29>. Acesso em: 20 dez. 2013.

de cidadãos que detenham investimentos ou contas bancárias no exterior. Além disso, recruta instituições financeiras como se agentes do IRS fossem, exigindo que monitorem e reportem clientes americanos, arcando com a totalidade dos custos para obedecer à legislação, sob pena de retaliações no caso de descumprimento.

Até mesmo a Suíça – cujo setor bancário tem sido historicamente um dos principais destinos para quem busca discrição e sigilo financeiro – tem sucumbido às demandas norte-americanas. As famosas contas numeradas – que permitem mais privacidade ao titular, por não ser necessário vincular seu nome à conta – tampouco estão livres dessa nova realidade. Pouco a pouco o governo dos EUA aperta o cerco à livre movimentação de capitais, pressionando governos ao redor do globo a adotar medidas prudenciais e cumprir as imposições das autoridades americanas.

Este é o paradigma do atual milênio: crescente perda de privacidade financeira; autoridades monetárias centralizadas e opressivas que abusam do dinheiro isentas de qualquer responsabilidade; e bancos cúmplices e coadjuvantes no desvario monetário.

Entretanto, se por um lado o cenário é desalentador, por outro, o terreno é fértil para a busca de novas soluções. Coincidência ou não, um mês após a quebra do Lehman Brothers, era lançada a pedra fundamental de uma possível solução à instabilidade do sistema financeiro mundial.

2. O bloco gênese

Precisamente no dia 31 de outubro de 2008, Satoshi Nakamoto publicava o seu *paper*, "*Bitcoin: a Peer-to-Peer Electronic Cash System*[12]", em uma lista de discussão online de criptografia[13]. Baseado na simples idéia de um "dinheiro

---

[12] NAKAMOTO, Satoshi. Bitcoin: a Peer-to-Peer Electronic Cash System, 2008. Disponível em: <http://article.gmane.org/gmane.comp.encryption.general/12588/>. Acesso em: 20 dez. 2013.

[13] Recomento fortemente ler na íntegra as trocas de mensagens entre os participantes e o próprio Satoshi Nakamoto após a publicação de seu *paper*. Disponível em: <http://www.mail-archive.com/ cryptography@metzdowd.com/msg09959. html>. Acesso em: 20 dez. 2013.

eletrônico totalmente descentralizado e *peer-to-peer*, sem a necessidade de um terceiro fiduciário", o sistema desenhado por Satoshi surgia como um novo experimento no campo financeiro e bancário.

A idéia em si não era nova. Na verdade ela já havia sido brevemente explicitada por Wei Dai, membro da lista de discussão *cypherpunk*[14], em 1998. Em seu texto, Wei Dai expunha as principais características do protocolo de uma criptomoeda e como ela poderia funcionar na prática[15]. O próprio Satoshi, reconhecendo as origens conceituais do Bitcoin, cita o texto de Wei Dai como a primeira referência em seu *paper*.

A um mero leigo no assunto, o *paper* de Satoshi pode ser pouco esclarecedor. Pode parecer um tanto técnico e pouco conceituai. E quase nada revela sobre as razões ideológicas por trás do Bitcoin. Por sorte, após tornar pública a idéia do Bitcoin, Satoshi pôs-se a responder as perguntas dos demais participantes da lista de discussões, esclarecendo desde temas técnicos e conceituais até questões políticas e econômicas; é exatamente lá que encontramos os indícios do pensamento político-filosófico de Satoshi.

---

[14] Disponível em: <http://en.wikipedia.org/wiki/Cypherpunk>. Acesso em: 21 dez. 2013.

[15] Nas palavras de Wei Dai, uma criptomoeda teria impactos extraordinários: "Eu estou fascinado com a cripto-anarchia do Tim May [membro fundador da lista de discussão *Cypherpunk]*. Ao contrário das comunidades tradicionalmente associadas à palavra 'anarquia', em uma cripto-anarquia o governo não é temporariamente destruído, mas permanentemente proibido e permanentemente desnecessário. É uma comunidade em que a ameaça de violência é impotente porque é impossível, e a violência é impossível porque os participantes não podem ser vinculados aos seus nomes verdadeiros ou às localidades físicas... Até agora não está claro, até mesmo teoricamente, como tal comunidade poderia operar. Uma comunidade é definida pela cooperação de seus participantes e cooperação eficiente requer um meio de troca (dinheiro) e uma forma de fazer cumprir contratos. Tradicionalmente esses serviços têm sido providos pelo governo ou por instituições patrocinadas pelo governo e somente a entidades jurídicas. Neste artigo eu descrevo um protocolo pelo qual esses serviços podem ser providos para e por entidades não rastreáveis... O protocolo proposto neste artigo permite que entidades pseudônimas não rastreáveis cooperem umas com as outras mais eficientemente, por meio da provisão de um meio de troca e um método de fazer cumprir contratos. Provavelmente o protocolo pode ser aprimorado, mas espero que isso seja um passo à frente do sentido de tornar a cripto-anarquia uma possibilidade prática e teórica". Disponível em: <http://www.weidai.com/bmoney.txt>. Acesso em: 21 dez. 2013.

Várias postagens suas ilustram a visão de mundo e o conhecimento econômico do criador do Bitcoin. Por exemplo, quando confrontado com a afirmação de que "não seria encontrada uma solução aos problemas políticos na criptografia", Satoshi concordou, mas ressaltou que "podemos vencer uma grande batalha na corrida armamentista e ganhar um novo território de liberdade por vários anos. Governos são bons em cortar a cabeça de redes centralmente controladas, como o Napster, mas redes puramente P2P, como Gnutella e Tor, parecem seguir em frente inabaladas[16]".

Em uma postagem posterior, um membro do grupo conclui que o protocolo do Bitcoin garante uma inflação de 35%, ao que Satoshi o corrige, atentando para a regra de que a oferta de bitcoins ao longo do tempo é sabida com antecedência por todos os participantes. "Se a oferta de moeda aumenta à mesma taxa de crescimento de pessoas que a usam, os preços permanecem estáveis", destaca Satoshi, concluindo que "se ela não cresce tão rápido quanto a demanda, haverá deflação, e os primeiros detentores da moeda verão seu valor aumentar"[17].

Mas talvez o vestígio mais interessante sobre a visão crítica de Satoshi acerca dos sistemas monetário e bancário vigentes esteja gravado justamente no bloco gênese[18], o primeiro bloco do *blockchain*. Às 18h15 do dia 3 de janeiro de 2009, nascia oficialmente o Bitcoin, com a primeira transação de sua história, transmitida à rede por Satoshi, registrada no bloco gênese e acompanhada da seguinte mensagem:

THE TIMES 03/JAN/2009 CHANCELLOR ON BRINK OF SECOND BAILOUT FOR BANKS

A alusão à manchete do jornal britânico *The Times* daquele dia não é acidental. É, na verdade, um claro indicativo da visão crítica de Satoshi sobre o

---

[16] Disponível em:<http://www.mail-archive.eom/cryptography@metzdowd.com/msg09971. html>. Acesso em: 21 dez. 2013.

[17] Disponível em:<http://www.mail-archive.eom/cryptography@metzdowd.com/msg09979. html>. Acesso em: 21 dez. 2013. Aqui Satoshi emprega o conceito de inflação e deflação no sentido de aumento ou redução dos preços, e não no sentido de aumento ou redução da oferta monetária (conforme o conceito da Escola Austríaca de Economia).

[18] Disponível em: <https://en.bitcoin.it/wiki/Genesis_block>. Acesso em: 21 dez. 2013.

sistema bancário e a desordem financeira reinante. Nesse contexto, o projeto Bitcoin vinha a ser uma tentativa de resposta à instabilidade financeira causada por décadas de monopólio estatal da moeda e por um sistema bancário de reservas fracionárias.

Poucos dias após a transmissão do bloco gênese, era disponibilizado aberta e gratuitamente para *download* o cliente Bitcoin vO.l. Era o início do grande experimento monetário e bancário do novo milênio.

3. O que possibilitou a criação do Bitcoin

Os motivos fundamentais que impulsionaram a criação do Bitcoin são, portanto, evidentes: um sistema financeiro instável e com elevado nível de intervenção estatal e a crescente perda de privacidade financeira. Mas esse estado de coisas não é novidade. A intervenção dos governos no âmbito monetário é milenar, assim como a cumplicidade e conivência do sistema bancário. A diferença entre o sistema financeiro mundial atual e o de cem anos atrás é meramente de grau; na sua essência, a intervenção estatal prevalece tanto hoje como no início do século XX. Por que então algo como o Bitcoin não surgiu antes? Por que precisamos assistir ao sistema financeiro mundial tornar-se tão vulnerável, a ponto de quase testemunharmos o seu mais absoluto colapso em 2008? Simplesmente porque, antes, uma tecnologia como a internet não estava disponível e madura como hoje está; de fato, a rede mundial de computadores foi o que viabilizou a criação do Bitcoin. A era da informação revolucionou diversos aspectos da cooperação social, e não poderia ser diferente com uma das instituições mais importantes para o convívio em sociedade, o dinheiro.

Aparentemente surgido do nada, o Bitcoin é, em realidade, resultado de mais de duas décadas de intensa pesquisa e desenvolvimento por pesquisadores praticamente anônimos. No seu âmago, o sistema é um avanço revolucionário em ciência da computação, cujo desenvolvimento foi possibilitado por 20 anos de pesquisa em moedas criptográficas e 40 anos de pesquisa em criptografia por milhares de pesquisadores ao redor do mundo[19].

---

[19] er artigo de Marc Andreessen, sócio-fundador da empresa de *venture capital* Andreessen Ho-rowitz, investidora de algumas empresas dedicadas ao desenvolvimento

Mas para entendermos melhor como a ciência da computação e a internet possibilitaram a criação do experimento Bitcoin, é preciso ir mais além e compreender as principais tecnologias intrínsecas ao sistema. Basicamente, o Bitcoin é a junção de duas tecnologias: a distribuição de um banco de dados por meio de uma rede *peer-to-peer* e a criptografia. A primeira foi somente possível com o advento da internet. Já a segunda é bastante antiga, mas seu potencial não poderia ter sido devidamente explorado antes da era da computação.

Ao contrário das redes usuais, em que há um servidor central e os computadores (clientes ou nós, *nodes,* em inglês) se conectam a ele, uma rede *peer-to-peer* não possui um servidor centralizado. Nessa arquitetura de redes, cada um dos pontos ou nós da rede funciona tanto como cliente quanto como servidor – cada um dos nós é igual aos demais (*peer* traduz-se como "par" ou "igual") –, o que permite o compartilhamento de dados sem a necessidade de um servidor central. Por esse motivo, uma rede *peer-to-peer* é considerada descentralizada, em que a força computacional é distribuída.

A idéia de redes distribuídas não é nova e vem se desenvolvendo desde 1960 nos Estados Unidos. Mas foi com o surgimento da internet que as redes *peer-to-peer* realmente ganharam terreno e notoriedade. No final da década de 90, com a criação do Napster[20], essas redes se tornaram ainda mais populares, atraindo dezenas de milhões de pessoas dedicadas a trocar arquivos de áudio entre si. Desde então, diversas variantes de redes descentralizadas surgiram[21], freqüentemente visando a troca de arquivos digitais.

No caso do Bitcoin, a rede *peer-to-peer* desempenha uma função fundamental: a de garantir a distribuição do *blockchain* a todos os usuários, assegurando que todos os nós da rede detenham uma cópia atual e fidedigna do histórico de transações do Bitcoin a todo instante. Dessa forma, novas

---

do Bitcoin, Why Bitcoin Matters, 22 jan. 2014. Disponível em: <http://blog.pmarca.com/2014/01/22/why-bitcoin-matters/>. Acesso em: 26 jan. 2014.

[20] Em realidade, o Napster era uma rede semicentralizada, pois ainda que os computadores inter-cambiassem arquivos entre si, de forma *peer-to-peer,* os usuários conectavam-se a um servidor central – que continha os dados dos usuários, bem como o endereço de suas pastas e arquivos de música –, para a busca de arquivos. Devido a sua natureza semicentralizada, o Napster foi facilmente encerrado pelas autoridades americanas em 2001.

[21] Por exemplo, a Gnutella e o BitTorrent, ambos ativos e operantes.

transações são transmitidas a todos os nós, registradas no log de transações único e compartilhado, tornando redundante a existência de um servidor central. Em um mundo pré-digital, seria simplesmente inconcebível levar a cabo tal logística.

A criptografia, entretanto, não é uma tecnologia nova. O estudo da arte de cifrar mensagens – em que somente o remetente e o destinatário têm acesso ao conteúdo – remonta aos tempos passados: os primeiros registros datam ao redor de 2.000 a.C, no Egito. Historicamente, a criptografia foi utilizada por estados em assuntos ligados às guerras e à diplomacia com objetivo de interceptar mensagens e desvendar comunicações encriptadas.

É na era da computação, contudo, que a criptografia atinge seu apogeu. Antes do século XX, a criptografia preocupava-se principalmente com padrões lingüísticos e análise de mensagens, como a própria etimologia sugere (criptografia, do grego *kryptós,* "escondido", e *gráphein,* "escrita"). Hoje em dia, a criptografia é também uma ramificação da matemática, e seu uso no mundo moderno se estende a uma gama de aplicações presentes no nosso cotidiano, sem que sequer a percebamos, como em sistemas de telecomunicações, comércio online ou para proteção de sites de bancos. A criptografia moderna permite a criação de comprovações matemáticas que oferecem um altíssimo nível de segurança.

Aplicada ao Bitcoin, a criptografia desempenha duas funções essenciais: a de impossibilitar que um usuário gaste os bitcoins da carteira de outro usuário (autenticação e veracidade das informações) e a de impedir que o *blockchain* seja violado e corrompido (integridade e segurança das informações, evita o gasto duplo). Além disso, a criptografia também pode ser usada para encriptar uma carteira, de modo que ela só possa ser utilizada com uma senha definida por seu proprietário.

Assim, a aliança das duas tecnologias, uma rede descentralizada e a criptografia moderna, torna realidade o que há alguns anos era absolutamente inconcebível na prática e que, há alguns séculos, nem mesmo em teoria poderia ter sido imaginado.

CAPÍTULO IV

O QUE A TEORIA ECONÔMICA TEM A DIZER SOBRE O BITCOIN

> "O maior erro que pode ser feito na investigação econômica é o de fixar a atenção a meras aparências e, assim, fracassar em perceber a diferença fundamental entre coisas cujos exteriores apenas são similares, ou de discriminar entre duas coisas fundamentalmente similares cujos exteriores apenas são distintos."
>
> Ludwig von Mises, The Theory of Money and Credit

O experimento Bitcoin é, no mínimo, intrigante. Ao economista, ele impõe algumas complicações que, à primeira vista, podem levar muitos estudiosos a uma apressada rejeição – deslize este que o presente autor confessa abertamente ter cometido. Boa parte do ceticismo em relação à moeda digital reside na complexidade tecnológica intrínseca ao Bitcoin, o que intimida muitos economistas – especialmente os de idade mais avançada – e impede uma sincera apreciação do fenômeno. Outra possível razão – relacionada ao que foi explicado no capítulo anterior – é que a existência de um sistema como o Bitcoin era simplesmente inconcebível na prática e quase impossível de imaginar em teoria. A muitos economistas, a própria acepção dessa realidade pode ser um desafio. A outros, a precipitada classificação de bolha é suficiente para ignorar a moeda digital.

Independentemente da justificativa, o fato é que Bitcoin existe. E uma vez que a realidade está dada – o Bitcoin foi concebido e lançado, evolui e perdura –, qual deve ser a postura do economista? Prender-se cegamente às suas teorias, negando a realidade? Creio que não, outro caminho é possível. Com honestidade e humildade, é preciso dar um passo atrás, revisitar a teoria econômica, buscando interpretar a realidade, observando os fenômenos e aplicando o conhecimento acumulado até o presente. Durante o processo, é possível que velhas teorias precisem ser revistas ou refinadas. E, como alerta Mises, sempre procurando distinguir as meras aparências da essência das coisas.

Mas qual teoria monetária deve guiar a análise do Bitcoin? Mises classifica as teorias monetárias a partir da dicotomia *cataláctica* e *acataláctica*[1]. A teoria monetária cataláctica explica os fenômenos monetários por meio das leis das trocas de mercado. É por meio dos intercâmbios de mercado que o dinheiro surge, e é pela lei da oferta e demanda que seu valor ou poder de compra é determinado. Uma teoria do valor do dinheiro precisa incorporar esse enfoque, o que não garante que ela será correta. Mas uma teoria monetária que ignora a perspectiva cataláctica jamais será satisfatória[2].

Dentre as teorias monetárias acataláticas, a Teoria Estatal da Moeda, de Georg Friedrich Knapp, é a mais proeminente. Segundo ela, o valor da moeda é derivado de decreto governamental. Seu poder de compra é estabelecido por lei – *valor impositus:* o valor da moeda depende da autoridade estatal. A luz da Teoria Estatal da Moeda, a análise do Bitcoin acabaria sem nem sequer começar; o estado não reconhece Bitcoin como moeda e, portanto, a moeda não tem valor algum. Logo, não nos pode servir como ferramental teórico para analisar o fenômeno. A teoria nada tem a dizer sobre Bitcoin. E isso se deve ao fato não de ser uma teoria monetária ruim, mas sim, em realidade, de *não ser uma teoria monetária sequer*[3].

---

[1] De *cataláxia:* a teoria da economia de mercado, isto é, das relações de troca e dos preços. Analisa todas as ações com base no cálculo monetário e rastreia a formulação de preços até a sua origem, ou seja, até o momento em que o homem fez sua escolha. Explica os preços de mercado como são, e não como deveriam ser. As leis da cataláxia não são julgamentos de valor; são exatas, objetivas e de validade universal.

[2] MISES, Ludwig von Mises. The Theory of Money and Credit. New Haven: Yale University Press, 1953. p. 462.

[3] Ibid., p. 468.

Assim, e como é evidente, é a partir da teoria monetária cataláctica de Mises que basearemos nosso estudo da moeda digital. Entretanto, antes de iniciarmos a análise econômica, é preciso definir com precisão alguns termos e conceitos, para que não haja ambigüidade e que o entendimento seja o mais claro possível.

Meio de troca é um bem econômico utilizado nas trocas indiretas que soluciona o problema da dupla coincidência de desejos das trocas diretas, ou escambo. O padeiro quer leite, enquanto o leiteiro quer um sapato. Como resolver o problema? O padeiro também tem sal e sabe que o sapateiro e outros produtores também o demandam. Logo, o leiteiro, em troca de seu leite, aceita o sal, não para consumi-lo, mas para trocá-lo no futuro pelo sapato do sapateiro. A medida que mais indivíduos passam a usar o sal nas trocas indiretas, a mercadoria torna-se, consequentemente, um meio de troca.

Eventualmente, um meio de troca ganha mais mercado, ampliando sua liquidez, emergindo como o meio de troca universalmente aceito, tornando-se, então, *dinheiro*.

Freqüentemente, o termo *moeda* e *dinheiro* confundem-se, especialmente na língua portuguesa. Moeda pode ser o dinheiro ou o padrão monetário usado em determinado país (como o dólar nos Estados Unidos e o real no Brasil). Neste último sentido, o termo eqüivale à palavra inglesa *currency*. Moeda também são as moedas físicas usadas como dinheiro, sejam elas feitas de cobre, ouro ou qualquer outro material. Dinheiro, em português coloquial, engloba, sobretudo, os conceitos de papel-moeda e as moedas metálicas que usamos nas trocas do dia a dia ("pagamento com cheque ou em dinheiro?"). Salvo expressamente indicado em contrário, utilizaremos o termo *dinheiro* no sentido de meio de troca universalmente aceito, ora intercambiando, sem prejuízo de entendimento, com o termo *moeda*.

Juridicamente, moeda é o meio de pagamento definido em lei pelo estado. Ao economista, a terminologia jurídica pouco interessa. E por essa razão, devem-se descartar as definições de moeda – às quais muitos economistas se apegam – que a qualificam como um símbolo da nação, de identidade nacional, etc. Essa noção deriva da visão do meio de troca como uma criatura do estado e que a ele pertence. A moeda não é propriedade do soberano, nem de nenhum governo. Embora tenha estado sob controle de governos em grande parte da história, sua origem é cataláctica, independentemente das disposições legais em certo tempo e lugar.

Ao fim deste capítulo, retomaremos a definição de moeda, buscando aportar algumas matizações a essa questão fundamental, refinando assim nosso próprio entendimento sobre a instituição do dinheiro em geral e o Bitcoin em particular.

Feito esse preâmbulo, podemos agora dar início a essa empreitada para compreender o fenômeno e como ele pode impactar o mundo em que vivemos.

1. O nascimento do dinheiro

Quando iniciamos a análise do Bitcoin, as dúvidas abundam. A moeda digital seria mesmo considerada dinheiro? A inovação não seria na verdade um mero sistema de pagamentos ou de transferência de fundos? Pode uma unidade de bitcoin, algo que inexiste no mundo físico, ser considerado um bem? Há valor intrínseco em uma moeda virtual?

Qual o lastro do Bitcoin? Estaríamos revivendo a bolha das Tulipas na versão digital?

Para responder satisfatoriamente essas e outras questões relacionadas ao fenômeno Bitcoin, nosso ponto de partida da análise econômica deve ser sempre o mesmo: o estudo da ação humana, ou praxeologia. Curiosamente, a praxeologia parece ser a melhor ferramenta para analisar o mundo virtual do Bitcoin e sua relação com as ações dos indivíduos, porque ela "lida não com o mundo exterior, mas com a conduta do homem em relação ao mundo exterior[4]". A intangibilidade do Bitcoin, ao economista, não deveria impor uma complexidade adicional, pois a economia "não trata de coisas ou de objetos materiais tangíveis; trata de homens, de suas apreciações e das ações que daí derivam[5]".

O homem atua para atingir seus objetivos, empregando meios considerados por ele próprio como adequados à consecução do fim desejado. Após o início da operação do software Bitcoin v0.1, Satoshi gastou os primeiros bitcoins em uma transação com Hal Finney no dia 12 de janeiro de

---

[4] MISES, 2010, p. 125.
[5] Ibid., p. 125.

2009[6]. Visando testar o funcionamento do sistema (o fim), Satoshi transferiu seus bitcoins (meio) a Hal Finney. Se esse realmente foi o fim almejado por Satoshi, só podemos especular. Identificar o fim pretendido da ação não é o objetivo do estudo econômico. A partir do axioma da ação humana, sabemos que o homem age utilizando-se de meios para atingir seus fins, e isso é tudo o que precisamos saber. No caso de Satoshi, temos o registro histórico de uma ação – o primeiro gasto de bitcoins – em que bitcoins foram usados como meio para a consecução do fim desejado, independentemente de qual seja ele.

A medida que o Bitcoin foi progredindo, outros usuários passaram a utilizar bitcoins para a consecução de seus objetivos – dos mais variados, como o *geek* que quer ostentar as maravilhas de uma criptografia; o sujeito que compra bitcoins como forma de protesto ao *status quo;* ou os entusiastas envolvidos no projeto Bitcoin que buscam testar a nova ferramenta. Como dito acima, o essencial não é identificar com precisão o objetivo de cada indivíduo, mas sim ressaltar o registro histórico de que indivíduos atuaram empregando bitcoins como meio para a consecução de um fim.

Ainda que o fim último do projeto Bitcoin seja torná-lo um meio de troca totalmente eletrônico, naquele instante, bem no início de sua vida, bitcoins eram adquiridos não para serem empregados como um meio de troca, e sim para o próprio consumo direto, de modo a atingir o fim pretendido; e esse é precisamente o ponto de partida para que qualquer bem venha a tornar-se um meio de troca e, eventualmente, dinheiro, o meio de troca universalmente aceito. É preciso que o bem em questão proporcione um valor de uso – seja ele qual for – antes de ser utilizado como meio de troca. No início de 2009, aos olhos dos seus compradores, bitcoins eram simplesmente mercadorias virtuais, bens econômicos, e nada mais além disso. *A esses compradores,* bitcoins supriam uma necessidade e eram úteis, isto é, detinham uma utilidade. Por que grifar "a esses compradores"? Porque a utilidade aqui definida é algo subjetivo, é percebida pelo próprio ator – nesse caso, os adquirentes de bitcoins – e não pode ser observada por um terceiro.

---

[6] Disponível em: <https://bitcointalk.org/index.php?topic=91806.msg1012234#nisg1012234>. Acesso em: 22 dez. 2014.

É importante aprofundarmo-nos, neste momento, no conceito de utilidade, pois muitas das críticas ao Bitcoin se baseiam em uma errônea, ou incompleta, noção de utilidade. Mises, *em Ação Humana,* explica que:

> *Utilidade* significa simplesmente relação causai para a redução de algum desconforto. O agente homem supõe que os serviços que um determinado bem podem produzir irão aumentar o seu bem estar e a isto denomina utilidade do bem em questão. Para a praxeologia, o termo utilidade é equivalente à importância atribuída a alguma coisa em razão de sua suposta capacidade de reduzir o desconforto. A noção praxeológica de utilidade (valor de uso subjetivo segundo a terminologia dos primeiros economistas da Escola Austríaca) deve ser claramente diferenciada da noção tecnológica de utilidade (valor de uso objetivo, segundo a terminologia dos mesmos economistas). Valor de uso objetivo é a relação entre uma coisa e o efeito que a mesma pode produzir. É ao valor de uso objetivo que nos referimos ao empregar termos tais como 'valor calórico' ou 'potência calorífica' do carvão. *O valor de uso subjetivo não coincide necessariamente com o valor de uso objetivo.*[7] (ênfase do presente autor).

Qual o seria valor de uso objetivo de uma unidade de bitcoin? Qual é a utilidade *tecnológica* de um bitcoin? Talvez a principal resida no fato de que somente bitcoins podem ser usados na rede Bitcoin. Não é possível transferir dólares pelo *blockchain,* mas bitcoins, sim. Essa propriedade *intrínseca* de um bitcoin é algo extremamente útil. Além disso, um bitcoin pode ser usado para designar e certificar *propriedade de um bem.* Neste primeiro momento, os próprios bitcoins são o bem em questão. A medida que a rede se desenvolva, é plenamente possível que outras utilidades e aplicações venham a ser descobertas ou criadas pelo homem[8].

Mas qual seria o valor de uso subjetivo de um bitcoin? Somente cada indivíduo pode determinar. O que o economista pode inferir é que bitcoins *foram* e *têm sido* valorados pelos indivíduos que os adquiriram e os utilizam independentemente de qual seja o uso pretendido.

---

[7] MISES, 2010, p. 156-157.

[8] As futuras e possíveis aplicações do Bitcoin serão tratadas com mais detalhes no último capítulo do livro.

Em *Theorie des Geldes und Umlaufsmittel*[9] (Teoria do Dinheiro e da Moeda Fiduciária), sua primeira grande obra, Ludwig von Mises expõe o famoso teorema da regressão para analisar e compreender a origem e o valor do dinheiro. Segundo esse teorema, é impossível qualquer tipo de dinheiro surgir já sendo um imediato meio de troca; um bem só pode alcançar o status de meio de troca se, antes de ser utilizado como tal, ele já tiver obtido algum valor como mercadoria. Qualquer que seja o meio de troca, ele precisa antes ter tido algum uso como mercadoria, para só então passar a funcionar como meio de troca. É preciso que haja um valor de uso prévio ao valor de meio de troca.

No caso do ouro e da prata, sabemos que foram escolhidos pela humanidade como o dinheiro por excelência ao longo de centenas de anos por meio de milhões de intercâmbios no mercado. Mas seria impossível datar precisamente quando o ouro surgiu como mercadoria, quando passou a ser utilizado como meio de troca e quando preponderou como o bem mais líquido ou mais "vendável" (*marketable*), tornando-se, por fim, o meio de troca universalmente aceito, ou, simplesmente, dinheiro.

No caso de Bitcoin, temos a data exata: a moeda digital nasceu no dia 3 de janeiro de 2009. Alguns meses depois, passou a ser consumida, ou adquirida, não para ser usada como meio de troca – afinal de contas, pouquíssimos indivíduos nem sequer o conheciam –, mas sim para satisfazer alguma necessidade individual, ou seja, certo valor de uso estava presente. E não é imprescindível identificarmos com exatidão qual necessidade ou objetivo levou os primeiros compradores de bitcoin a trocar alguns dólares por uma unidade bitcoin (1 BTC). O que importa não é o *porquê*, mas sim o fato de que houve demanda real e bitcoins foram adquiridos e preços foram formados na busca por essa mercadoria. Nesse sentido, o nascimento do Bitcoin em nada contraria o teorema da regressão de Mises, pois tudo o que precisamos demonstrar é que *"valor de uso esteve presente em algum momento, bem no início e dentro da escala de valores das pessoas envolvidas em criar e negociar com a mercadoria*[10]*"*.

---

[9] MISES, Ludwig von. Theorie des Geldes und Umlaufsmittel. Munique: Verlag von Duncker & Humblot, 1924.

[10] GRAF, Konrad S. Bitcoins, the regression theorem, and that curious but unthreatening empiri-cal world, 27 fev. 2013. Disponível em: <http://konradsgraf.com/blogl/2013/2/27/in-depth-bitcoins-the-regression-theorem-and-that-curious--bu.html>. Acesso em: 22 dez. 2013.

Dentre os economistas da Escola Austríaca, essa é uma questão contenciosa, uma vez que vários alegam que o Bitcoin contraria o *teorema da regressão*. Como explicado acima, tal alegação não se sustenta. Mas é essencial, enquanto economistas, desenvolvermos o argumento com mais profundidade. E para isso, é preciso deixar claro o que o teorema da regressão *não* afirma. Por exemplo, o teorema não afirma que, a fim de uma mercadoria tornar-se meio de troca, é preciso um *amplo* e *facilmente identificado* valor de uso objetivo ou utilidade tecnológica. O teorema também não define, nem elenca, as propriedades intrínsecas necessárias para que um bem seja empregado pelo mercado como um eventual meio de troca. Também não é estabelecido com qual *intensidade* nem *por quanto tempo* o bem deva apresentar algum valor de uso reconhecido pelos indivíduos. O teorema, contudo, afirma ser necessária a presença de *algum* valor de uso *subjetivo* prévio ao aparecimento do valor de troca, mesmo que um terceiro não consiga observá-lo. Antes de ser empregada como um meio de troca, a mercadoria precisa ser valorada *pelo indivíduo* devido às suas propriedades intrínsecas – *sejam elas quais forem* – e ao efeito que estas podem ter, segundo *julgamento do próprio indivíduo.*

Ao expor o teorema, Mises usou o *exemplo* do ouro como a mercadoria que, escolhida pelo mercado, passou a ser valorada não somente por suas qualidades intrínsecas (valor de uso objetivo), mas também como um meio de troca (valor de troca). O ouro, portanto, serviu como ilustração histórica, não como comprovação teórica do teorema da regressão.

Imaginando-se o surgimento do ouro no mercado, poderíamos traçar alguns paralelos entre o que ocorreu então e as críticas atuais contra o Bitcoin. Por exemplo, quando o metal foi descoberto, qual era o seu valor de uso objetivo? Qual a utilidade de um metal cujas propriedades físico-químicas não permitiam que ele servisse como alimento ao homem? Nem tampouco pudesse servir para prender fogo?[11] Agora seu valor de uso *subjetivo* está

---

[11] Destacando o fato de que a moeda despertou a curiosidade de pensadores ao longo da história da humanidade, Carl Menger ressalta precisamente esse ponto. Referindo-se ao ouro ou moedas metálicas, Menger pergunta-se: "Qual a natureza destes pequenos discos ou documentos, que eles próprios parecem não servir nenhuma função útil e que, ainda assim, e em contradição com o resto da experiência, passam de uma mão a outra em troca das commodities mais úteis, pelos quais todo

amplamente documentado. Na maior parte dos exemplos históricos, o ouro serviu basicamente como adorno, como enfeite à vestimenta ou a casas, templos, etc. Seu uso industrial, como o conhecemos atualmente, foi somente possibilitado após alguns milênios de progresso econômico. Quando o metal surgiu, é plenamente possível que ele apresentasse *pouquíssimas* aplicações; era muito pouco útil sob a perspectiva de seu valor de uso objetivo. Mas isso não o impediu de ser empregado cada vez mais como um meio de troca, passando a ser cada vez mais valorado como tal do que apenas como uma mercadoria que pouco valor de uso parecia proporcionar. Quando, por fim, o ouro preponderou como o meio de troca mais líquido (a moeda), seu valor de uso passou a coincidir com o valor de troca, isto é, sua utilidade residia principalmente no seu emprego como meio de troca, e não como adorno. A partir desse instante, já não é mais necessário que o bem usado como moeda apresente algum outro uso além de meio de troca. Após a transição de mercadoria para meio de troca universalmente aceito, seu valor pode depender exclusivamente de seu uso como dinheiro.

É precisamente esse o caminho percorrido pelo Bitcoin. De uma mercadoria virtual – com pouco valor de uso objetivo identificado, mas algum valor de uso subjetivo, conforme percebido por alguns indivíduos –, um bitcoin passou a ser empregado como meio de troca, embora muito menos líquido do que as moedas que estamos acostumados a utilizar.

Mas quando exatamente o Bitcoin virou meio de troca? A primeira transação[12] de que se tem notícia se deu em maio de 2010, quando 'laszlo' trocou uma pizza por 10 mil BTC – em retrospecto, pode ter sido a pizza mais cara do mundo (10 mil BTC = 8,5 milhões de dólares, cotação de 23/11/13). Mises afirma que o teorema da regressão "não é meramente um conceito instrumental de teoria; é um fenômeno real de história econômica, que se faz aparente no momento em que a troca indireta começa"[13]. Dessa forma, o fenômeno Bitcoin nos fornece uma perfeita ilustração histórica da

---

mundo está prontamente disposto a entregar seus produtos? A moeda é um membro orgânico do mundo das commodities ou é uma anomalia econômica?" MENGER, Carl. On the Origins of Money. Economic Journal, volume 2, 1892. p. 239.

[12] Disponível em: <https://en.bitcoin.it/wiki/History#2010>. Acesso em: 22 dez. 2013.

[13] MISES, 1953, p. 121.

teoria monetária de Mises. O fato é que, desde então, bitcoins passaram a funcionar como meio de troca, de acordo com o seu objetivo fundamental. Estamos potencialmente testemunhando em "tempo real" o nascimento de uma moeda. E o que é mais extraordinário, com um vasto registro documental disponível para qualquer economista investigar. Não há incompatibilidade alguma entre o teorema da regressão de Mises e o surgimento do Bitcoin. Ao contrário, este é a mais recente ilustração histórica daquele. O teorema é um enunciado praxeológico; cabe ao economista a função de aplicá-lo na interpretação de eventos históricos.

2. Escassez intangível e autêntica

"Os meios são, necessariamente, sempre escassos, isto é, insuficientes para alcançar todos os objetivos pretendidos pelo homem."[14] Chamamos de bens econômicos tudo aquilo que é empregado como meio no âmbito da ação humana. Bens econômicos estão sujeitos, portanto, à realidade da escassez; isso implica que um mesmo bem não pode ser usado como meio por mais de um indivíduo no mesmo instante. O meu uso de dado bem econômico exclui a possibilidade de uso dele por outros agentes.

No mundo material, dos bens físicos, essa relação é facilmente observada. Mas não somente objetos materiais podem ser empregados como meio na ação humana. "No nosso universo não existem meios; só existem coisas. Uma coisa só se torna um meio quando a razão humana percebe a possibilidade de empregá-la para atingir um determinado fim e realmente a emprega com este propósito."[15] A possibilidade de empregar um bem como meio reside nas propriedades deste, as quais não estão restritas a um sentido puramente físico. Corpóreo ou não, um bem pode ser empregado como meio quando é capaz de oferecer serviços úteis à consecução de um fim.

Mas como encaixar bens digitais – como o Bitcoin – nesse contexto? Bens digitais não são quase infinitamente reproduzíveis, portanto, não escassos? De fato, a era digital levou o economista a confrontar problemas antes

---

[14] MISES, 2010, p. 126.
[15] MISES, 2010, p. 125.

pouco explorados ou até mesmo pouco compreendidos. Um refinamento sobre a escassez dos bens econômicos é fundamental[16].

Tucker e Kinsella elucidam que um objeto pode 1) ser um bem econômico (no sentido de meio na estrutura da ação humana) e escasso, como um sapato, uma caixa de suco, etc; 2) não ser um bem econômico, mas escasso, como uma lesma ou uma sopa com veneno; 3) ser um bem econômico e não escasso, como uma receita de bolo, uma idéia, etc; e 4) não ser um bem econômico nem escasso, como uma idéia ruim, um som horrível, etc. O advento da computação, e com ela, da mídia digital, expandiu a quantidade de objetos que poderiam ser classificados como bens econômicos não escassos. Um arquivo digital (como uma planilha em Excel, um arquivo de texto, arquivos de áudio MP3 ou vídeo MP4, etc.) pode ser reproduzido inúmeras vezes sem que a cópia original seja de qualquer forma prejudicada. Isto é, o proprietário do arquivo original pode utilizá-lo da forma que bem entender simultaneamente com os detentores das diversas cópias. Resumidamente, "um bem não escasso é um bem copiável enquanto o original permanece intacto e é utilizável por múltiplos atores simultaneamente e sem interferência mútua"[17].

Aplicando essas definições ao caso do Bitcoin, verificamos que a questão é distinta. Um bitcoin pode existir somente em uma carteira em dado momento devido ao protocolo do sistema que registra todas as transações no *blockchain* único e distribuído, que impede o gasto duplo. E é importante ressaltar que essa não é uma opção disponível do Bitcoin, mas sim uma característica integral e inseparável do software.

A tecnologia utilizada pelo protocolo do Bitcoin, uma rede*peer-to-peer,* aliada ao potencial da criptografia moderna faz com que uma unidade de bitcoin seja um bem econômico escasso, "um bem *não* copiável enquanto o original permanece intacto e *não* utilizável por múltiplos atores simultaneamente e sem interferência mútua". Somente 21 milhões de unidades poderão

---

[16] TUCKER e KINSELLA. Goods, Scarce and Nonscarce. Mises Daily, Auburn: Ludwig von Mises Institute, 25 ago. 2010. Disponível em: <http://mises.org/daily/4630/>. Acesso em: 22 dez. 2013.

[17] GRAF, Konrad S. The sound of one bitcoin: Tangibility, scarcity, and a "hard--money" checklist, 19 mar. 2013. Disponível em: <http://konradsgraf.eom/blogl/2013/3/19/in-depth-the-sound-of-one-bitcoin-tangibility-scarcity-and-a.html>. Acesso em: 22 dez. 2013.

ser criadas; ninguém pode gastar a mesma unidade diversas vezes e nenhuma unidade bitcoin pode ser gasta por vários usuários simultaneamente. Isso demonstra outra característica que define um bitcoin como um bem econômico: o poder do proprietário de controlar o seu bitcoin[18]. Somente o dono do bitcoin pode usar sua chave privada para dispor de seus bitcoins, transferindo-os a quem desejar.

O Bitcoin trouxe, portanto, escassez autêntica ao mundo dos bens digitais não escassos – uma escassez intangível e autêntica.

3. Moeda tangível e intangível

A criação do Bitcoin trouxe à tona algo que esteve presente com a humanidade por séculos, mas que talvez somente agora se tenha feito evidente: a intangibilidade do dinheiro que usamos. Mas para demonstrá-la, é preciso retornar à origem do dinheiro.

Os registros históricos documentam os mais diversos bens que desempenharam a função de meio de troca ao longo do tempo: tabaco, na Virgínia colonial; açúcar, nas índias Ocidentais; sal, na Etiópia (na época, Abissínia); gado, na Grécia antiga; pregos, na Escócia; cobre, no Antigo Egito; além de grãos, rosários, chás, conchas e anzóis. Entretanto, ao longo dos séculos, duas mercadorias, o ouro e a prata, foram espontaneamente escolhidas como dinheiro na livre concorrência do mercado, desalojando todas as outras dessa função. A característica comum a todas essas mercadorias é a tangibilidade. Todos esses bens são objetos materiais que existem no mundo físico com propriedades químicas, físicas e até mesmo biológicas distintas.

Com o desenvolvimento e a intensificação da divisão do trabalho, o crescimento econômico exigiu um aperfeiçoamento do dinheiro utilizado nos intercâmbios no mercado. Surgiu então o serviço de custódia do ouro (ou qualquer outro metal monetário), no início provido pelos ourives e posteriormente pelos bancos, em que os depositantes recebiam certificados de armazenagem. Os certificados passaram, então, a circular como se o próprio

---

[18] BÖHM-BAWERK, Eugen. Whether Legal Rights And Relationships Are Economic Goods, Shorter Classics Of Eugen Von Böhm-Bawerk Volume I, South Holland: Libertarian Press, 1962.

metal fosse, facilitando o uso do dinheiro metálico. A medida que o uso do papel físico (o certificado ou cédula bancária, ou seja, um *substituto de dinheiro*) ampliou-se, o número de transações com o ouro de verdade diminuiu. Dessa forma, os bancos cresceram e ganharam gradativamente a confiança dos clientes, até o ponto de estes julgarem que era mais conveniente abrir mão de seu direito de receber a cédula bancária, e, em vez disso, manter sua titularidade na forma de contas que podiam ser movimentadas sob demanda, o que chamamos de depósitos bancários, ou contas-correntes.

Com esse arranjo, o cliente não precisa transferir a cédula a quem transaciona com ele; basta escrever uma ordem para que seu banco transfira uma porção da sua conta para outra pessoa. Essa ordem por escrito é chamada de cheque. Até este momento, a oferta monetária não sofreu aumento algum em decorrência do uso de substitutos monetários; as contas-correntes ou as cédulas bancárias são meros substitutos ao dinheiro físico depositado no banco, no caso, o ouro. Os substitutos de dinheiro têm 100% de lastro. Poderíamos dizer que toda a massa monetária se piasma em dinheiro material, tangível, isto é, em metal precioso depositado no banco, ainda que parte dele circule por meio de cédulas bancárias ou ordens de movimentação de conta-corrente via cheque.

A questão é distinta, contudo, quando os bancos – constatando que nem todos os depositantes exigem o resgate dos depósitos em espécie – passam a operar com reservas fracionárias, violando os princípios gerais do direito, mantendo em custódia apenas uma fração do dinheiro físico que lhes foi depositado e emprestando o restante. Nesse arranjo, um banco pode simplesmente criar dinheiro do nada, ao expandir o crédito por um mero registro contábil, creditando "depósito à vista" do lado do passivo e debitando "empréstimo" do lado do ativo. Economicamente, os depósitos à vista desempenham a mesma função que um dinheiro material. Esse novo depósito à vista criado do nada é o que denominamos de moeda bancária ou escritural[19] [20].

---

[19] Não discorreremos em detalhe sobre todos os efeitos do sistema de reserva fracionária. Para uma breve introdução, ver capítulo anterior ou, para aqueles que desejam aprofundar-se no tema, ver HUERTA DE SOTO, Jesus. Moeda, crédito bancário e ciclos econômicos. São Paulo: Instituto Ludwig von Mises Brasil, 2012.

[20] A moeda bancária faz parte dos chamados "meios fiduciários". Seguindo a definição de Mises, "meio fiduciário é todo substituto perfeito de dinheiro (depósitos, cédulas de banco, etc.) não respaldado por dinheiro mercadoria". MISES, 2010.

Alcançamos agora o ponto exato a que precisávamos chegar. Descrevemos a evolução do dinheiro e do sistema bancário até o surgimento das reservas fracionárias e a criação do nada de depósitos à vista – note que ainda não introduzimos o surgimento dos bancos centrais e do sistema monetário atual de papel-moeda fiduciário; trataremos do atual arranjo mais adiante. Como dito acima, os depósitos à vista criados do nada, que desempenham perfeitamente a função de dinheiro e como tal são usados pelos indivíduos em suas transações, são também chamados de moeda bancária ou escritural. O problema com o primeiro termo, moeda bancária, é que ele ofusca a natureza dessa moeda, omitindo suas propriedades físico-químicas. Nas línguas latinas, esse mesmo termo é o mais comumente usado: *dinero bancário,* em espanhol; *monnaie bancaire,* em francês; e *moneta bancaria,* em italiano. No mundo anglo-saxão, *bank money* é o termo de preferência, enquanto no alemão usa-se *Bankgeld*. Nenhum desses termos transmite o real significado da moeda bancária.

Já no português, o termo moeda escritural é bastante difundido e é o que melhor representa a natureza dessa moeda. Como o próprio nome indica, moeda escritural é uma moeda que não existe materialmente senão nos livros de contabilidade do banco; existe apenas na forma *escrita*. E por que isso é importante para o nosso estudo do Bitcoin? Primeiro, porque isso demonstra que uma moeda intangível já existia[21] muito antes de uma moeda digital ser concebida pela mente humana, e, por fim, porque a existência de um bem intangível servindo como dinheiro jamais foi um empecilho para que indivíduos o usassem durante séculos.

Avançando até o presente, quando pensamos em dinheiro, normalmente o relacionamos a algo físico, material, como as cédulas em papel que carregamos na carteira ou as moedas metálicas de cobre. Mas também pensamos em todos os depósitos bancários de nossa propriedade, depósitos à vista e a prazo e poupança. Os dígitos de nossas contas bancárias são a moeda escritural moderna; a moeda escritural de hoje é, quase em sua totalidade, puramente digital. Um dos fatores que distinguem a ordem monetária e bancária moderna da de séculos passados é a presença de um banco central.

---

[21] Os primeiros indícios da prática de reserva fracionária remontam à Grécia Antiga. Ver capítulo II, HUERTA DE SOTO, 2012.

O monopólio de emissão de moeda física (cédulas e moedas metálicas) é, normalmente, concedido pelos governos a esse órgão, o qual cria não somente moeda física, como também moeda escriturai – na forma de reservas bancárias dos bancos. Da mesma forma, os bancos também têm a capacidade *de jure* e *defacto* de criar moeda escriturai, mas a criação de moeda física lhes é vedada por lei. A capacidade de criação de moeda escriturai pelos bancos, porém, não é ilimitada, sendo o banco central o ente responsável por controlar e coordenar – e até mesmo encorajar – a quantidade de moeda escriturai passível de criação pelo sistema bancário.

Todavia, e ainda que esse arranjo seja verdadeiro, poder-se-ia indagar sobre a relevância da moeda escriturai (intangível) atualmente. Pois bem, analisando os dados dos respectivos bancos centrais para mensurar a preponderância do dinheiro intangível no mundo moderno, constatamos que, na principal economia do planeta, a dos Estados Unidos, a moeda escriturai representa mais de 55% do dinheiro em circulação. No Brasil essa relação é de 52%. Enquanto isso, nos países da Zona do Euro, no Japão, na Suíça e na China, a moeda escriturai responde por mais de 80% de toda a massa monetária. No Reino Unido, a moeda física não alcança nem 5% de todo o dinheiro em circulação[22].

Resta claro que a intangibilidade da moeda não é uma particularidade do Bitcoin. É, na verdade, uma característica marcante do sistema monetário desde o instante em que a moeda escriturai foi criada do nada pela prática das reservas fracionárias. A intangibilidade da moeda é milenar. A escassez da moeda escriturai, no entanto, sempre esteve sujeita ao controle de terceiros, bancos e bancos centrais. Com a criação do Bitcoin, essa vulnerabilidade foi sanada. E isso faz toda a diferença.

Do dinheiro commodity material (gado, sal, ouro ou prata), o mundo evoluiu ao papel-moeda e à moeda escriturai. A intangibilidade desta permitiu aos bancos a criação quase ilimitada de moeda, corroendo continuamente o poder de compra do dinheiro que usamos. A intangibilidade do Bitcoin, por outro lado, propiciou justamente o oposto; assegurou a escassez da moeda, a fim de preservar – e não corroer – o seu poder de compra. Da

---

[22] Usando os dados mais recentes, na data de 29 de novembro de 2013, a relação foi calculada dividindo os depósitos à vista contidos no agregado monetário Ml pelo próprio Ml (papel-moeda + depósitos à vista = Ml).

intangibilidade do Bitcoin, também é possível evoluir – ou materializar – ao dinheiro físico. Alguns empresários, ávidos por satisfazer a demanda de alguns usuários, já criaram moedas físicas lastreadas em unidades monetárias de bitcoin[23]. Certamente, outras formas de moeda física com lastro em bitcoins surgirão no mercado.

4. Dinheiro, meio de troca ou o quê?

Poderíamos já considerar o Bitcoin um dinheiro? Em sua tese de mestrado[24], Peter Surda afirma que não, Bitcoin ainda não é dinheiro. Tornar-se-á algum dia. Mas ainda não o é. Seguindo uma das definições da Escola Austríaca de Economia, "Bitcoin não é um meio de troca universalmente aceito", afirma Surda. Mas se não é dinheiro, então o que é? Seria um "meio de troca secundário" (conforme a definição de Mises em seu livro Ação Humana) ou uma quase-moeda (Rothbard, em seu livro *Man, Economy, and State*)}

Por outro lado, Graf levanta um ponto interessante: "Se dinheiro é definido como meio de troca universalmente aceito, então temos que qualificar o *universalmente*"[25]. Porque, se dissermos que dinheiro é o meio de troca "mais" universalmente aceito, "então certamente não chamaríamos Bitcoin de dinheiro", conclui Graf, adicionando que "tampouco chamaríamos pesos mexicanos de dinheiro *dentro* dos Estados Unidos". Entramos em uma área cinzenta, sem dúvida, mas há mérito no seu ponto. Graf concede que a única razão – ainda que passível de debate – para ainda não chamar Bitcoin de dinheiro reside no fato de que, "aparentemente, muitos

---

[23] Criadas pelo empresário americano Mike Caldwell, as moedas Casascius funcionam como uma espécie de "cartão-presente" de bitcoins. Há uma chave privada associada à moeda, que está vinculada a uma chave pública (endereço Bitcoin) e a uma quantidade determinada de bitcoins no *blockchain*. Um holograma protege a chave privada e pode ser removido para "resgatar" os bitcoins online.

[24] SURDA, Peter. Economics of Bitcoin: is Bitcoin an alternative to fiat currencies and gold? Diploma Thesis, Wirtschaftsuniversität Wien, 2012. Disponível em: <http://dev.economicsofbitcoin.com/mastersthesis/mastersthesis-surda-2012-ll-19b.pdf>. Acesso em: 15 abr. 2013.

[25] GRAF, 2013.

usuários ainda enxergam os bitcoins através da lente da taxa de câmbio em relação às suas moedas locais".

Em contrapartida, Frank Shostak afirma que Bitcoin "não é uma nova forma de dinheiro que substitui formas antigas, mas na verdade uma nova forma de empregar dinheiro existente em transações. Uma vez que Bitcoin não é dinheiro de verdade, mas meramente uma nova forma diferente de empregar a moeda fiduciária existente, ele não pode substituí-la"[26].

Contrariando Shostak, Bitcoin é um novo meio de troca, sim, ainda que não universalmente aceito. Ele é o que Mises classifica como dinheiro commodity ou dinheiro mercadoria. Mas não no sentido material, tangível, como normalmente se entende, e sim no sentido de "dinheiro propriamente dito" (conforme o termo *money proper* usado por Mises em *Theory of Money and Credit*). O dinheiro propriamente dito é simplesmente o "bem econômico" usado como dinheiro, independentemente de qual bem este seja. Como esclarece Mises, "a característica decisiva de um dinheiro commodity é o emprego para fins monetários de uma commodity no sentido tecnológico... É uma questão de indiferença completa qual commodity em particular ela seja; o importante é que a commodity em questão constitua o dinheiro, e que o dinheiro é meramente essa commodity"[27].

A leitura da obra original em alemão, *Theorie des Geldes und Umlaufsmittel*, fornece mais pistas no sentido de entender que não importa qual mercadoria é usada como dinheiro; importa apenas que seja um bem econômico. Dinheiro commodity, em alemão, é "*Sachgeld*" (*sach*—coisa, *geld*—dinheiro), o que nos permite deduzir que qualquer "coisa" pode servir como dinheiro, contanto que seja usada e valorada como tal pelos indivíduos. Logo, uma unidade bitcoin, embora incorpórea, é o bem utilizado como meio de troca; o bitcoin é o próprio meio de troca, é o dinheiro propriamente dito[28] [29].

---

[26] SHOSTAK, Frank. The Bitcoin Money Myth. Mises Daily, Auburn: Ludwig von Mises Insti-tute, 17 abr. 2013. Disponível em: <http://mises.org/daily/6411/The--Bitcoin-Money-Myth>. Acesso em: 22 dez. 2013.

[27] MISES, 1953, p. 62.

[28] GRAF, 2013.

[29] Retomaremos essa questão na seção 13 deste capítulo.

5. Ouro, papel-moeda ou Bitcoin?

Recapitulando o caminho percorrido até aqui, descrevemos o nascimento da moeda digital e como ela em nada contraria a teoria da regressão de Ludwig Von Mises; abordamos a sua natureza intangível, bem como sua inerente escassez; e demonstramos como uma unidade bitcoin é o próprio meio de troca, ou o dinheiro propriamente dito. Vamos agora nos aprofundar um pouco mais na teoria e na prática, procurando comparar o sistema monetário atual – seja ele baseado em papel-moeda, seja baseado em ouro – com um sistema baseado em bitcoins. É preciso ressaltar, porém, que essa comparação se dá no campo conceituai e teórico, pois Bitcoin ainda não está no estágio avançado de vasta aceitação. Sua liquidez ainda é uma fração do sistema de papel-moeda fiduciária predominante no mundo todo.

Feitas as devidas ressalvas, poderíamos afirmar, então, que o Bitcoin é uma melhor alternativa ao sistema de moeda fiduciária atual ou até mesmo ao antigo padrão-ouro? Nikolay Gertchev constata que não, alegando que "não podemos ter um dinheiro que dependa de outra tecnologia (internet) e que, assim, o Bitcoin jamais atingiria o nível de universalidade e flexibilidade que o dinheiro material permite por natureza. Portanto, no livre mercado, dinheiro commodity, e presumivelmente ouro e prata, ainda têm uma vantagem comparativa"[30].

Somente podemos entender Bitcoin e contestar a crítica de Gertchev utilizando-nos da abordagem austríaca sobre a origem cataláctica do dinheiro. Em outras palavras, é entendendo que a origem do dinheiro se dá no mercado por meio de trocas voluntárias que podemos compreender a essência do fenômeno Bitcoin. Nesse sentido, faz-se necessário destacar que a introdução ou a evolução do dinheiro reduz os custos dos intercâmbios. Isto é, ao resolver o problema da dupla coincidência de desejos (tenho uma vaca, quero pão, e o padeiro quer um terno), a moeda vem a reduzir os custos envolvidos em uma simples troca de produtos. É o que os economistas chamam de "custos de

---

[30] GERTCHEV, Nikolay. The Money-ness of Bitcoins. Mises Daily, Auburn: Ludwig von Mises Institute, 4 abr. 2013. Disponível em: <http://mises.org/daily/6399/The-Moneyness-of-Bitcoins>. Acesso em: 22 dez. 2013.

transação". Da mesma forma, em um entorno de concorrência, preponderará no mercado aquela moeda que mais reduz tais custos.

Em sua tese, Surda elenca três elementos principais que influenciam na escolha de uma moeda: liquidez, reserva de valor e custos de transação. No momento, liquidez é a maior desvantagem do Bitcoin em relação às demais moedas, por não ser amplamente utilizado – ainda que cada vez mais pessoas e empresas aceitam transacionar com a moeda.

No quesito reserva de valor, a sua escassez relativa, por sua vez derivada de sua oferta inelástica (atualmente em 12 milhões, com limite máximo de 21 milhões), permite-lhe ser considerada uma ótima alternativa na manutenção (e possivelmente elevação) do poder de compra. Ademais, por ser um meio de troca eletrônico, a moeda pode ser preservada indefinidamente – sim, dependemos da internet e da eletricidade.

É na redução dos custos de transação, porém, que entendemos as enormes vantagens e superioridade do Bitcoin. Para começar, não há fronteiras políticas à moeda digital. Você pode enviar e receber bitcoins de qualquer lugar a qualquer pessoa, esteja ela onde estiver, sem ter que ligar ao gerente do banco, assinar qualquer papel, comparecer a alguma agência bancária ou ATM. Nem mesmo precisa usar *VISA* ou *PayPal*. Você pode ter domicílio no Brasil, estar de férias em Xangai e enviar dinheiro a uma empresa na Islândia com a mesma facilidade com que envia um e-mail pelo seu iPhone. Ainda em Xangai, você pode receber em bitcoins o equivalente a quilos de prata (ou ouro, ou milhares de dólares), sem pesar um grama no seu bolso, nem mesmo precisar contar as suas cédulas ou pesar o seu metal. Tampouco precisa se preocupar em guardá-lo em algum armazém ou banco. Mais ainda, nem precisa se preocupar se seu banco guardaria de fato 100% do seu dinheiro ou acabaria usando-o para especulação em aventuras privadas.

Dessa forma, e de acordo com Surda, é plenamente possível que, com o passar do tempo, o Bitcoin venha a superar tanto moedas fiduciárias quanto ouro e prata como meio de troca, e finalmente tornar-se dinheiro (meio de troca universalmente aceito). A questão-chave será a liquidez, que por sua vez depende da ampliação da aceitação da moeda. "Sem liquidez suficiente, Bitcoin enfrentará obstáculos significantes para evoluir a estágios mais maduros de meios de troca e, finalmente, dinheiro", conclui Surda.

Explicado tudo isso, resta claro que a crítica de Gertchev carece de fundamento. Considerando o atual arranjo monetário de moedas fiduciárias de papel, a maior parte da massa monetária é constituída de meros dígitos eletrônicos no ciberespaço, dígitos estes criados, controlados e monitorados pelo vasto sistema bancário sob a supervisão de um banco central. Dinheiro material ou físico é utilizado apenas em pequenas compras do dia a dia. O cerne do nosso sistema monetário *já* é digital e intangível.

Sei que Gertchev não julga esse arranjo como desejável, afinal de contas, não há lastro algum além dos PhDs que controlam a impressora de dinheiro. Mas mesmo em um sistema monetário lastreado 100% em um dinheiro material ou commodity, como o ouro, não escaparíamos do mundo virtual e eletrônico. Afinal de contas, carregar ouro (ou prata) por todo lugar não é nada eficiente, além de ser altamente perigoso em um país como o Brasil. Dessa forma, embora reconheça o mérito de um sistema monetário baseado no ouro – e efetivamente o considero como superior à alta discricionariedade atual –, jamais poderíamos prescindir do sistema bancário digital no presente estado da divisão internacional do trabalho. Um padrão-ouro sem um sistema bancário digital aliado ao uso de substitutos de dinheiro seria completamente inadequado à atual economia globalizada e interconectada.

Além disso, Gertchev parece não perceber que não é somente o atual sistema monetário que depende das tecnologias digitais e da internet, mas na verdade toda a economia globalizada e interconectada que conhecemos hoje. Bitcoin nasce nesse entorno, nasce da revolução digital e, certamente, não poderia sobreviver na ausência das tecnologias de que hoje dispomos. Tampouco poderia sobreviver a economia mundial, no estágio avançado em que se encontra, na ausência dessas mesmas tecnologias.

E não nos esqueçamos de que ouro ou papel-moeda também são formas de dinheiro que dependem de outras tecnologias. Ouro não cai do céu. Você precisa minerá-lo, cunhá-lo e transportá-lo. Quanta tecnologia e capital são necessários para desempenhar essas funções? E o que dizer dos altos custos com fretes e seguros envolvidos na movimentação de ouro de país para país, de continente a continente? Considero o metal precioso uma ótima alternativa à ordem monetária vigente, sem dúvida alguma. Mas julgo que a sua grande qualidade como meio de troca jaz na sua escassez relativa, na sua oferta inelástica. Ouro é excelente como reserva de valor, mas sem um sistema eletrônico de pagamentos, o metal seria muito pouco eficiente no quesito "transportabilidade". A grande revolução do Bitcoin é capacidade de replicar a inerente escassez relativa do ouro, mas sem incorporar a grande desvantagem do metal no que tange ao manuseio e transporte, especialmente em longas distâncias.

Outra vantagem sem precedentes reside em uma tecnicalidade, à primeira vista trivial, mas de implicações extraordinárias. Primeiro, você não depende do sistema bancário no mundo dos bitcoins. Você é seu próprio banco. E isso não é tudo. Devido às regras e à criptografia empregada, é impossível duas pessoas gastarem a mesma moeda digital (gasto duplo). Isso quer dizer que somente uma pessoa detém o direito de propriedade de uma unidade monetária e somente essa pessoa a controla. E isso ainda não é tudo. No mundo atual de papel-moeda fiduciária, os dígitos da sua conta bancária são substitutos de dinheiro físico (cédulas e moedas metálicas). O dinheiro propriamente dito é o papel-moeda. Ou melhor, uma fração dos seus depósitos é dinheiro físico.

No caso do Bitcoin, a unidade monetária (1 BTC) é o próprio equivalente ao dinheiro físico atual, ele é o próprio bem monetário. E é nesse ponto que surge algo de conseqüências singulares. Substitutos de dinheiro emergem somente quando oferecem uma redução nos custos de transação. Isso quer dizer que os substitutos de dinheiro serão demandados quando proporcionarem ao usuário algo que o dinheiro próprio (dinheiro commodity) não é capaz de oferecer. Pela sua natureza e propriedades digitais, os bitcoins já propiciam muitos dos serviços normalmente restritos aos substitutos de dinheiro. Seus custos de transação são suficientemente reduzidos, tornando altamente improvável o surgimento desses substitutos. Logo, e de uma só vez, o Bitcoin não só tem o potencial de tornar o sistema bancário em grande parte irrelevante e obsoleto, como também reduz substancialmente a probabilidade do aparecimento das reservas fracionárias[31] e, portanto, a expansão artificial de crédito, evitando assim a formação de ciclos econômicos.

A grande sacada do Bitcoin, talvez uma de suas maiores vantagens, é que a moeda digital dispensa o intermediário, o "terceiro" na transação. É

---

[31] MATONIS, Jon. How Cryptocurrencies Could Upend Banks' Monetary Role. The Monetary Future, 15 mar. 2013. Disponível em: <http://themonetaryfuture.blogspot.com.br/2013/03/how-cryptocurrencies-could-upend-banks.html>. Acesso em: 22 dez. 2013.

um sistema *peer-to-peer*. Não é necessário confiar em um banco que guardará seu dinheiro. Você tampouco precisa assegurar-se de que uma empresa de liquidação de pagamentos processará corretamente o seu pedido. Acima de tudo, você não precisa rezar para que um banco central não deprecie a moeda. "Um ponto comum nos atributos avançados do Bitcoin é a reduzida necessidade de confiança no fator humano," observa Surda; "a confiança é substituída por comprovação matemática". É a criptografia moderna garantindo a solidez da moeda.

Ademais, o caráter dual do método de pagamentos pode ser visto como a combinação das características do dinheiro (commodity) com o sistema de liquidação (serviço). "Enquanto a commodity oferece uma oferta estável e controle físico, o serviço permite baixos custos de transação, serviços de liquidação e registros históricos", conclui Surda; "antes do Bitcoin, essas duas funções estavam separadas". Logicamente, ainda não estamos nesse estágio avançado do Bitcoin, porque sua liquidez ainda é baixa e ainda dependemos bastante das "casas de câmbio" – os pontos de contato entre a rede Bitcoin e o mundo de moedas fiduciárias. Mas o sistema permite que esse ideal seja alcançado.

Por todos esses motivos, pode-se dizer que o Bitcoin é o arranjo monetário que mais se aproxima daquele idealizado pelos economistas da Escola Austríaca. Como muito bem destaca Surda, "É, historicamente, a primeira oportunidade de se atingir a mudança e a manutenção de uma oferta monetária inelástica sem reformas legais e sem precisar endereçar as reservas fracionárias".

Por fim, comparemos os diversos atributos monetários do ouro, do papel-moeda e do Bitcoin. No quesito durabilidade, Bitcoin supera tanto o ouro quanto o papel-moeda – salvo no improvável caso de a internet inexistir no globo terrestre. Bens digitais como um bitcoin não sofrem alteração espacial ou temporal. No entanto, uma barra de ouro está sujeita ao desgaste natural do uso, perdendo massa ao longo do tempo. Já o papel-moeda é bastante frágil, podendo ser destruído facilmente. Embora seja verdade que, enquanto na forma de substitutos de dinheiro em contas-correntes eletrônicas, o papel-moeda é tão durável quanto o Bitcoin.

No que tange à divisibilidade, há um limite físico pelo qual o ouro pode ser fracionado, o que não ocorre com o papel-moeda – qualquer denominação pode ser impressa em uma cédula. O Bitcoin, porém, é perfeitamente divisível, com oito casas decimais e possibilidade de adicionar quantas mais forem necessárias.

Ambas as formas de moeda tangível, ouro e papel-moeda, são bastante maleáveis, o que é irrelevante ao Bitcoin, por ser um bem essencialmente incorpóreo.

O Bitcoin é, então, durável e perfeitamente divisível, embora incorpóreo. Ademais, um bitcoin é insuperavelmente uniforme, porque sua homogeneidade é matemática (por definição) e não física (não depende de medições empíricas relativas a um padrão)[32], sendo tecnicamente impossível falsificá-lo. O ouro, ao contrário, depende de verificações e comprovações quanto a sua pureza e massa. Já o papel-moeda, embora seja bastante homogêneo, pode ser mais facilmente falsificado, dificultando a distinção de unidades monetárias genuínas das ilegítimas.

É na sua escassez relativa, contudo – intrínseca, autêntica e intangível –, que o Bitcoin se sobressai quando contrastado com o metal precioso e com as moedas de papel. Assegurada por meio da criptografia e da ausência de terceiros fiduciários capazes de aumentar a oferta monetária por meio da emissão de substitutos de moeda, a oferta inelástica de bitcoins é parte inseparável do seu protocolo. Ainda que o ouro também seja naturalmente escasso, seu emprego monetário depende em larga medida de um sistema bancário e de liquidação, tornando provável o aparecimento de substitutos de dinheiro não lastreados no metal, enfraquecendo a sua natural escassez. Não obstante, a oferta inelástica do ouro – ora contornada pela emissão de substitutos monetários – é muito superior à ilimitada capacidade de impressão de papel--moeda pelos bancos centrais, capacidade essa potencializada pela introdução dos meios eletrônicos na criação de moeda escritural, seja pelos bancos, seja pela autoridade monetária, e operacionalizada de forma discricionária e, freqüentemente, por decisão política.

E, finalmente, o Bitcoin reúne em um mesmo sistema serviços comu--mente providos por uma quantidade enorme de intermediários, como bancos, casas de liquidação, bancos centrais, entidades interbancárias internacionais, etc, enquanto um sistema monetário baseado no ouro ou em papel--moeda jamais poderia dispensar tais terceiros fiduciários.

---

[32] GRAF, 2013.

Na tabela abaixo, podemos visualizar de forma resumida os atributos de cada um dos sistemas monetários analisados:

Atributos	Ouro	Papel-moeda	Bitcoin
1. Durabilidade	Alta	Baixa	Perfeita
2. Divisibilidade	Média	Alta	Perfeita
3. Maleabilidade	Alta	Alta	Incorpóreo
4. Homogeneidade	Média	Alta	Perfeita
5. Oferta (Escassez)	Limitada pela natureza	Ilimitada e controlada politicamente	Limitada matematicamente
6. Dependência de terceiros fiduciários	Alta	Alta	Baixa ou quase nula

O Bitcoin é, simplesmente, uma forma de moeda superior a todas as demais. Incorpora a escassez relativa do ouro, aliada à instantânea transportabilidade e divisibilidade dos substitutos de dinheiro (especialmente aqueles na forma digital moderna), prescindindo de inúmeros terceiros fiduciários – como bancos, casas de liquidação e entidades interbancárias internacionais –, eliminando, assim, o risco da contraparte.

6. Deflação e aumento do poder de compra, adicionando alguns zeros

Para diversos economistas, uma grande desvantagem da moeda digital é a *deflação que o Bitcoin geraria*. Em primeiro lugar, é preciso definir os termos. Na acepção correta da palavra, deflação significa uma contração da base monetária. Ora, isso é tecnicamente impossível. A quantidade máxima de bitcoins que podem ser minerados é de 21 milhões. Mineradas todas as unidades monetárias, não há possibilidade de a base monetária diminuir ou contrair-se. O que pode acontecer é usuários perderem suas senhas e jamais poderem usar suas carteiras novamente, o que os impossibilita de acessar suas contas e transacionar. Mesmo nesse caso, os bitcoins não seriam destruídos, apenas não mais seriam utilizados. A conseqüência, por ficarem "fora" de circulação, seria um aumento no poder de compra do restante de bitcoins existentes.

Entretanto, costuma-se associar o termo deflação a uma queda dos preços. Infelizmente, redução de preços supõe um problema para a maioria dos economistas. A população, isso significa que seu poder de compra aumentou. Uma moeda que se aprecia ao longo do tempo com certeza não representa nenhuma ameaça à saúde de uma economia[33].

Não é o foco deste livro discorrer sobre os problemas e conseqüências da inflação ou deflação. Há diversas obras dedicadas ao assunto. Entretanto, por ser algo que tange à essência do Bitcoin, não podemos nos esquivar de aprofundar um pouco mais esse tema. Em termos de teoria econômica, o problema jaz em compreender se um aumento ou diminuição da quantidade de dinheiro são capazes de gerar benefícios ou malefícios à economia. Uma economia em desenvolvimento precisa de uma oferta monetária crescente? Ou o ajuste pode se dar via preço da moeda – o que significa que ela ganha poder aquisitivo? Aumentar a quantidade de dinheiro na economia, inflação, não gera nenhuma prosperidade. Não cria novos bens e serviços do nada. Apenas os torna mais caros. A inflação monetária tem um efeito redistributivo de riqueza. Aqueles que primeiro recebem o dinheiro recém-criado podem gastá-lo adquirindo produtos a preços atuais. A medida que a moeda circula pela economia, aumentando os preços dos bens e serviços, os últimos a recebê-la perceberão que seus salários não podem mais comprar a mesma quantidade de produtos que antes era possível.

Inflacionar a oferta monetária, portanto, não é uma política neutra. Existem ganhadores e perdedores. E para que uma economia cresça, não há uma quantidade de dinheiro ideal. Qualquer quantidade basta[34]. Os problemas surgem quando a oferta de moeda sofre aumentos e diminuições repentinos e intensos devido às decisões políticas.

No caso do Bitcoin, a oferta crescerá de forma paulatina, pré-estabelecida e conhecida por todos os usuários até alcançar o limite máximo de

---

[33] REISMAN, George. Deflação, prosperidade e padrão-ouro. Instituto Ludwig von Mises Brasil, 16 ago. 2010. Disponível em: <http://mises.org.br/article. aspx?id=752>. Acesso em: 25 dez. 2013.

[34] Que não levemos esse argumento ao extremo; é claro que apenas um grama de ouro não serviria como oferta monetária a uma economia.

21 milhões de unidades ao redor do ano de 2140. Mas cerca de 90% de todos os bitcoins já estarão minerados por volta de 2022. Assumindo que a demanda por bitcoins continue crescendo ao longo dos próximos anos, isso significaria que uma unidade bitcoin valeria cada vez mais. E quanto mais se amplie a aceitação da moeda, maior será seu poder de compra. Em face dessa constatação, os economistas leigos em Bitcoin alegam que será quase impossível usar uma unidade de bitcoin em compras do dia a dia, pois ela valerá muito no futuro. O que lhes escapa é o fato de que os bitcoins são perfeitamente divisíveis. Cada bitcoin conta com oito casas decimais. Isso permite aos usuários realizar transações com frações de um bitcoin[35]. E se chegarmos ao estágio avançado de algum dia 0,00000001 BTC (ou 1 "satoshi", como é denominada a oitava fração de um BTC) valer tanto que seja preciso mais casas decimais? Felizmente, é possível aumentar a quantidade de casas decimais por meio do consenso entre todos os usuários da rede Bitcoin. O sistema está preparado para tal aperfeiçoamento.

Ao cidadão brasileiro, escaldado por um passado não tão distante de altas e hiperinflações, essa peculiaridade do Bitcoin eqüivale ao inverso do que ocorreu algumas vezes no Brasil das décadas inflacionárias: o corte de zeros. Porque o governo inflacionava tanto a moeda nacional, o Banco Central chegou ao extremo de imprimir cédulas de Cr$ 500.000 (quinhentos mil cruzeiros, em 1993). Dessa forma, tornava-se progressivamente mais difícil transacionar em denominações tão altas. Muitos brasileiros ficaram milionários, embora extremamente pobres. Pouco podiam comprar com a moeda, que perdia valor a cada hora. E a cada nova reforma monetária, vinha uma nova moeda e o corte de três zeros. De 1942 até 1993, houve cinco instâncias em que o corte de três zeros foi adotado, sendo que três delas nos últimos sete anos desse período[36]. A lógica dos cortes de zeros era retornar às denominações menores, para simplificar as contas do dia, bem como dar a impressão de que alguma reforma efetiva havia sido levada a cabo, quando, em realidade, as causas da inflação monetária permaneciam em pleno funcionamento.

---

[35] Neste momento (janeiro de 2014), já é necessário transacionar em frações de bitcoins, uma vez que o preço de mercado tem oscilado ao redor de 900 dólares.

[36] Disponível em: <http://www.bcb.gov.br/PPADMONET>. Acesso em: 26 dez. 2013.

E qual a equivalência inversa desse período brasileiro com o Bitcoin? Da mesma forma que transacionar com denominações cada vez maiores se torna um complicador adicional às atividades do cotidiano (milhão ou bilhão eram cifras de uso comum), denominações cada vez menores de bitcoin tornarão o uso da moeda um tanto complicado. Qual a solução? Adicionar três zeros à unidade monetária. Dessa forma, 1 BTC passaria a ser 1.000 BTC. Em uma hiperinflação, cortam-se zeros. Em uma hiperdeflação, adicionam-se zeros[37] – este evidencia a constante apreciação de valor; aquele, a constante perda de valor. Pelo consenso entre os usuários da rede, uma mudança como essa poderia ser efetuada no protocolo do Bitcoin. Inclusive, porque a cotação de um bitcoin já chegou a mais de 1.000 dólares, discussões nesse sentido já foram iniciadas na comunidade.

7. O preço do Bitcoin, oferta e demanda

No dia 5 de outubro de 2009, *nove meses depois* de a rede Bitcoin ter começado a operar, o primeiro registro de preço de venda de um bitcoin ofertado foi publicado. Um total de 13 bitcoins por centavo de dólar, ou especificamente 1.309,03 bitcoins por um dólar, calculado pelo ofertante com base em seus custos variáveis de mineração.

Alguns meses depois, em maio de 2010, uma pizza foi vendida por 10 mil BTC, equivalente a 25 dólares à época. Mas, em realidade, essa não foi uma transação genuína, pois o comprador transferiu 10 mil BTC a um terceiro, que facilitou a compra por cartão de crédito na pizzaria. Ainda assim, a compra foi um registro do preço de um bitcoin então, 4 BTC por centavo de dólar. Somente em 17 de julho de 2010 ocorreu o primeiro registro de uma transação em uma casa de câmbio, a Mt.Gox, em que um bitcoin era negociado a US$ 0,05. A partir desse momento, novas transações iam sendo

---

[37] O termo hiperdeflação não é correto, pois nesse caso não há uma contração abrupta da oferta monetária (o que seria o exato inverso de hiperinflação), apenas uma oferta monetária quase estática em que a demanda pela moeda cresce constante e paulatinamente ao longo do tempo. Utilizamos o termo aqui visando unicamente contrastar a idéia.

efetuadas, e o processo de descobrimento do preço de um bitcoin ganhou cada vez mais tração e volume[38].

Durante o ano 2013, o preço de um bitcoin ultrapassou 1.000 dólares, sendo atualmente negociado levemente abaixo desse patamar[39]. Mas estaria o preço de um bitcoin caro ou barato? Não saberíamos dizer. E a verdade é que ninguém sabe. O ponto fundamental não é se 1 BTC vale 1.000 ou 30 dólares, mas sim que o preço de uma unidade bitcoin está acima de zero, e isso, por si só, já é surpreendente. O simples fato de a moeda digital ter um preço e estar sendo utilizada por indivíduos em intercâmbios já é um feito em si.

Estamos ainda na infância do experimento Bitcoin. A cotação de um bitcoin em relação a outras moedas, ou o seu *preço,* é algo que está sendo descoberto pelo mercado, e não podemos prever a sua evolução. E ainda que, pelo lado da demanda, não saibamos como ela evoluirá, ao menos do lado da oferta não seremos surpreendidos por súbitos aumentos na quantidade de bitcoins em circulação.

É claro que a alta volatilidade testemunhada em alguns períodos específicos ao longo dos últimos dois anos complica a vida dos usuários de bitcoins – e talvez facilite a dos especuladores –, e é por esse fator que, quanto maior o número de aderentes, mais benéfico será para o avanço da moeda digital. Mas não interpretemos esse argumento como um convite à especulação. Quanto mais indivíduos aderirem e utilizarem a moeda, maior será sua liquidez. Quanto mais liquidez, menor tende a ser a sua volatilidade e aceitação no mercado. No entanto, uma maior liquidez não necessariamente significa um *preço* maior.

Alguns afirmam tratar-se apenas de uma nova bolha que em breve estourará levando seus usuários à ruína. Será que estamos presenciando uma bolha de fato? Pode ser que o Bitcoin, sim, esteja em uma *fase* de bolha. Pode ser que não. Não sabemos. Mas uma bolha especulativa em si não é um fator preponderante para o avanço e futuro do Bitcoin. A bolha da internet no início dos

---

[38] Para um excelente resumo da evolução dos preços do bitcoin, ver GRAF, Konrad S. On The Ori-gins Of Bitcoin, 3 dez. 2013. Disponível em: <http://konradsgraf. squarespace.com/storage/On%20the%20Origins%20of%20Bitcoin%20Graf%20 03.11.13.pdf>. Acesso em: 5 dez. 2013.

[39] Janeiro de 2014.

anos 2000 não decretou o fim da internet, e a mania das tulipas, séculos atrás, tampouco fez a lilácea desaparecer do mercado.

De certa forma, o preço de uma unidade BTC é irrelevante. A questão-chave é que a moeda digital tem verdadeiras vantagens comparativas, oferecendo excelentes serviços de pagamentos e reduzindo de forma significativa os custos de transação. Como diz Tony Gallipi, sócio do site de pagamentos BitPay, "Bitcoin é simplesmente a maneira mais fácil até hoje inventada de enviar dinheiro de A para B".

8. Valor intrínseco ou propriedades intrínsecas?

A mais freqüente objeção, no entanto, é outra. E, segundo aqueles que a ela recorrem, é a questão básica e fundamental: Bitcoin não tem valor intrínseco, ele não é uma "coisa". É uma unidade de uma moeda virtual não material. Não tem nenhuma condição ou formato físico, e, portanto, é descabida a noção de que possa algum dia substituir a moeda fiduciária. Esse é o núcleo do argumento de tais céticos.

O que lhes parece escapar, contudo, é que não existe *valor* intrínseco, existem *propriedades* intrínsecas (químicas e físicas). Valor é subjetivo e está na mente de cada indivíduo. "Bitcoin é o ouro digital"[40], defende Jon Matonis, conselheiro da Fundação Bitcoin, "mas em vez de depender de propriedades químicas, ele depende de propriedades matemáticas". Isso quer dizer que as propriedades do Bitcoin resultam do design do sistema, permitindo que sejam valoradas subjetivamente pelos usuários. Essa valoração é demonstrada quando do indivíduos transacionam livremente com bitcoins.

Admitindo a fragilidade de seu argumento, os céticos partem para outra crítica, a de que o Bitcoin, além do seu valor de troca (ou seu valor monetário), não apresenta nenhum *valor de uso* amplamente reconhecido, ou *uso não-monetário*. Por esse motivo, raciocinam eles, a moeda digital não poderia jamais adquirir o *status* de meio de troca universalmente aceito no comércio. Isso me faz perguntar: como o ouro conseguiu emergir como dinheiro,

---

[40] Disponível em: <http://www.reddit.com/r/subredditoftheday comments/lakod-6niarch_19 th_2013_rbitcoin_currency_of_the_future/>. Acesso em: 26 dez. 2013.

sendo que seu principal valor de uso séculos atrás era basicamente adorno e enfeite? Sim, é claro que hoje em dia o ouro tem aplicação nos mais diversos campos (indústria, medicina, computação, etc), mas essa demanda surgiu com relevância somente nos últimos 20 ou 30 anos. E mesmo considerando seu uso industrial, estima-se que mais de 90% da demanda por ouro derivem de seu uso monetário.

Em suma, e conforme já detalhado anteriormente, não proporcionar uma maior variedade de aplicações e uso, ou, dito de outra forma, não ter um *uso não-monetário* amplamente reconhecido não impede que o Bitcoin venha a ser um meio de troca universalmente aceito. Ao menos *a priori,* tal assertiva não pode ser considerada conclusiva.

9. A falta de lastro aparente não é um problema

Semelhante à crítica de carência de valor intrínseco, a constatação de que o bitcoin é desprovido de lastro leva inúmeros economistas a taxar a moeda digital de débil e inerentemente defeituosa. A realidade é que o Bitcoin tornou evidente algo até hoje pouco compreendido: lastro não é uma necessidade teórica de uma moeda, apenas uma tecnicalidade empírica cujo principal serviço foi o de servir como restrição às práticas imprudentes de banqueiros e às investidas inflacionistas do estado no gerenciamento da moeda.

Historicamente o dinheiro escolhido pelo mercado por excelência, o ouro foi o principal ativo utilizado como lastro pelos bancos ao longo da história. Em primeiro lugar, porque os certificados de depósito, bilhetes de banco ou depósitos à vista eram meras representações da moeda propriamente dita, o ouro. Eram substitutos monetários aceitos como se a moeda fossem, devido à qualidade explícita de poderem ser convertidos em espécie quando solicitado ao banco pelo portador. Segundo, a obrigatoriedade de lastrear qualquer emissão de bilhetes ou certificados de depósito com o ouro impunha certa disciplina à prática bancária. Aqueles bancos que emitissem mais bilhetes do que ouro em custódia estariam mais facilmente sujeitos à insolvência no instante em que os clientes questionassem a presença de lastro em posse do banco e exigissem em massa o resgate em espécie.

Entretanto, com a consagração do sistema de bancos centrais nos últimos dois séculos, o lastro em ouro tomou contornos um pouco distintos. Embora fosse o ouro a moeda global durante milênios, as diferentes nações emitiam suas próprias moedas de papel dentro de suas jurisdições, vale notar, sempre lastreadas no metal precioso. Historicamente, as moedas nacionais nada mais eram do que denominações de certa massa de ouro ou prata. A "libra esterlina" inglesa, por exemplo, era a denominação originalmente dada a uma libra de prata. Quando os governos se arrogaram o monopólio de emissão da moeda, a política monetária na prática restringia-se, em certa medida, a manter a paridade entre o valor de face do bilhete de banco (emitido monopolisticamente pelo estado) e seu valor de mercado. A medida que os governos inflacionavam a oferta de bilhetes, o valor de mercado deste se depreciava, incitando os portadores a resgatar em espécie pelo valor de face, ou "resgatar ao par". Tinham início, assim, os dilemas dos monopolistas da emissão de moedas nacionais: retirar de circulação o excesso de bilhetes, buscando manter seu valor de face? Assumir a inépcia na condução das questões monetárias, desvalorizando oficialmente o valor de face dos bilhetes emitidos? Ou, o pior dos casos, suspender temporariamente a conversibilidade em espécie, em moeda propriamente dita (ouro ou prata)?

Especialmente a partir do fim do século XIX, o ouro pouco circulava na economia. Os intercâmbios no mercado davam-se, na sua maior parte, por meio dos papéis-moedas nacionais ou dos depósitos à vista com o uso de cheques. Logo, a função monetária desempenhada pelos metais preciosos nos últimos séculos foi, primordialmente, a de servir como uma âncora de valor, como um disciplinador às tentativas de inflacionar os papéis-moedas nacionais. Sob o ponto de vista do governo, portanto, nada mais lógico do que buscar remover qualquer vínculo ou lastro ao metal precioso para poder emitir moeda sem qualquer tipo de restrição[41]. Dessa forma, o ouro serviu como lastro para que tivéssemos a segurança (ou esperança) de que a oferta monetária não seria inflada pela emissão excessiva de substitutos de dinheiro, sejam cédulas, sejam depósitos à vista.

---

[41] Fato ocorrido precisamente no dia 15 de agosto de 1971, quando Richard Nixon, então presidente dos Estados Unidos, suspendeu qualquer conversibilidade do dólar em ouro.

Mas façamos um experimento mental. Imaginemos que, em um sistema em que os substitutos de dinheiro (cédulas e depósitos à vista) são os meios circulantes principais e supostamente lastreados 100% em dinheiro propriamente dito (ouro, por exemplo), descobríssemos um método de garantir efetivamente que haveria, a todo instante, 100% de reservas em dinheiro para os substitutos emitidos, tornando, assim, desnecessária a prática de resgatar em espécie como forma de impor disciplina aos bancos. Nesse caso, surge a pergunta: se o ouro em custódia nos cofres dos bancos serve unicamente para restringir a expansão de meios fiduciários (substitutos de moeda sem lastro), serviria ele para alguma função no momento em que descobrirmos essa maneira perfeitamente segura de impedir expansão irrestrita de meios fiduciários?

No atual sistema de inconversibilidade absoluta dos papéis-moedas nacionais – não há qualquer lastro em ouro, o papel-moeda tornou-se a moeda propriamente dita –, a experiência de mais de quase meio século comprovou que banco central nenhum conseguiu abster-se do poder de emissão de dinheiro, depreciando as respectivas moedas nacionais em uma espécie de corrida ao fundo do poço ao longo de todos esses anos. Com o Bitcoin, o dilema da provisão da oferta monetária foi equacionado: a emissão será realizada de forma competitiva e paulatinamente, a uma taxa de crescimento preestabelecida, limitada a 21 milhões de unidades. Uma legítima escassez, intangível, e matemática e criptograficamente assegurada.

Qual o lastro do ouro? A escassez inerente a suas propriedades físico-químicas. Qual o lastro do papel-moeda fiduciário? A confiança de que governos não inflacionarão a moeda, apoiada em leis de curso forçado que obrigam os cidadãos a aceitar a moeda como pagamento. Qual o lastro do Bitcoin? Propriedades matemáticas que garantem uma oferta monetária, cujo aumento ocorre a um ritmo decrescente a um limite máximo e pré-sabido por todos os usuários da moeda. Após um bem ser empregado e reconhecido como moeda, seu lastro jaz na sua escassez relativa.

Mas qual a distinção-chave entre o lastro do ouro e o do Bitcoin e o lastro das moedas estatais? O lastro físico é naturalmente provido de ou pretende assegurar uma escassez de oferta, assim como o lastro matemático do Bitcoin. O lastro governamental, porém, garante unicamente uma demanda mínima, mas não uma oferta inelástica. Em outras palavras, o lastro estatal não assegura uma moeda boa, apenas que até uma moeda ruim tenha vasta aceitação no mercado.

10. *A política monetária do Bitcoin*

É importante entendermos a política monetária do Bitcoin, especialmente em comparação às das autoridades monetárias vigentes em cada estadonação. Mas antes de detalharmos a operação da política monetária da moeda digital, é útil compreendermos como tal política funciona na era dos bancos centrais.

As autoridades monetárias ao redor do mundo, desde o primeiro banco central do planeta – o Riksbank, da Suécia, em 1668 – até o presente, introduziram, testaram e aprimoraram diversas ferramentas e estratégias distintas na condução de suas responsabilidades e funções. A política monetária atual, na forma como é realizada, pouco se assemelha àquela dos primórdios dos bancos centrais. O resultado prático de todas as ferramentas empregadas para efeito de política monetária, no entanto, é basicamente o de manipular a oferta de moeda na economia.

O aprimoramento da prática moderna do banco central deu-se especialmente durante a segunda metade do século XX. Após o fim da conversibilidade do dólar em ouro – o que também significou o fim da conversibilidade de qualquer moeda nacional em ouro –, os bancos centrais estavam livres das restrições impostas pelo lastro no metal precioso. Isso teve implicações importantes. Desprovida da âncora do ouro, a autoridade monetária perde uma forte referência de controle da oferta de moeda – quando se emite moeda nacional em excesso, o ouro tende a fluir para fora do país, forçando o banco central a adotar uma política contracionista da oferta monetária. Por outro lado, a ausência da âncora significou que os bancos centrais estavam agora livres para inflar a oferta de papel-moeda ilimitadamente. Mas qual aumento seria razoável? Que efeitos teria em uma economia um incremento de 5% anual na quantidade de moeda em circulação? Quais partes da oferta monetária deveriam ser alvo da política do banco central: papel-moeda, reservas bancárias, depósitos à vista? Como controlar a criação de moeda pelo sistema bancário?

Para o bem ou para o mal, o fim do padrão-ouro deu início à era da liberdade e discricionariedade dos banqueiros centrais.

Diante de tantos dilemas, a era moderna dos bancos centrais é notória por estar assentada em um processo explícito[42] de tentativa e erro. Em geral, a política monetária logo após o fim de Bretton Woods tinha como meta um crescimento específico da oferta monetária. Obviamente, o percentual definido e os agregados monetários sujeitos à meta eram decididos arbitrariamente. Nesse arranjo, a taxa de juros era conseqüência e não alvo da política monetária. Entretanto, a turbulenta década de 70 e as crises financeiras da de 80 obrigaram as autoridades monetárias a rever seu ferramental. O fim do século marcou, então, o período da política monetária de taxa de juros, em que a variável era alvo direto das ações do banco central, estabelecendo-a como meta, sendo o crescimento da oferta monetária mero produto da política de juros.

O dilema atual é como calibrar a taxa de juros de modo a fomentar uma atividade econômica estável e sustentável. Para levar a cabo tal empreitada, o ferramental acessório é vasto, e vai desde o nível do compulsório e operações de mercado aberto até as diversas regulações emitidas pela autoridade monetária de cada país. Resumidamente, e o que nos interessa neste contexto, a política monetária objetiva manipular a oferta de moeda em uma economia. No passado, deu-se de forma direta, com alvos específicos para o crescimento de algum agregado monetário. Atualmente, a manipulação da oferta monetária ocorre indiretamente, pela influência direta sobre a taxa de juros.

A política monetária do Bitcoin, por sua vez, foi estabelecida na sua criação e pode ser definida como uma política monetária baseada em regras[43], cuja independência é assegurada pela natureza distribuída da rede subjacente. Essa política monetária não discricionária pode ser mais bem descrita como

---

[42] Ex-presidente do Federal Reserve Ben Bernanke, durante discurso em Jackson Hole, Wyoming, EUA, declarou que, desde o início da crise de 2008, "os banqueiros centrais estão no processo de aprendendo com a prática". Ver BERNANKE, Ben, Monetary Policy since the Onset of the Crisis, Federal Reserve, 31 ago. 2012. Disponível em: < http://www.federalreserve.gov/newse-vents/speech/bernanke20120831a.htm>. Acesso em: 27 dez. 2013.

[43] PIERRE. The Bitcoin Central Bank's Perfect Monetary Policy. The Mises Circle, 15 dez. 2013. Disponível em: <http://themisescircle.org/blog/2013/12/15/the-bitcoin-central-banks-perfect-mone-tary-policy/>. Acesso em: 27 dez. 2013.

"meta de oferta monetária assintótica"[44] (MOMA). A unidade monetária chama-se bitcoin, e sua emissão ocorre por meio de subcontratados chamados de mineradores, os quais desempenham os cálculos de Prova de Esforço (PoE, ou *Proof-of-Work, PoW*), que garantem a independência da política monetária e processam os pagamentos. "A senhoriagem subsidia o sistema de pagamento ao invés de beneficiar exclusivamente o emissor ou o vendedor/receptor de títulos negociados em operações de mercado aberto. A senhoriagem da PoE e a MOMA trabalham de forma sinérgica causando três fenômenos monetários"[45]: i) agentes econômicos racionais mantêm encaixe em bitcoins mesmo não tendo nenhum passivo denominado em bitcoins; ii) o mercado estabelece as taxas de câmbio e de juros, sem exceção; e iii) é altamente improvável o aparecimento das reservas fracionárias.[46]

Os agentes econômicos decidem livremente manter saldos em bitcoins devido a todas as vantagens da moeda digital perante outras formas de dinheiro e à expectativa de que essas vantagens conduzirão outros agentes a adotar bitcoins no futuro, possivelmente apreciando sua taxa de câmbio.

Sob a perspectiva da Trindade Impossível[47], foi estabelecido para o Bitcoin uma política monetária independente e liberdade total nos fluxos de capitais. Nenhuma entidade intervém em ciclos de alta e apreciação especulativa de modo a estabilizar a taxa de câmbio. A independência é assegurada, propiciando aos agentes econômicos uma perfeita previsibilidade da oferta monetária futura. Como explicado previamente, o limite máximo de 21 milhões é desimportante, uma vez que há perfeita divisibilidade das unidades monetárias de bitcoins. Qualquer ajuste necessário será refletido pelo mercado na taxa de câmbio. E, finalmente, assim como o ouro, o bitcoin não é passivo de nenhuma instituição; é um ativo sem risco de contraparte.

---

[44] O adjetivo assintótico deriva de "assíntota", que em geometria significa uma reta que é tangente de uma curva no infinito, ou seja, que, prolongada indefinidamente, se aproxima cada vez mais do ponto de tangência de uma curva, mas sem jamais encontrá-lo. Ou, dito de outra forma, que se aproxima de um limite, porém, nunca o alcança.

[45] Ibid.

[46] Ver próxima seção, sobre possibilidade de reservas fracionárias no Bitcoin.

[47] A Trindade Impossível é um dilema em economia internacional que afirma que é impossível uma autoridade monetária adotar as três seguintes políticas simultaneamente: câmbio fixo, liberdade no fluxo de capitais e uma política de juros independente.

11. As reservas fracionárias, o tantundem e o Bitcoin

Sob a perspectiva econômica, a probabilidade de aparecimento das reservas fracionárias no sistema Bitcoin é bastante reduzida. Porque o Bitcoin oferece aos usuários as vantagens tecnológicas tanto do dinheiro commodity propriamente dito quanto de um substituto de dinheiro (como certificados de depósitos, os precursores do papel-moeda), o aparecimento de um substituto de uma unidade monetária de bitcoin seria, até certo ponto, redundante.

Historicamente, o substituto de dinheiro surgiu como uma forma de reduzir os custos de transação, permitindo um uso mais eficiente do dinheiro, usos que com o dinheiro commodity em si não seriam possíveis. O sistema Bitcoin sobressai-se justamente nesse ponto, pois a base monetária bitcoin em si já propicia uma redução substancial dos custos de transação quando comparada aos sistemas monetários atuais. Como explicado anteriormente, o Bitcoin é ao mesmo tempo uma moeda e um sistema de pagamentos, algo sem precedentes na história monetária. Mas seria possível conceber a prática de reservas fracionárias com bitcoins? Sim, é possível. Para entendermos como, é preciso ir ao básico ou à origem da atividade bancária: o depósito de dinheiro.

Os bancos surgiram para suprir uma necessidade de mercado, o serviço de custódia de bens monetários. Com o aperfeiçoamento da prática bancária, eles passaram a oferecer não somente o serviço de custódia, mas também de intermediação financeira e de facilidade de pagamentos. É no desenvolvimento do serviço de custódia, contudo, que graves conseqüências se sucedem. A custódia de dinheiro requer um contrato de depósito entre banco e depositante em que este deposita *bens fungíveis* para que o banco os guarde, os custodie e os restitua a qualquer momento quando solicitado pelo depositante[48]. Em troca, ao depositante é entregue um certificado de depósito que lhe dá o direito de exigir a restituição do depósito a qualquer momento. Entretanto, ao tratar-se de bens fungíveis, não é obrigatório que o banco restitua o cliente com as *mesmas moedas ou barras de metal* precioso que lhe foram depositadas; basta entregar ao depositante uma quantidade equivalente em gênero e qualidade, ou *tantundem,* em latim.

---

[48] HUERTA DE SOTO, 2012, p. 11.

Com o desenvolvimento da prática bancária, os certificados de depósitos evoluíram a bilhetes de banco – bastava o portador apresentar o bilhete no caixa para ter restituído seu dinheiro em espécie –, os quais passaram a circular como se o próprio dinheiro fosse. Os bancos logo perceberam que os depositantes raramente resgatavam seus depósitos, preferindo, em vez disso, transacionar somente com os bilhetes (substitutos de dinheiro), pela praticidade e facilidade de manuseio. Diante dessa constatação, não tardou muito para que as instituições bancárias cometessem um grave delito, o de emitir bilhetes sem lastro algum em dinheiro material. Iniciava assim a prática das reservas fracionárias, em que havia mais bilhetes em circulação emitidos pelos bancos do que dinheiro material em custódia para a pronta restituição de quem assim demandasse[49]. Dessa forma, quando a confiança em alguma instituição depositária fosse abalada e os depositantes se dirigissem em massa para solicitar o resgate em espécie de seus bilhetes – a notória corrida bancária –, o banco estaria simplesmente insolvente; não poderia jamais entregar dinheiro material a todos os demandantes portadores de bilhetes. Não haveria *tantundem* suficiente em custódia.

Os registros da prática de reservas fracionárias ao longo da história são milenares, mas seu ápice foi atingido somente no século passado, com a anuência e auxílio dos bancos centrais. Hoje em dia, a prática não somente é regra do sistema bancário em escala global, como também é respaldada por lei[50].

E como o Bitcoin difere desse arranjo? Em primeiro lugar, quando temos o cliente Bitcoin instalado e rodando em nosso computador pessoal, não há um contrato de depósito entre proprietário de bitcoins e um banco ou casa de custódia. Você é seu próprio banco. Você custodia o seu próprio *tantundem*. Logo, a posse dos bitcoins está a todo o instante com o dono da carteira (equivalente à conta bancária tradicional). Igualmente, ao proprietário, há disponibilidade completa e irrestrita dos bitcoins. Você pode transferi-los a quem desejar a todo instante sem que nenhuma entidade o impeça de fazê-lo.

Mas é claro que, se dependermos exclusivamente do software em um computador pessoal, o uso do Bitcoin seria bastante reduzido. Para suprir

---

[49] Entre os economistas da Escola Austríaca, há um vigoroso debate quanto à alegação de as reservas fracionárias constituírem ou não uma fraude legal. Para o propósito do presente livro, essa discussão é desimportante.

[50] Ver capítulo II.

essa necessidade, já foram criados serviços de carteira online, como o da empresa *blockchain.info,* em que podemos usar um smartphone ou equipamento portátil similar para efetuar transações. Ainda que à primeira vista tenhamos a impressão de que isso constitui um serviço de custódia similar ao oferecido pelo sistema bancário tradicional, há uma grande distinção. Nos serviços de carteira online como o exemplificado acima, o provedor não custodia os seus bitcoins. Na verdade, você permanece sendo o único agente a ter posse, controle e uso irrestrito dos seus bitcoins. Da forma como é configurado esse serviço, o provedor proporciona ao usuário a capacidade de utilizar a rede Bitcoin por meio da web, transacionando normalmente como se tivesse o próprio software instalado no computador. Não há transferência de propriedade dos bitcoins do dono da carteira ao provedor de serviço de carteira online; este tampouco pode visualizar os saldos da carteira do usuário, não pode realizar transações em seu nome, não pode confiscar a sua carteira e nem mesmo pode forçá-lo a utilizar o serviço de carteira online indefinidamente[51].

Portanto, nas duas formas de custódia dos bitcoins acima descritas, pelo software Bitcoin instalado em um PC e pelo serviço de carteira online, não há um terceiro custodiando os bitcoins do proprietário. Assim, o surgimento de um substituto de bitcoin é redundante, pois as facilidades que um substituto poderia oferecer já estão incorporadas no bitcoin na sua forma mais primitiva. E a prática de reservas fracionárias seria uma impossibilidade técnica: o depositante e o depositário confundem-se; são a mesma entidade, o próprio usuário. Como poderia o dono da carteira criar substitutos de bitcoins sem lastro e transacioná-los na rede? Seria o equivalente à falsificação de bitcoins, o que é criptograficamente impossível.

Entretanto, há serviços de carteira online em que a transferência de posse e controle da carteira ocorre, sim, como é muito comum em casas de câmbio[52], ou sites que ofereçam pagamento de juros aos saldos de bitcoins lá

---

[51] As chaves privadas são guardadas pelo *browser* do usuário, e não pelos servidores do provedor de serviço. Para entender a tecnologia envolvida que possibilita tal façanha, ver site da empresa Blockchain. Disponível em: <https://blockchain.info/pt/wallet/how-it-works>. Acesso em: 27 dez. 2013.

[52] Nesses casos, a chave privada fica em posse e controle do provedor de serviço, ainda que esteja associada a um usuário devidamente logado e registrado no site do provedor.

depositados. Nesses casos, a possibilidade de surgimento de um substituto de bitcoin, ou pior, de reservas fracionárias, é maior, uma vez que o usuário do serviço não possui nem controla efetivamente a sua carteira na rede Bitcoin. Quem o faz é o provedor, em seu nome, normalmente seguindo ordens do usuário. Logo, o risco da contraparte está presente – seja de práticas ilegais, como uso indevido do seu saldo de bitcoin, seja de práticas questionáveis, como reservas fracionárias, seja de práticas insuficientes de segurança, sujeitando os usuários a ataques de *hackers* aos servidores do provedor. Grande parte dos episódios infelizes de extravio de bitcoins deve-se a este último caso.

O aparecimento da prática de reservas fracionárias com bitcoins é, portanto, bastante improvável, embora possível. Nas formas mais primitivas, o *tantundem* está a todo o instante sob posse e controle do próprio dono da carteira. Este é depositante e depositário. Mas enquanto houver serviços de carteira online em que o controle e a posse dos bitcoins são cedidos ao provedor, o risco das reservas fracionárias existe[53].

12. Outras considerações

Trataremos aqui de mais algumas preocupações freqüentemente levantadas pelos críticos do Bitcoin, buscando demonstrar que carecem de fundamento, por não compreenderem a essência da moeda digital.

ELETRICIDADE E INTERNET NÃO SÃO O PROBLEMA.

E quanto à dependência da eletricidade e da internet? Não seria uma enorme desvantagem ao projeto Bitcoin? Essa não é uma característica unicamente restrita ao Bitcoin, *já* vivemos nessa *dependência*. É impensável que nossa economia globalizada e interconectada – bem como o sistema bancário – possa seguir inabalada na falta de energia elétrica e internet. Nesse sentido,

---

[53] No início de fevereiro de 2014, clientes da casa de câmbio Mt.Gox vivenciaram possivelmente esse problema. Com enormes dificuldades técnicas para honrar as retiradas de bitcoins solicitas pelos depositantes, a empresa suspendeu temporariamente todo e qualquer resgate da moeda digital. Até o momento da impressão deste livro, o caso permanecia pendente de resolução.

e já endereçando outra crítica usual, acho pouco provável que governos tentem "derrubar" a internet com o objetivo de obstruir a rede Bitcoin. Aliás, considerando que governo nenhum até hoje logrou conter nenhuma rede BitTorrent[54], não me parece plausível esperar que conseguiriam causar danos irreparáveis ao maior projeto de computação distribuída do mundo (sim, Bitcoin já ultrapassou o projeto SETI, *Search for Extra Terrestrial Intelligence*).

Outros céticos argumentam que a rede poderia ser *hackeada,* corrompendo o algoritmo, alterando saldos em carteira e roubando ou falsificando bitcoins. Essa preocupação – embora compreensível – deriva do desconhecimento acerca dos atributos da rede Bitcoin. Antes de qualquer coisa, é preciso enfatizar duas inerentes características da rede: a total abertura e a transparência do sistema. Ainda que o Bitcoin tenha sido criado por um indivíduo (ou grupo de indivíduos) com certos parâmetros e regras de funcionamento, *o código fonte é completamente aberto a qualquer um* que queira verificá-lo, monitorá-lo e aprimorá-lo (este último, com o consenso de toda a comunidade). Qualquer pessoa pode acompanhar em tempo real as transações recentes, a quantidade total de bitcoins minerados, etc.

Estaríamos sugerindo que a rede Bitcoin é à prova de falhas? É lógico que não. O Bitcoin não é perfeito, e é pouco provável que não sofra alguns solavancos ao longo do seu desenvolvimento e à medida que o seu uso seja ampliado. Ainda assim, é preciso destacar que não há registro algum de ataques[55] à cadeia de blocos do sistema (*blockchain*). Sim, é verdade que alguns sites de casas de câmbio, por exemplo, foram *hackeados* e tiveram problemas de operação, mas isso não quer dizer que a "moeda bitcoin" esteve sob ataque[56].

A concorrência das altcoins (alternate coins)

Da mesma forma, é preciso endereçar algumas das objeções mais complexas, especialmente aquelas lançadas por economistas e investidores

---

[54] Goldmoney Podcast. Disponível em: <http://www.goldmoney.com/podcast/jon-matonis-on-bitcoin-and-crypto-currencies.html>. Acesso em: 20 mai. 2013.

[55] Disponível em: <https://en.bitcoin.it/wiki/myths#Bitcoin_was_hacked>. Acesso em: 10 nov. 2013.

[56] Seria como afirmar que o real foi atacado porque alguns bandidos roubaram o cofre da agência da Av. Paulista do Banco do Brasil.

com formidável domínio de teoria monetária. Doug Casey[57], por exemplo, alega que uma das ameaças ao Bitcoin é que não há barreiras de entradas; dessa forma, qualquer um poderia lançar sua própria moeda digital no mercado. Acabaríamos tendo, assim, diversas moedas digitais, o que inviabilizaria que uma preponderasse e viesse a tornar-se um meio de troca universalmente aceito.

Em tese, esse não é um problema exclusivo do Bitcoin. Em qualquer ambiente em que prevaleça a liberdade de escolha de moeda, qualquer um pode competir. No entanto, nessa competição, aquele meio de troca que tenha mais êxito em reduzir os custos de transação tende a sobressair-se como o mais utilizado pelos participantes. Com relação ao Bitcoin, por ter sido a primeira moeda digital, ele goza do privilégio do chamado "efeito de rede" (*network effect*). Dentro do universo de moedas digitais, Bitcoin já é a mais utilizada e com mais aderentes, portanto, ainda que uma nova moeda possa superá-la em qualidade tecnológica, a barreira de convencer usuários de Bitcoin a trocar para um concorrente é bastante grande.

CONVERTER BITCOINS EM DÓLAR, EIS A QUESTÃO

Já Shostak[58] alega que "Bitcoin só funciona enquanto os indivíduos souberem que podem convertê-lo em moeda fiduciária". *A priori,* não podemos determinar se isso é verdade. Essa conclusão de Shostak deriva da falaciosa idéia de que o Bitcoin é nada menos que uma "nova forma de empregar a moeda fiduciária existente". Mas se entendemos que a moeda digital é moeda propriamente dita, dinheiro de fato, perceberemos que os usuários, em realidade, podem utilizar bitcoins não com o intuito de usá-los como uma mera ferramenta de meio de pagamento, mas sim para fugir (ou liberar-se) do sistema de moeda fiduciária.

Uma vez "dentro" da rede Bitcoin, o objetivo é não ter que "voltar" às moedas locais. Sim, no momento ainda não estamos nesse estágio de evolução da rede (por causa da baixa liquidez e aceitação), mas à medida que se

---

[57] DUNCAN, Andy. The Great Gold vs. Bitcoin Debate: Casey vs. Matonis. Lew Rockwell, 15 abr. 2013. Disponível em: <http://lewrockwell.com/origll/duncan--a4.l.l.html>. Acesso em: 20 mai. 2013.

[58] SHOSTAK, 2013.

amplia a aceitação, não será sequer necessário fazer uso das moedas fiduciárias. Uma vez que ambos os produtores e consumidores aceitarão *receber e pagar em bitcoins,* por que convertê-los em uma moeda fiduciária que perde poder de compra constantemente?

13. Revisitando a definição de moeda

Iniciamos este capítulo definindo os termos *dinheiro* e *moeda* como o meio de troca universalmente aceito, segundo a própria definição de grande parte dos economistas da Escola Austríaca. Entretanto, e divergindo dessa definição, utilizamos a palavra moeda até o momento inclusive para qualificar o Bitcoin – moeda digital –, o que pode, com razão, suscitar questionamentos. A verdade é que a noção de moeda é vaga, é imprecisa. Especialmente no mundo moderno de moedas de papel puramente fiduciárias, a definição usual pode ser incapaz de, na prática, identificar o que seja moeda em dado tempo e lugar. Afinal de contas, moeda, hoje em dia, é o que o estado estabelece como tal. Ao economista, a definição legal de moeda é insuficiente e precária para a investigação econômica. Mas diante da realidade, não podemos ignorar seus efeitos na economia. É preciso, portanto, examinar o fenômeno detalhadamente, procurando cercar os problemas e eliminar as criações artificiais empíricas que nos impedem de deduzir logicamente a verdade científica.

Se moeda é o meio de troca universalmente aceito, quando uma mercadoria ultrapassa a linha divisória entre um mero meio de troca e passa a ser moeda? É possível encontrar, na prática, essa linha demarcando meios de troca de um lado e moeda de outro? Carl Menger, em sua obra *On the origins of money,* explica que "a teoria do dinheiro pressupõe necessariamente uma teoria da vendabilidade dos bens (*saleableness of goods*). Se compreendemos isso, deveremos ser capazes de entender como a vendabilidade quase ilimitada do dinheiro é apenas um caso especial – apresentando somente uma diferença de grau – de um fenômeno genérico da vida econômica – a saber, a diferença na vendabilidade de commodities em geral"[59]. O dinheiro é, portanto, o

---

[59] MENGER, 1892, p. 241. Na terminologia atual, "vendabilidade" seria mais bem definida como liquidez. O sentido pretendido pelo autor é precisamente o de diferentes graus de liquidez que diferentes bens apresentam.

bem mais líquido em uma economia. Aquele pelo qual todos os outros bens são intercambiados. Mas um bem não emerge no mercado já sendo o mais líquido e mais demandado pelos indivíduos. Como elucida Menger, a escolha de uma mercadoria como meio de troca que acaba ganhando cada vez mais liquidez e prevalecendo como a mais líquida é um processo que acontece ao longo do tempo no mercado. Desse modo, e em um ciclo que se retroalimenta, os indivíduos tendem a trazer consigo ao mercado o bem mais líquido – a moeda – para realizar suas compras, reforçando e intensificando a vendabilidade do próprio bem em questão.

Ludwig von Mises, corroborando a teoria de Menger, afirma que "há uma tendência inevitável para que os bens menos comercializáveis (*marke-table goods*) usados como meios de troca sejam um a um rejeitados até que, finalmente, uma única commodity permaneça, a qual é universalmente empregada como meio de troca; em uma palavra, moeda"[60]. E embora seja possível deduzir logicamente que a tendência é de somente um único bem preponderar como moeda, empiricamente a teoria pode não ser verificada – o que Mises deixa perfeitamente claro ao constatar que "este estágio de desenvolvimento no uso de meios de troca, o emprego exclusivo de um único bem econômico, não está ainda completamente alcançado"[61].

Se dinheiro é o meio de troca universalmente aceito, em grande parte da história monetária nem mesmo o ouro poderia ser qualificado como tal, porque a prata esteve quase sempre ao seu lado sendo empregada como meio de troca, universalmente aceita, e com uma liquidez praticamente tão alta como a do ouro – salvo casos em que soberanos legislavam contra o uso de um ou o outro metal. E por que o ouro jamais prevaleceu como a única moeda – estágio ainda não atingido por nenhum bem, conforme apontado por Mises? Possivelmente, dentre outras razões, porque lhe falta uma perfeita divisibilidade em face de sua substancial escassez. Isso significa que há um alto valor por unidade do metal[62]. E, é claro, há um limite físico

---

[60] MISES, 1953, p. 33.

[61] Ibid.

[62] Usando a cotação registrada ao fim de 2013, 1.202 dólares por onça Troy de ouro, um grama eqüivale a 38 dólares. Em termos físicos, um grama de ouro é menor do que uma unha humana. Seria inviável fazer compras do cotidiano com, por exemplo, um decigrama de ouro (3,8 dólares).

pelo qual o metal pode ser fracionado. Devido a essa razão, a prata, mais abundante e com propriedades físico-químicas muito similares às do ouro, acabou por ser um ótimo meio de troca para compras de menor valor ao longo da história.

Diante da imprecisão conceitual de moeda, Murray N. Rothbard sugere uma forma de contornar o problema em sua obra seminal, *Man, economy and state*:

> Uma commodity que passa a ter uso generalizado como meio de troca é definida como sendo uma moeda. É evidente que, enquanto o conceito de "meio de troca" é preciso, e uma troca indireta pode ser distinguida de uma direta, o conceito de "moeda" é menos preciso. O instante em que um meio de troca passa a ter uso "comum" ou "geral" não é estritamente definível, e se um meio de troca é ou não dinheiro, somente pode ser decidido pela investigação histórica e pelo julgamento do historiador. Entretanto, visando à simplificação, e como vimos que há um grande ímpeto no mercado para um meio de troca tornar-se moeda, de agora em diante, nos referiremos a todos os meios de troca como moedas.[63]

Rothbard, na verdade, apenas evita lidar com o problema, pois o conceito de moeda permanece envolto de imprecisão. Levada ao extremo, essa definição simplificada pode conduzir-nos a conclusões claramente descabidas. Imaginemos o exemplo de um incorporador que vende um apartamento e concorda em receber como pagamento 80% do valor do imóvel em dinheiro e o restante em troca de um automóvel (dação em pagamento) – ainda que o vendedor não tenha interesse algum em utilizar o automóvel e busque desfazer-se do bem o quanto antes. Nesse caso, por ter servido como um meio de troca, poderíamos qualificar o automóvel como moeda? Claramente, não. É bastante provável que o futuro comprador do automóvel o adquirirá não para revendê-lo, mas sim para usá-lo, consumi-lo. Por mais que o automóvel possa servir como meio de troca em dada transação, seu destino principal é ser

---

[63] ROTHBARD, Murray N. Man, Economy and State with Power and Market. Auburn: Ludwig von Mises Institute, 2004. p. 192-193.

consumido, é um bem de consumo (ou produção, dependendo do usuário), e não um meio de troca[64] [65].

A teoria monetária desenvolvida pelos economistas da Escola Austríaca sustenta que há uma tendência inevitável para uma única moeda prevalecer no mercado, sendo esta a universalmente aceita. Empiricamente, essa teoria foi ilustrada por mais de 2.000 anos de história repletos de registros em que o ouro, e em menor medida a prata, imperou como a moeda escolhida pelo mercado. Essa era a realidade, inclusive, da época em que Menger e Mises desenvolveram suas teorias monetárias.

A verdade é que o dinheiro global sempre foi o ouro e a prata. Mas nem sempre eram moedas ou barras de ouro aquilo que os indivíduos davam em troca em uma transação. Especialmente com a intensificação da divisão internacional do trabalho, o aprofundamento do sistema bancário e após a Revolução Industrial, mais rara era a prática de as pessoas carregarem metais consigo. O que circulava eram as moedas nacionais – *currency*[66], em inglês –, meras representações (substitutos de dinheiro) da moeda propriamente dita, o ouro. As moedas nacionais eram, historicamente, definições de massa do metal precioso; eram as unidades monetárias de cada estado-nação.

Na língua portuguesa, não temos uma tradução exata para *currency*. Poderíamos traduzir como moeda corrente ou moeda nacional. Mas também se traduz simplesmente como moeda, da mesma forma que *money*. Posto que hoje em dia os termos realmente se confundem, é necessário ressaltar a distinção

---

[64] Não tenho dúvidas de que Rothbard concordaria com essa lógica, tendo ele apenas simplificado a definição de moeda para os propósitos de explicação das trocas indiretas. Contudo, escolhemos o trecho para contrastar a idéia de que qualquer bem usado como meio de troca jamais poderia ser taxado efetivamente de moeda.

[65] Outro exemplo, este real, que também ilustra a imprecisão que seria qualificar qualquer meio de troca de moeda, é o caso do blogueiro canadense Kyle MacDonald. De julho de 2005 a julho de 2006, Kyle ficou famoso por trocar um simples clipe vermelho por diversos outros bens, em um total de 14 transações consecutivas, até atingir seu objetivo final, a aquisição de uma casa. Certamente não poderíamos considerar como moeda cada bem aceito por Kyle em cada uma das 14 transações. Disponível em: <http://en.wikipedia.org/wiki/One_red_paperclip>. Acesso em: 28 dez. 2013.

[66] *Currency* advém do latim, da palavra *currens,* particípio presente do verbo *courrō,* que significa correr. *Currens,* em português, eqüivale a "corrente", aquilo que corre ou está em curso.

entre os dois. Uma moeda de ouro, dinheiro no sentido econômico do termo, pode receber diferentes denominações, dependendo do estado que a cunha. Tomemos o exemplo do Império Alemão. Tendo sido o *Goldmark* definido por lei a 2.790 marcos o quilo do ouro, no fim do século XIX, a moeda (peça metálica) de 5 *Goldmark* pesava aproximadamente 2 gramas e continha 1,8 grama de ouro. A *currency* (a moeda nacional) era o marco alemão, o ouro, o dinheiro propriamente dito. A forma mais primitiva de depreciar a moeda consistia em misturar algum metal mais abundante e de inferior qualidade, diluindo o conteúdo do ouro, mas mantendo o peso e a denominação oficial (por ex.: 5 marcos pesando 2 gramas). A *currency* era assim desvalorizada.

Valores maiores exigiam o uso de barras ou lingotes de ouro com maior massa e de difícil transporte, tarefa facilitada pelas cédulas de papel emitidas pelos governos e/ou bancos centrais. Assim, a moeda nacional era impressa em uma cédula com certa denominação (por ex.: a nota de 100 marcos no final do século XIX, equivalente a 36 gramas de ouro), a qual representava uma quantidade específica do metal precioso, podendo ser resgatada em espécie quando assim solicitado pelo portador a algum banco depositário. A moeda nacional (*currency*), assim, era separada da moeda propriamente dita, o ouro. A moeda nacional era uma representação do metal que poderia ser convertida em ouro quando demandado pelo proprietário da cédula de papel. Isso nada mais é do que a definição do padrão-ouro clássico; a paridade do ouro era promulgada em lei, e a moeda nacional circulava e era aceita independentemente de qualquer lei de curso forçado, pois a *currency* era resgatável em ouro, e os bancos centrais de fato obedeciam à lei. Até o início da Primeira Guerra Mundial, essa era a ordem monetária do Ocidente[67]. O ponto a ser compreendido aqui é que, mesmo no padrão-ouro clássico em que as cédulas de banco eram, em sua maior parte, lastreadas em ouro, cada vez menos o metal circulava, sendo a maioria das trocas de mercado realizadas com cédulas de papel, a moeda nacional.

Com a abolição do padrão-ouro pelos estados, o ouro deixou de ser moeda propriamente dita – por força de lei, é verdade –, e a moeda nacional (*currency*) passou a ser o dinheiro de fato, ou, em uma palavra, papel-moeda. Por essa razão, os termos ingleses *money* e *currency* são hoje sinônimos, embora

---

[67] Para um breve resumo do colapso monetário do Ocidente, ver ROTHBARD, 2013.

historicamente seja possível observar a distinção entre os dois. Quando esse processo de remoção do vínculo ao ouro estava se desenrolando, a maioria dos economistas encarava a realidade como uma condição de total anomalia monetária. Como os cidadãos transacionariam com uma moeda nacional inconversível? A moeda de fato, o ouro, estava sendo proibida? Tendo a moeda se transformado em papel-moeda sem lastro, como classificá-la segundo a teoria monetária? O dólar americano seria moeda? E francos suíços? Especialmente em cidades e mercados fronteiriços, onde duas ou mais moedas nacionais costumam circular, como determinar qual papel-moeda é ou não dinheiro? Todavia seja uma situação anômala, o fato é que vivemos em um mundo onde o papel-moeda é a moeda propriamente dita, e o ouro, que foi moeda ao longo de milênios, foi relegado ao posto de ativo financeiro e reserva de valor, mas com pouquíssimo uso como meio de troca. No mundo de Menger e Mises, ouro era a moeda global. Atualmente, temos quase duzentas moedas nacionais sem qualquer lastro material circulando em diversas jurisdições. Se moeda é o meio de troca universalmente aceito, hoje o que é moeda no sentido estritamente econômico do termo?

De acordo com essa definição, não há uma clara distinção entre o que é ou não moeda – ainda que a lei estabeleça claramente o que é moeda em cada jurisdição. O que encontramos é, ao contrário, "um *continuum* em que objetos com vários graus de liquidez, ou com valores que podem oscilar independentemente, se confundem um com o outro quanto ao grau em que funcionam como dinheiro"[68]. Em um mundo com dezenas de papéis-moedas circulando, essa é a incontestável realidade.

Vivendo intensamente os primeiros anos de moedas nacionais puramente fiduciárias e inconversíveis – a partir de 1971 com o fim da conversibilidade do dólar em ouro –, F.A. Hayek percebeu nitidamente essa imprecisão na definição de moeda. Em *Desestatização do Dinheiro,* ele observa que:

Sempre considerei útil explicar a meus alunos que é pena qualificarmos o dinheiro como substantivo, e que seria mais útil para a compreensão dos fenômenos monetários se 'dinheiro' fosse um adjetivo descrevendo uma propriedade que diferentes objetos poderiam possuir, em graus variados. 'Moeda

---

[68] HICKS, John R., A Suggestion for Simplifying the Theory of Money, Econômica, February 1935, p. 1-19 apud HAYEK, E A. Desestatização do Dinheiro. São Paulo: Instituto Ludwig von Mises Brasil, 2011. p. 66.

corrente' (*currency*) é, por esse motivo, uma expressão mais adequada, uma vez que objetos podem ter curso *Qiave currency*), em graus variáveis, e em diferentes regiões ou setores da população.[69]

Moeda, então, é mais bem entendida como uma qualidade de uma mercadoria de servir como um meio de troca, como um bem que é inter-cambiado no mercado e circula de mão em mão sem jamais, ou por um longo período, ser consumido de fato. Tal qualidade é potencializada ou debilitada por atributos variados intrínsecos a uma mercadoria – escassez, durabilidade, homogeneidade espacial e temporal, divisibilidade, maleabilidade, transportabilidade, etc. – e atributos "artificiais" conferidos por influências externas e estrangeiras à natureza da mercadoria – leis estatais de curso forçado, restrições legais de uso, etc. O conjunto desses atributos, endógenos e exógenos, impacta diretamente na qualidade monetária de uma mercadoria. E embora, a priori, pressupõe-se que qualquer mercadoria poderia ser empregada como meio de troca, há uma tendência inevitável de sobressaírem-se os bens que apresentarem os melhores atributos elencados acima. Esses bens, dentre os diversos usos que oferecem, tenderão a ser majoritariamente utilizados como meio de troca e valorados, em maior medida, pelos serviços monetários que proveem do que pelos serviços de consumo ou produção que podem também prover.

Logo, diferentes bens monetários podem se diferenciar uns dos outros em duas dimensões distintas e ora relacionadas, liquidez (aceitação) e estabilidade (volatilidade ou expectativa de valor).[70] Em certa região e em dado momento, diferentes bens monetários podem ser empregados com graus distintos de liquidez e estabilidade, sendo possível que, na mesma região, em outras épocas, distintos bens circulem como meio de troca, ou, até mesmo, noutras regiões, mas na mesma época, ainda outros bens possam ser utilizados como meio de troca.

Diante do exposto acima, definir moeda (ou dinheiro) como meio de troca universalmente aceito pode tornar o substantivo uma teoria inalcançável na prática, sendo jamais verificada empiricamente. Em virtude disso, há duas alternativas. Primeiro, nos atermos a essa definição comumente aceita, sendo obrigados, então, a matizar o conceito sempre que o empregarmos para

---

[69] HAYEK, 201 l.p. 66.

[70] Ibid., p. 67.

estudar os fenômenos monetários da realidade – qual o meio de troca *mais líquido, em certo país, no dia de hoje?*[71] Ainda que plenamente possível, adotando essa postura permaneceremos com esse nível de imprecisão, dependendo substancialmente da investigação histórica e do julgamento do historiador a cada instante.

Por essas razões, acreditamos ser apropriada uma segunda alternativa. Propomos um refinamento na definição de moeda, visando remover o máximo possível de imprecisões remanescentes. Em vez de definirmos moeda como o meio de troca universalmente aceito, talvez o mais razoável seja a seguinte forma: *moeda é qualquer bem econômico empregado indefinidamente como meio de troca,* independentemente de sua liquidez frente a outros bens monetários e de seus possíveis usos alternativos. Ressalte-se, sobretudo, que há uma tendência inevitável a que somente uma moeda prevaleça no mercado, sendo ela então a mais líquida, ou, até mesmo, a única moeda – admitindo que, na prática, uma única moeda seja algo que, talvez, jamais será alcançado.

É inegável que substituímos uma imprecisão – como identificar qual o meio de troca mais líquido para poder descobrir, então, qual é a moeda? – por outra – como apontar a partir de qual momento um bem passa a ser usado indefinidamente como meio de troca, tornando-se, assim, moeda? Entretanto, esta depende menos do julgamento subjetivo de cada historiador, sendo, assim, menos inexata do que aquela. A definição de moeda aqui proposta evita que caiamos nas áreas cinzentas, como ocorre naquelas regiões onde mais de uma moeda circula normalmente – cidades fronteiriças ou estados famosos pela livre circulação do dólar americano em paralelo à moeda nacional –, em que seria praticamente impossível identificar a moeda seguindo a definição de meio de troca comumente aceito. Resta claro que, nesses casos, tanto o dólar quanto o peso uruguaio, por exemplo, são moedas, embora na maioria dos municípios do Uruguai seja a moeda nacional a mais líquida.

---

[71] Em *Theoty of Money and Credit,* ao contemplar qual a moeda única que prevalecerá mundialmente, Mises afirma que "Não será possível pronunciar o veredito final até que todas as principais partes habitadas da Terra formem uma única área comercial, porque enquanto isso não acontecer, será impossível que outras nações com sistemas monetários adiram à área comum e modifiquem a organização internacional", MISES, 1953, p. 33. Essa declaração nos faz imaginar: e quando o comércio do homem no universo ultrapassar os limites do planeta Terra? Nesse cenário, qualificar um bem como moeda seria, assim, uma tarefa quase impossível.

Vale ressaltar que, assim como o mercado em geral é um processo dinâmico e competitivo, há concorrência no mercado de moedas, e nada garante que uma moeda muito líquida em dado instante e lugar não seja substituída por outra, em um processo competitivo, podendo até mesmo ser desconsiderada, no futuro, como uma moeda propriamente dita, passando a ser apenas uma mercadoria que, no passado, já foi empregada como bem monetário.

Logicamente, da definição de moeda aqui proposta – *qualquer bem econômico empregado indefinidamente como meio de troca* –, derivam algumas conclusões importantes. Primeiro, o ouro, atualmente, não é moeda, mas sim um ativo financeiro usado como reserva de valor. Desconheço empresas ou até mesmo indivíduos que aceitem o metal como meio de troca em transações comerciais. Certamente existem, mas em quantidade desprezível. Hoje em dia, o proprietário de uma barra de ouro dificilmente conseguirá usá-la como meio de troca; deverá, na realidade, converter o ouro em alguma moeda (dólar, euros, reais, etc, com grande dificuldade, dependendo da região e da forma do ouro em posse), para então poder comprar algo com moeda de fato. O ouro seria mais bem enquadrado na definição misesiana de moeda secundária, em que um bem altamente líquido precisa ser convertido em moeda antes de ser usado em alguma troca.

Segundo, e por fim, seria o bitcoin uma moeda? Sim, pois já existem diversas empresas e indivíduos transacionando com bitcoins mundo afora, com distintos graus de liquidez dependendo da região. Vale destacar que o número dos que com a moeda digital transacionam tem crescido constantemente. Contudo, poder-se-ia argumentar que ainda há muita demanda puramente especulativa ou como reserva de valor, e não como meio de troca. Nenhuma das alegações, porém, invalida o fato de a moeda digital já ser um meio de troca. A grande verdade é que há especulação em qualquer mercado de moeda. Aliás, as moedas são a principal classe de ativos em termos de volumes negociados, sendo responsáveis por mais de US$ 5 trilhões de dólares de volume transacional médio diário nos mercados cambiais (*currency* ou *foreign exchange markets*)[72]. A diferença entre a especulação de moedas tradicionais e a de moedas digitais é apenas uma questão de liquidez e desenvolvimento dos

---

[72] Triennial Central Bank Survey of foreign exchange and derivatives market activity in 2013. Disponível em: <http://www.bis.org/publ/rpfxl3fx.pdf>. Acesso em: 10 jan. 2014.

mercados financeiros tradicionais e de derivativos – daí, também, boa parte da razão da alta volatilidade do bitcoin. Reserva de valor, entretanto, é meramente um aspecto temporal da função primordial de meio de troca[73]. Devido à expectativa de futura manutenção ou apreciação de valor da moeda digital, muitos usuários podem decidir manter encaixes em bitcoins por um prazo mais alongado do que o fariam com moedas convencionais. Mas, ainda assim, com o objetivo – e a crescente possibilidade – de usá-los como bem monetário no futuro. Bitcoin é, portanto, uma moeda, um bem econômico empregado indefinidamente como meio de troca, embora com liquidez inferior à da maior parte das moedas fiduciárias nacionais neste instante da história[74].

Que essa definição de dinheiro aqui sugerida não seja encarada como uma tentativa de reinventar a teoria da moeda, pois não o é. Procuramos meramente oferecer um aprimoramento da *definição* usual de moeda, especialmente em face da realidade atual em que as antigas moedas globais – ouro e prata – desempenham praticamente nenhuma função monetária e o que temos, de fato, são quase duzentas moedas nacionais circulando pelo mundo como meio de troca, sem qualquer lastro além da confiança de seus bancos emissores. Além disso, a teoria monetária desenvolvida por Mises já contempla o uso de diversos tipos de moeda no mercado:

> A teoria do dinheiro deve levar em consideração tudo que está implícito no funcionamento de diversos tipos de moeda lado a lado. Somente onde suas conclusões são improváveis de serem afetadas de uma forma ou de outra, podemos proceder a partir da suposição de que um único bem é empregado como meio de troca comum. Nos demais casos, a teoria deve considerar o uso simultâneo de diversos *meios de troca*. Negligenciar isso seria esquivar-se de uma das tarefas mais difíceis.[75] (ênfase nossa).

---

[73] Outros ativos podem servir como reserva de valor (ex.: imóveis), mas a liquidez destes pode ser bastante reduzida, sendo preciso, na maior parte das vezes, trocá-los por moedas (ou "monetizá-los") quando a sua utilização for necessária.

[74] Bitcoin poderia ser considerado, dependendo do momento, uma moeda secundária, pois há casos em que ela acaba sendo convertida em moedas nacionais para concluir uma transação.

[75] MISES, 1953, p. 34,

Da mesma forma, e mais ciente da imprecisão na definição de moeda e de sua irrelevância para a teoria monetária, Mises elucida, na sua obra Ação Humana, que:

> Um meio de troca que seja de uso comum é denominado de moeda. A noção de moeda é vaga, uma vez que sua definição implica o emprego da expressão "uso comum", que é igualmente vaga. Existem situações nas quais se torna difícil definir se um meio de troca é ou não de uso "comum" e se pode ser denominado de moeda. Mas esta imprecisão na caracterização da moeda não afeta, de forma nenhuma, a exatidão e a precisão exigidas pela teoria praxeológica. Porque tudo o que possa ser predicado sobre moeda é válido para qualquer meio de troca. Resulta, portanto, irrelevante preservar o termo tradicional teoria da moeda, ou substituí-lo por outra denominação. A teoria da moeda foi e continua sendo a teoria da troca indireta e dos meios de troca.[76]

Em conclusão, visando exclusivamente uma maior exatidão dos termos, propomos aqui denominar de moeda o que muitos economistas provavelmente preferiririam qualificar apenas como meio de troca.

14. Meio de troca, reserva de valor e unidade de conta

As funções comumente atribuídas ao dinheiro são as de servir como i) meio de troca, ii) reserva de valor e iii) unidade de conta. Porém, as três funções não emergem instantaneamente no momento em que um bem passa a ser utilizado como meio de troca. Na verdade, facilitar as trocas, desempenhar a função de meio de troca é *a função* da moeda e, como elaborado acima, é como a moeda deve ser, inclusive, definida.

Um bem que ganha crescente liquidez no mercado tende a ser estocado, ou entesourado, como reserva de valor, de riqueza, para ser usado no comércio futuramente, quando será, então, empregado como meio de troca. Decorre, assim, que a moeda é também usada como preservação de poder de

---

[76] MISES, 2010, p. 465.

compra futuro. Isso nada mais é do que a função primordial de meio de troca manifestando-se no tempo e no espaço. Logicamente, a moeda não é único bem escolhido como reserva de valor; outros ativos podem desempenhar esse serviço, como imóveis e metais preciosos. Mas ambos, com graus de liquidez claramente distintos, não são usados como meio de troca – o ouro já foi por milênios, mas atualmente é um ativo financeiro de proteção, de preservação de valor. O que um indivíduo decide entesourar como reserva de valor dependerá de suas necessidades monetárias frente aos seus dispêndios futuros e da liquidez e expectativa de valor das diferentes moedas e ativos disponíveis no mercado. Servir como reserva de valor é, portanto, uma função secundária do dinheiro.

A terceira função comumente atribuída à moeda – unidade de conta – também é derivada de seu uso como meio de troca. A medida que a liquidez de um bem monetário aumenta e este passa a circular como a principal moeda em uma economia, os indivíduos tenderão a precificar os produtos e serviços e a realizar o cálculo econômico em função dessa moeda. Talvez resida aqui o marco de uma moeda amplamente aceita e desenvolvida, quando ela passa a ser usada não somente como meio de troca, mas também como a unidade de conta geral.

É a intervenção estatal no âmbito monetário, porém, a causa de genuínas anomalias econômicas. A interferência dos governos na moeda pode causar sérios danos à saúde monetária da economia, sendo capaz de separar por completo as três funções de um meio de troca usado em um país. É a inflação, a desvalorização da unidade monetária, o que leva indivíduos a buscar refúgios em moedas mais seguras e estáveis, como ocorria freqüentemente no Brasil de décadas passadas, em que o dólar era entesourado pelos cidadãos e a moeda corrente nacional era gasta o mais

rapidamente possível. A função de meio de troca era assim divorciada da função de reserva de valor e de unidade de conta. Primeiro, porque os cidadãos mantinham encaixes na moeda nacional somente para o estritamente necessário no curto prazo. E segundo, porque quando a moeda nacional perde valor de forma intensa e rápida, o cálculo econômico é seriamente debilitado, quando não impossibilitado.

No Brasil passado, a combinação de leis de curso forçado e da alta inflação da oferta de moeda nacional conduziu a um espetáculo de horror em questões monetárias. Dinheiro físico (papel-moeda) era usado nas transações do dia a dia, enquanto o dólar (papel-moeda) era entesourado nos lares. Os preços e o cálculo econômico eram realizados na moeda nacional, mas, desde cedo, com o suporte fundamental da indexação, que permitia um mínimo de racionalidade nas decisões econômicas e de preservação do poder de compra. E, dependendo dos mercados, o próprio dólar era a unidade de conta utilizada, ato comum no setor imobiliário, por exemplo. De fato, sem a coerção estatal, uma anomalia monetária dessa magnitude seria rapidamente evitada; os cidadãos migrariam ao uso de moedas seguras e estáveis tão logo quanto possível. Uma moeda nacional inflacionada pelo estado, que perde poder aquisitivo constantemente, dificilmente mantém as propriedades de reserva de valor e unidade de conta por si só. E a rapidez com que tal condição é verificada na prática é diretamente proporcional à intensidade da inflação.

Mas o que ocorreria com uma moeda que ganha poder de compra ao longo do tempo – como tem sido o bitcoin? Como seriam afetadas as funções de reserva de valor e unidade de conta? Mises defende que:

> Para o bom funcionamento do cálculo econômico, basta evitar flutuações grandes e abruptas na oferta de dinheiro. O ouro e, até meados do século XIX, a prata, atenderam muito bem às necessidades do cálculo econômico. As variações na relação entre a oferta e a demanda destes metais preciosos e as conseqüentes alterações no poder de compra foram tão lentas que o cálculo econômico dos empresários podia desprezá-las sem correr o risco de grandes desvios[77].

Pelo lado da oferta, o protocolo do Bitcoin assegura um crescimento da quantidade de bitcoins determinado e conhecido por todos. E independentemente de qualquer evento, a oferta monetária seguirá aumentando nesse ritmo pré-estabelecido. Pelo lado da demanda, porém, ainda há grandes oscilações, daí a razão de tamanha volatilidade, nesses primeiros anos, no preço do bitcoin, e, por isso, a precificação dos bens e serviços adquiridos por bitcoin permanecem sendo efetuadas na moeda corrente. Felizmente, a demanda,

---

[77] MISES, 2010, p. 276.

embora volátil, tem crescido no longo prazo. O mesmo pode ser afirmado sobre o preço do bitcoin.

A verdade é que o bitcoin está passando por um processo de monetização, e enquanto a volatilidade perdurar, dificilmente será adotado como unidade de conta. O aumento de sua liquidez e aceitação, porém, pode definitivamente fazer com que o bitcoin seja não apenas um meio de troca e um ativo para preservação de riqueza, mas também a moeda em função da qual os produtos e serviços são precificados e com a qual é realizado o cálculo econômico. Um sinal de que o bitcoin atingiu um estágio avançado de desenvolvimento será o momento em que a moeda digital for um meio de troca, uma reserva de valor *e uma unidade de conta.*

15. Conclusão

Atentando à advertência de Mises, buscamos, neste capítulo, nos ater à essência do Bitcoin, não deixando que a mera aparência nos impedisse de compreender um fenômeno fundamentalmente similar a outras formas de dinheiro como as conhecemos.

O surgimento do Bitcoin em nada contraria o teorema da regressão de Mises, ao contrário, é a mais recente ilustração histórica do enunciado praxeológico acerca da origem do dinheiro. Assim, como economistas, estamos presenciando em tempo real o nascimento e a formação de uma moeda totalmente globalizada, apolítica, sem fronteiras e livre. Além disso, esse processo se desenrola diante de nossos olhos com um vasto registro histórico que se avoluma a cada novo dia na vida da moeda digital. Um feito inédito, sem dúvida alguma.

Apesar da aparência unicamente digital, as atuais formas de dinheiro assemelham-se em muito ao Bitcoin. A maior parte da massa monetária no mundo moderno manifesta-se de forma intangível; nosso dinheiro já é um bem incorpóreo, uma característica que em nada nos impede de usá-lo diariamente. Não obstante as similitudes, o Bitcoin introduz inovações antes inconcebíveis pela mente humana. Sua natureza totalmente descentralizada; o compartilhamento de um registro público, único e universal por todos os usuários; a capacidade de transferência de fundos instantânea a qualquer parte do globo terrestre; e o fato de prescindir de um terceiro fiduciário para transacionar fazem do Bitcoin uma façanha da civilização. Além do mais, tais atributos fazem com que o Bitcoin, como sistema monetário, incorpore as principais qualidades das formas de moedas existentes – como a escassez relativa do ouro e a transportabilidade do papel-moeda –, aperfeiçoando suas principais fraquezas – como a dificuldade de transportar e estocar metais preciosos ou a ilimitada produção de papel-moeda. Bitcoin é, simplesmente, uma forma de dinheiro superior a todas as demais.

Como moeda, poderá o Bitcoin ampliar sua liquidez e sua relevância no comércio internacional? No que depende da teoria econômica, não há nada que o previna de alcançar tal posto. Potencial para tanto, o Bitcoin seguramente tem. No que depender da livre ação humana, da função empresarial dos homens, é possível que a adoção do Bitcoin seja ampliada, bem como sua liquidez. Porque, como diz Menger:

> Só podemos entender por completo a origem do dinheiro se aprendermos a visualizar o estabelecimento do procedimento social que estamos tratando, como o resultado espontâneo, a resultante não premeditada, de certos esforços individuais dos membros de uma sociedade, os quais se empenharam, pouco a pouco, a discriminar os diferentes graus de vendabilidade de cada commodity.[78]

E, além de discriminar dentre as mercadorias que apresentavam a maior liquidez, a criatividade humana, identificando propriedades que tornariam um bem um melhor meio de troca, sempre tratou de aperfeiçoar tais mercadorias de modo a aumentar a liquidez de um bem já bastante comercializável. Exatamente com esse intuito, cunhavam-se barras ou moedas de ouro, porque transacionar com ouro em sua forma bruta seria muito complicado, impedindo uma maior aceitação no mercado.

Estamos testemunhando esse mesmo processo com o Bitcoin. As ações espontâneas de alguns membros da sociedade criaram uma forma de moeda inovadora e superior à que hoje conhecemos. É plausível, portanto, vislumbrar a intensificação desse processo, em que o dinamismo

---

[78] MENGER, 1892, p. 245.

do mercado e a inata criatividade do ser humano descobrirão formas de aumentar a liquidez do Bitcoin.

Assim como o ouro e prata são consideradas "moedas naturais" – cuja emersão como meio de troca geralmente usado foi um processo espontâneo do livre atuar dos indivíduos no mercado –, podemos, igualmente, definir o Bitcoin como uma moeda natural, que passa a ser usada pela cooperação voluntária dos membros de uma sociedade, provendo apoio mútuo sem qualquer violação dos direitos de propriedade de outrem[79]. Amiúde, estados solaparam as moedas naturais em benefício próprio. Mas a natureza descentralizada da moeda digital impõe um revés ao ímpeto intervencionista estatal. Com certeza, é um ponto de inflexão na história monetária mundial, cujos desdobramentos só podemos especular.

---

[79] HÜLSMANN, Jórg Guido. The Ethics of Money Production. Auburn: Ludwig von Mises In-stitute, 2008.

CAPÍTULO V

A LIBERDADE MONETÁRIA E O BITCOIN

"*A moeda não foi gerada pela lei. Na sua origem, ela é uma instituição social, não estatal.*"

Carl Menger, On the origins of money

"*Dinheiro é um fenômeno do mercado. O que isso significa? Significa que o dinheiro desenvolveu-se no mercado, e seu desenvolvimento e funcionamento não têm nada a ver com o governo, o estado ou a violência exercida pelos governos.*"

Ludwig von Mises, On money & inflation

"*Não poderia haver um freio melhor contra o abuso da moeda pelo governo do que se as pessoas fossem livres para recusar qualquer moeda que desconfiassem e preferir uma moeda na qual confiam... Parece-me que se conseguíssemos impedir governos de se intrometer com a moeda, faríamos um bem maior do que qualquer governo já fez a esse respeito.*"

F.A. Hayek, Choice in currency

Desde tempos imemoriais, é vedada aos indivíduos a liberdade de escolha de moeda. Somos obrigados a usar um dinheiro estatal, constantemente abusado e depreciado. Não obstante, moeda honesta e sadia é uma precondição básica para uma sociedade próspera e livre. Mas alcançar esse ideal pela via política é algo bastante intricado.

Nesta última seção, faz-se necessário entender o valor de uma moeda livre para a prosperidade e liberdade de cada indivíduo e da sociedade como um todo. E, uma vez compreendida a noção de dinheiro livre, recordaremos sucintamente algumas das diversas tentativas e propostas de reformas do sistema monetário ao longo da história, identificando as principais causas dos seguidos malogros.

Diante de todo o conhecimento aqui organizado e elaborado, será possível, então, não somente perceber como o Bitcoin se encaixa nesse estado de coisas, mas também captar a essência do fenômeno, a sua força motriz. Por fim, e concluindo a obra, nos lançaremos à arriscada missão de conjecturar e prever o futuro da moeda digital.

1. A importância da liberdade monetária para uma sociedade próspera e livre

O senso comum costuma atribuir ao dinheiro a causa de todos os males. Em realidade, sem o dinheiro, a sociedade como hoje existe seria inconcebível. Dinheiro é um meio de troca, é o grande facilitador dos intercâmbios realizados no mercado. É ele que permite a divisão do trabalho, possibilitando que cada produtor se especialize naquilo que melhor produz. O aprofundamento da divisão do trabalho aumenta a produtividade da economia e a capacidade de poupança, que, por sua vez, viabilizam o investimento e o acúmulo de capital. A constante multiplicação do capital acumulado significa que a economia cresce e prospera e que, assim, a sociedade cria riqueza e é capaz de melhorar o padrão de vida dos seus cidadãos.

Dinheiro não é um mal; é, na verdade, o bem fundamental em qualquer economia minimamente complexa. Tivéssemos que voltar ao escambo, nossa economia não seria capaz de alimentar mais do que um punhado de famílias. Em definitivo, o dinheiro é uma das instituições mais essenciais de uma civilização; é o bem que torna possível a cooperação social em larga escala.

Dessa forma, toda agressão contra a moeda gerará conseqüências gravíssimas no funcionamento da economia. A falsificação e a depreciação da unidade monetária, historicamente um privilégio de soberanos e governos, geram efeitos perniciosos na sociedade, impedindo uma cooperação social tranqüila. A intervenção estatal na moeda como hoje a conhecemos não é diferente. O monopólio de emissão de moeda e o sistema bancário cartelizado pelo próprio governo são responsáveis por grande parte dos problemas econômicos enfrentados pela sociedade moderna.

Quando analisamos a história da moeda, encontramos um registro sucessivo de episódios recorrentes de agressão ao dinheiro da sociedade. Das técnicas indecentes de envilecimento das moedas à moderna e ilimitada criação de moeda fiduciária eletrônica, quem paga a conta pela inflação é sempre a sociedade, em especial, os mais pobres. O imposto inflacionário, a forma mais indigna e abominável de expropriar riqueza dos indivíduos, não é nem sequer compreendido por grande parte da sociedade. Como o próprio Keynes expressou ao constatar que Lenin tinha razão sobre a inflação como forma de subverter o sistema capitalista:

> Não há maneira mais sutil nem mais segura de derrubar a base da sociedade do que perverter a moeda. O processo engrena todas as forças ocultas da lei econômica no lado da destruição e o faz de tal forma que nem um homem dentre um milhão é capaz de diagnosticar.[1]

A inflação é o artifício mais eficiente para financiar os gastos do estado sem precisar recorrer ao impopular e visível imposto. E é, simultaneamente, uma forma de redistribuição de riqueza, pois qualquer inflação, qualquer aumento na quantidade de dinheiro na economia, não é neutra. Há ganhadores e perdedores, nem sempre perfeitamente identificados. Enriquecem aqueles que primeiro recebem a moeda recém-criada, porque são capazes de adquirir bens e serviços aos preços ainda correntes. Estes são os recipientes mais próximos do dinheiro novo, como políticos, servidores públicos e as empresas dos setores ora beneficiados pelo gasto público. Empobrecem aqueles que

---

[1] KEYNES, John Maynard. As Conseqüências Econômicas da Paz. Brasília: UnB, 2002.

por último recebem a moeda de nova criação, porque, após ela circular pela economia, o aumento da oferta monetária conduzirá necessariamente a uma diminuição no seu poder de compra, ou, o seu corolário, a uma elevação generalizada dos preços. Quem são esses perdedores? Quem depende de um salário fixo ao fim de cada mês. Normalmente, os mais pobres da sociedade, que, quando do recebimento de seus proventos, não mais poderão obter o que o seu dinheiro antes comprava. A inflação é a causa principal da desigualdade em um país. E quanto maior sua intensidade, piores suas conseqüências.

Não há dúvidas de que grande parte da desigualdade social brasileira reside justamente na emissão descontrolada de moeda nas décadas passadas – quase sempre sob os mantos intocáveis da industrialização, das políticas sociais e do assistencialismo. Moeda sadia não faz parte da cultura e história luso-brasileira[2]. No Brasil, a perversão da moeda é norma histórica e princípio nuclear da política social. É verdade que o Plano Real nos propiciou um mínimo de civilidade monetária, mas, ainda assim, em grau aquém do desejável quando comparado ao de países desenvolvidos. O caso brasileiro, singular e com poucos paralelos pelo mundo, é o que Mises denominava de *inflação simples,* em que a emissão de moeda ocorre essencialmente com o propósito de financiamento direto do estado; a gestão monetária é nitidamente uma atividade política. Nesse arranjo, o aumento da oferta monetária gera principalmente uma diminuição do poder aquisitivo da moeda, com efeitos secundários na atividade econômica.

Entretanto, a inflação hoje em dia é gerada de forma mais complexa e envolve bancos centrais e todo o sistema bancário. E embora ela também sirva como fonte de custeio fiscal, essa função é indireta e um tanto imperceptível[3]. Bancos centrais relativamente independentes – embora existam somente com o amparo legal e a maior parte de seus incumbentes seja indicada

---

[2] MEIRA PENNA, J.O. de. Em berço esplêndido – ensaios de psicologia coletiva brasileira. Rio de Janeiro: Topbooks, 1999.

[3] Quando o governo precisa de recursos, além dos impostos arrecadados, ele emite títulos de dívida, que, por sua vez, são adquiridos pelos bancos chamados de *dealers primários* pela simples criação de moeda bancária (ou escriturai) do nada. Por outro lado, o banco central realiza sua política monetária comprando e vendendo títulos públicos desses mesmos bancos – igualmente, criando moeda do nada –, criando assim um mercado cativo e assegurando liquidez suficiente aos títulos de dívida emitidos pelo estado.

politicamente – controlam a oferta de moeda de forma monopolística, regulando e supervisionando todo o sistema bancário. Essa é a ordem que vigora em quase todos os países modernos. A conseqüência não intencional são os recorrentes ciclos econômicos, episódios de auge e recessão em que a atividade econômica é artificialmente fomentada, gerando uma falsa prosperidade que contém as sementes de sua própria destruição. O caso mais recente, a crise de 2008, é um perfeito exemplo da ingerência estatal da moeda conforme estruturada no presente. Embora possamos considerar essa ordem monetária superior à simples emissão de moeda pelo estado em seu próprio e direto benefício, ela é igualmente instável e insustentável. Existe e perdura por força de lei, não pela escolha do mercado. A doutrina da moeda estatal não admite concorrência.

A ordem monetária vigorante é uma criatura disforme, filha das urgências fiscais de governos, como a suspensão da conversibilidade das moedas nacionais em ouro para financiar a Primeira Guerra Mundial – encerrando assim um longo ciclo de estabilidade monetária. Apuros fiscais e má gestão da moeda conduziram inevitavelmente à abolição do padrão-ouro. É preciso frisar, no entanto, que o metal precioso não colapsou, nem mesmo falhou como padrão monetário. O fracasso, de fato, deveu-se aos estados, descontentes com a disciplina imposta pelo padrão-ouro, pois este era o último empecilho à livre emissão de moeda, seja para financiar guerras, seja para bancar o estado de Bem-Estar Social. O que temos hoje é um sistema monetário elástico, cuja emissão de moeda é uma mera função da vontade política embasada por teorias econômicas defeituosas[4].

O peso dos estados modernos na economia é uma realidade preocupante, e sua sobrevida é facilitada pelo controle monopolístico da moeda. E todo aumento de poder, toda expansão do estado, redunda em perda de liberdade. Moeda honesta é, sobretudo, um limitador ao crescimento do estado. É uma forma de impor disciplina a um ente indisciplinado por natureza.

Contudo, os efeitos de uma moeda estatal não têm reflexos somente no crescimento do poder do estado. A inflação molda o comportamento dos indivíduos, provocando distúrbios na cooperação social, deixando

---

[4] SCHLICHTER, Detlev. Paper Money Collapse – the folly of elastic money and the coming monetary breakdown. New Jersey: John Wiley & Sons, 2011.

marcas na cultura e na conduta humana em sociedade que seguem presentes por gerações. Governo hipercentralizado, ciclos de auge e recessão, o jugo da dívida – a poupança é suplantada pelo crédito como motor de crescimento –, a especulação financeira desenfreada, a desconfiança entre consumidores e produtores, etc, são alguns traços do legado cultural e espiritual da inflação monetária[5].

Moeda honesta é, portanto, o ideal ao qual todo defensor da liberdade deveria aspirar. A raiz de todos os males não é o dinheiro; é, na verdade, a inflação, cuja semente germina no controle estatal da moeda. Liberdade monetária significa liberdade de escolha de moeda; significa também liberdade de produção de moeda em um ambiente de livre concorrência. Como Hayek postulou há quase 40 anos em defesa da livre produção de moedas privadas, "Um bom dinheiro só pode surgir do interesse próprio, e não da benevolência. Sempre tivemos moeda ruim porque a empresa privada não teve permissão de nos fornecer uma melhor"[6].

2. As propostas de reformas pelos liberais

Desde a tradição iniciada por Ludwig von Mises, todo economista da Escola Austríaca de economia buscou estudar como reformar o sistema monetário vigente. O princípio de moeda sadia guiou as doutrinas e políticas monetárias do século XIX, mas somente no século passado foi ele estendido, englobando os preceitos não somente de uma moeda sólida, mas também – e sobretudo – de uma moeda livre da ingerência estatal.

Dentre os principais expoentes de propostas à reconstrução monetária estão os economistas liberais Ludwig von Mises, Murray N. Rothbard, F. A. Hayek, Hans Sennholz, Jesus Huerta de Soto e Philipp Bagus. Entretanto, e como a realidade inexorável atesta, nenhuma proposta teve sucesso. Ou, mais bem dito, nenhuma foi sequer implantada.

---

[5] HÜLSMANN, 2008.
[6] HAYEK, 2011, p.154.

Embora todas defendam o princípio de moeda sólida como fim, as propostas pecam nos meios para atingir esse ideal. Igualmente, cada uma tem suas vantagens e desvantagens, pontos meritórios, medidas intervencionistas, arbitrariedades, etc.[7] Mas todas convergem ao mesmo problema central: para serem implantadas, dependem da decisão política. Estão subordinadas à promulgação e aplicação de leis. Nem mesmo a idéia de reforma mais radical, a de *Button-Pushing* de Philipp Bagus[8], escapa desse ponto nevrálgico. Em suma, são todas politicamente inviáveis.

Isso não significa que sejam politicamente impossíveis, meramente que, neste instante do tempo, alcançar esse objetivo pela via política é altamente improvável. E por que é altamente improvável? Primeiro, porque uma reforma monetária e bancária liberal afronta quem mais se beneficia do status quo, o governo e os bancos. Um governo legislará contra seu próprio interesse somente no instante em que a causa for pauta política capaz de decidir eleições. E como pode o ideal de liberdade monetária ser um tema comum e discutido pela sociedade a ponto de tornar-se uma questão política? Como convencer a maioria da população acerca da necessidade e dos benefícios de tal medida? Não há atalhos, a única via passa pela educação. "Há, portanto, uma imensa tarefa educacional à nossa frente antes que possamos ter a esperança de nos libertarmos da mais grave ameaça à paz social e à contínua prosperidade, inerente às instituições monetárias atuais", concluiu Hayek[9]. Definitivamente, concordamos com essa afirmação, é preciso educar a sociedade.

Mas sejamos realistas: quando podemos esperar a materialização dessa tarefa? A compreensão dos fenômenos monetários não é algo simples, não é algo que o cidadão médio seja capaz de absorver facilmente. O ideal de liberdade monetária, portanto, a ser atingido pela via política está condicionado à educação de grande parte da sociedade, de modo a tornar a questão não só relevante, mas também crítica no processo democrático. Seria razoável esperar

---

[7] Recomendo fortemente a análise crítica feita por Philipp Bagus em *Monetary Reform and Deflation – A Critique of Mises, Rothbard Huerta de Soto and Sennhoh,* New Perspectives on Political Econo-my,Volume 4, Number 2, 2008, pp. 131-157.

[8] Bagus defende, bascimaente, a remoção imediata e simultânea de todas as intervenções e privilégios nos âmbitos monetário e bancário. BAGUS, Philipp, *Monetary Reform– The Case for Button-Pushing,* New Perspectives on Political Economy,Volume 5, Number 2, 2009, pp. 111-128.

[9] HAYEK, 201 l,p. 156.

que isso se torne realidade? Infelizmente, considero bastante improvável persuadir a opinião pública na direção de uma moeda livre assegurada por força de lei. Porque, além de conseguir a adoção de políticas públicas com esse viés, a manutenção da reforma, a sua sustentabilidade, dependerá também de uma sociedade educada na matéria, ou testemunharemos os avanços obtidos ruírem na demagogia do próximo governante populista.

Precisamente neste ponto jaz uma das forças do Bitcoin. Ao invés de implorar pelo respaldo legal, ele o contorna. Ao invés de pedir permissão para operar, ele simplesmente existe. O Bitcoin não é uma criatura do estado, é uma invenção e evolução do mercado que independe do consentimento do poder público. É claro que as decisões políticas podem influenciar a conduta dos indivíduos e das empresas, mas aquelas, por si só, são incapazes de coibir o livre funcionamento da moeda digital. Anular o poder proibidor dos governos é algo inédito na história da humanidade.

3. Bitcoin contra a tirania monetária

A moeda digital criada por Satoshi Nakamoto proporciona enormes vantagens comparativas em relação às demais moedas fiduciárias. Mas Bitcoin não é apenas uma forma de realizar transações globais com baixo ou nenhum custo. Bitcoin é, em realidade, uma forma de impedir a tirania monetária. Essa é a sua verdadeira razão de ser[10].

O entorno do surgimento da moeda digital não foi nenhuma coincidência. Bitcoin emergiu como uma resposta natural ao colapso da atual ordem monetária, à constante redução de privacidade financeira e a uma arquitetura bancária cada vez mais prejudicial ao cidadão comum. Governos não podem inflacionar bitcoins. Governos não podem apropriar-se da rede Bitcoin. Governos tampouco podem corromper ou desvalorizar bitcoins. E também não podem proibir-nos de enviar bitcoins a um comerciante no Maranhão ou no Tibete.

---

[10] MATONIS, Jon. Bitcoin Prevents Monetary Tyranny, Forbes, 4 abr. 2012. Disponível em: <http://www.forbes.com/sites/jonmatonis/2012/10/04/bitcoin-prevents-monetary-tyranny/>. Acesso em: 15 mai. 2013.

Imaginem um mundo sem inflação, sem bancos centrais desvalorizando o seu dinheiro para financiar a esbórnia fiscal dos governantes. Sem confisco de poupança. Sem manipulação da taxa de juros. Sem controle de capitais. Sem banqueiros centrais deificados e capazes de dobrar a base monetária a esmo e a qualquer instante para salvar banqueiros ineptos que se apropriaram dos seus depósitos em aventuras privadas. A verdade é que o Bitcoin, ou o que vier a substituí-lo no futuro, impõe uma verdadeira concorrência contra o cartel dos banqueiros e a moeda dos governos. Por isso, não esperemos nenhuma boa vontade dessa dupla simbiótica em relação ao Bitcoin.

A internet nos permitiu a liberdade de comunicação. O Bitcoin tem o potencial de devolver nossa liberdade sobre nossas próprias finanças. Bitcoin é a internet aplicada ao dinheiro.

Como o próprio Satoshi Nakamoto expressou em certa ocasião:

> O problema básico com a moeda convencional é toda a confiança necessária para fazê-la funcionar. Precisamos confiar que o banco central não desvalorizará o dinheiro, mas a história das moedas fiduciárias está repleta de quebras dessa confiança. Bancos têm a obrigação de guardar nosso dinheiro e transferi-lo eletronicamente, mas eles o emprestam em ondas de bolhas de crédito com uma mera fração em reserva. Temos que confiar-lhes com nossa privacidade, confiar que não deixarão ladrões de identidade drenar nossas contas.[11]

O Bitcoin dispensa a dependência de intermediários fiduciários que historicamente violaram os direitos de seus clientes. Ele impede a tirania monetária, tornando-a praticamente impossível. Para qualquer defensor da liberdade, é um feito louvável; para cidadãos de regimes autoritários, é uma necessidade imprescindível. Em definitivo, qualquer nação com histórico recorrente de agressões contra a moeda será muito beneficiada pelo uso do Bitcoin. Os brasileiros, por exemplo, tão calejados por diversos planos econômicos malfadados, têm muito a ganhar com uma moeda que os protege genuinamente das arbitrariedades de governos que, ao longo da história, abusaram do poder, infringindo impiedosamente os direitos de propriedade de seus cidadãos.

---

[11] Disponível em: <http://p2pfoundation.net/Bitcoin>. Acesso em: 10 jan. 2014.

A história da humanidade é um atestado de uma triste verdade: nenhum sistema político foi capaz de conter os abusos de governos no âmbito monetário. Bitcoin nasce, assim, como uma alternativa necessária, porque quando as Constituições e a separação dos poderes são incapazes de assegurar uma moeda inviolável, a tecnologia se encarrega de fazê-lo. A separação do estado e da moeda será uma questão tecnológica, não política.

4. O futuro do Bitcoin

Embora possa parecer que haja uma dicotomia entre o Bitcoin e as moedas fiduciárias, em realidade, é preciso enxergar o Bitcoin não como mutuamente excludente, mas sim como complementário às formas de dinheiro até hoje existentes. É verdade que não podemos saber se o Bitcoin irá perdurar. Não sabemos se sobreviverá outro ano, ou uma década. Mas arrisco dizer que uma moeda digital (ou criptomoeda) veio para ficar. "O preço do Bitcoin pode até colapsar, e os usuários podem repentinamente migrar para outra moeda", escreveu a revista Britânica *The Economist* em artigo sobre o Bitcoin, "mas há grande probabilidade de que alguma forma de dinheiro digital deixará uma marca duradoura no ambiente financeiro"[12].

Há inúmeras vantagens que fazem de uma moeda digital um excelente complemento no meio financeiro. No seu atual estágio, o Bitcoin já representa uma substancial redução nos custos de transação. Portanto, independentemente da sua liquidez futura, ele já atua como um meio de troca, já é uma moeda, embora menos líquida do que as moedas nacionais. Dessa forma, poderíamos até considerá-lo o precursor de uma nova classe de ativos: a das "moedas digitais".

Apesar de ser uma tecnologia inovadora com potencial de trazer inúmeros benefícios à sociedade, ainda há importantes barreiras a serem ultrapassadas. Especialmente no âmbito legal e regulatório, ainda há enormes incertezas quanto à ação dos governos diante do crescimento do Bitcoin. Muitos adeptos da moeda digital clamam pela legitimidade legal, sob a justificativa de que

---

[12] Mining digital gold. The Economist, 13 apr. 2013. Disponível em: <http://www.economist.com/news/finance-and-economics/21576149-even-if-it-crashes-bitcoin-may-make-dent-financial-world-mining-digital>. Acesso em: 20 mai. 2013.

ela é necessária para o seu desenvolvimento. É verdade que logo as autoridades terão de se pronunciar, pois a ampliação do uso do Bitcoin obrigará os governos a esclarecerem de que forma as transações com a moeda serão tributadas. Contudo, não devemos esperar aplausos de algum órgão regulador, nem apoio ou qualquer atitude efusiva oriunda do setor público em relação às moedas digitais. Afinal de contas, como guardiões da moeda e da estabilidade financeira, bancos centrais e reguladores têm por ofício a incumbência de gritar fogo ao menor sinal de perigo. Além disso, no momento em que o Bitcoin for percebido como um concorrente genuíno à moeda estatal e ao sistema bancário, o tratamento legal dado a ele poderá ser bastante negativo.

Embora a necessidade de legitimidade legal possa ser questionada, não há dúvidas de que a legitimidade de mercado é fundamental ao avanço e desenvolvimento do Bitcoin. Como os indivíduos, as empresas e o comércio em geral percebem a moeda é e será fator decisivo no progresso e na ampliação de seu uso. Por essa razão, é notável o fato de grandes empresas passarem a aceitar o Bitcoin[13] por questões mercadológicas, e não apenas como uma mera tática de marketing. O ano de 2014 será, possivelmente, repleto de notícias de novas empresas, novos comerciantes e afins adotando o Bitcoin como uma nova forma de pagamento. Arrisco dizer que o preço ficará em segundo plano. O tema central será a convergência do mercado à mais nova tecnologia financeira dos últimos anos. A adesão ao Bitcoin está prestes a tornar-se um imperativo de mercado. Essa, sim, é a legitimidade essencial ao futuro da moeda digital.

Mas, sem dúvida alguma, essa nova moeda enfrentará obstáculos ao longo do percurso. Haverá volatilidade, possíveis bolhas e quedas, casas de câmbio serão fechadas, outras quebrarão, e novas formas de usar a moeda surgirão. O livre mercado certamente saberá contornar os percalços e progredir. A inata capacidade criativa do ser humano é o motor do progresso, e nela reside meu otimismo em relação ao futuro do Bitcoin.

Como tecnologia, aos poucos o protocolo Bitcoin vai sendo descoberto pelo que realmente é: uma forma revolucionária de criar, transitar e estocar informação prescindindo de qualquer intermediário; uma forma inovadora para transferência de propriedade. A moeda foi apenas a

---

[13] ULRICH, Fernando. Uma semana histórica para o Bitcoin. InfoMoney, 13 jan. 2014. Disponível em: <http://www.infomoney.com.br/blogs/moeda-na-era-digital/post/3143266/uma-semana-histori-ca-para-bitcoin>. Acesso em: 13 jan. 2013.

primeira aplicação; no futuro, é provável que a tecnologia seja aproveitada em várias outras indústrias.

Por fim, e voltando ao Bitcoin como uma nova forma de dinheiro, deixo uma sugestão aos economistas: estudem a moeda digital a fundo. Não a desmereçam pela simples aparência virtual. De fato, o Bitcoin tem forçado os estudiosos da teoria monetária e bancária a revisitar conceitos que pareciam estar completamente compreendidos e superados. Temos uma oportunidade ímpar de refinar a teoria acerca dos fenômenos monetários. Aqueles que prezam a liberdade, reitero que, pela primeira vez na história da humanidade, a possibilidade de não dependermos de nenhum órgão central controlando nosso dinheiro é real e está se desenrolando neste exato instante diante de nossos olhos. É a primeira moeda verdadeiramente global desde que o ouro foi forçadamente desmonetizado. A liberdade individual e ao desenvolvimento da civilização, as conseqüências desse arranjo são extraordinárias e sem precedentes. Dinheiro honesto é uma questão sobretudo moral e basilar para qualquer sociedade que almeja a paz e a prosperidade. E é precisamente essa a essência do experimento Bitcoin.

Mas não esperemos, como sinal de sucesso, que a moeda digital venha algum dia a suplantar as moedas estatais. Basta o Bitcoin servir ao menos como um firme e confiável empecilho ao abuso irrestrito do nosso dinheiro pelos governos, e ele já terá seu nome gravado na história da liberdade.

Em 2008, Satoshi Nakamoto supostamente teria dito que o Bitcoin "é muito atrativo do ponto de vista libertário, se conseguirmos explicá-lo adequadamente. Mas infelizmente sou melhor com código de programação do que com palavras".

Espero que esta obra tenha ajudado a explicar um pouco melhor em palavras o significado revolucionário dos códigos do Bitcoin.

APÊNDICE

Dez formas de explicar o que é o Bitcoin

Para aqueles que desejam uma rápida fonte de referência para explicar o que é o Bitcoin, este breve texto será de muita utilidade. Porque, à primeira vista, entender o que é Bitcoin não é uma tarefa fácil. A tecnologia é tão inovadora, abarca tantos conceitos de distintos campos do conhecimento humano – e, além disso, rompe inúmeros paradigmas – que explicar o fenômeno pode ser uma missão ingrata.

Acredito que iniciar qualquer explicação com "criptografia", "rede *peer-to-peer*", "chave pública", "mineração em computador", "consenso distribuído", etc. é, em geral, um péssimo começo. Mas depende muito do seu interlocutor, é claro.

Explicar o que é Bitcoin é um processo gradual e progressivo. Você não começa detalhando todas as nuances do protocolo e como a criptografia moderna é empregada em uma rede de computadores totalmente distribuída. Não. Você deve iniciar do básico. E, preferencialmente, deve procurar explicá-lo relacionando-o com a realidade de cada pessoa.

Curiosamente, o Bitcoin reúne duas instituições que poucos sabem descrever e interpretar, mas muitos as usam diariamente: o dinheiro e a internet. É como o Nassim Taleb afirma em seu livro Antifragile: "O conhecimento não exclui o uso".

Dito isso, e sendo o Bitcoin uma tecnologia nascente e inovadora, muitos querem entendê-lo, para poder usá-lo. Absolutamente compreensível. Assim, não nos esquivaremos da missão de desvendá-lo. O que se segue são meras sugestões para iniciar a explicação do Bitcoin, pois além deste passo introdutório acabaríamos enredados em detalhes desimportantes para muitos (neste caso, melhor ler todo o livro de uma vez). Considerando os possíveis e distintos interlocutores, elenquei abaixo alguns importantes, aos quais recomendo as seguintes explicações quando você apresentar o Bitcoin:

Ao CIDADÃO COMUM: Bitcoin é uma forma de dinheiro, assim como o real, dólar ou euro, com a diferença de ser puramente digital e não ser emitido por nenhum governo. O seu valor é determinado livremente pelos indivíduos no mercado. Para transações online, é a forma ideal de pagamento, pois é rápido, barato e seguro. É uma tecnologia inovadora.

À GERAÇÃO Y: Você lembra como a internet e o e-mail revolucionaram a comunicação? Antes, para enviar uma mensagem a uma pessoa do outro lado da Terra, era necessário fazer isso pelos correios. Nada mais antiquado. Você dependia de um intermediário para, fisicamente, entregar uma mensagem. Pois é, retornar a essa realidade é inimaginável. O que o e-mail fez com a informação, o Bitcoin fará com o dinheiro. Com o Bitcoin você pode transferir fundos de A para B em qualquer parte do mundo sem jamais precisar confiar em um terceiro para essa simples tarefa.

Ao BANQUEIRO: Bitcoin é uma moeda e um sistema de pagamento em que o usuário, dono da moeda, custodia o seu próprio saldo. Isso quer dizer que o usuário é seu próprio banco, pois ele é depositante e depositário ao mesmo tempo. Nesse sistema, os usuários podem efetuar transações entre si sem depender de um intermediário ou casa de liquidação, independentemente da localização geográfica de cada um. Similarmente à moeda escritural, de criação exclusiva do sistema bancário, o bitcoin é uma moeda incorpórea.

Ao BANQUEIRO SUÍÇO: Bitcoin é como uma conta bancária suíça numerada que pode existir no seu próprio smartphone. Com ele, é possível fazer transações online com quase nenhum custo. É como se você tivesse um supercartão de débito bancário, ainda que não haja nenhum cartão físico e nem mesmo um banco por trás. E somente bitcoins podem circular nesse sistema.

Ao BANQUEIRO CENTRAL: Bitcoin é uma moeda emitida de forma descentralizada seguindo as regras de uma política monetária não discricionária e altamente rígida. O objetivo principal da política monetária do Bitcoin é o crescimento da oferta de moeda, o qual é predeterminado e de conhecimento público. Além disso, o Bitcoin é, ao mesmo tempo, uma unidade monetária e um sistema de pagamentos e de liquidação. Dessa forma, os usuários transacionam entre si e diretamente, sem depender de um terceiro fiduciário.

Ao CONTADOR: Bitcoin é como um grande livro-razão, único e compartilhado por todos os usuários simultaneamente. Nele, todas as transações são registradas, sendo verificadas e validadas por usuários especializados, de modo a evitar o gasto duplo e que usuários gastem saldos que não possuem ou de terceiros. Esse registro público universal e único não pode ser forjado. Lá estão devidamente protocoladas todas as transações já realizadas na história do Bitcoin, bem como os saldos atualizados de cada usuário. O livro-razão é, assim, um registro fidedigno, estando sempre atualizado e conciliado. Por sinal, o nome dado a esse livro-razão é *blockchain*.

Ao ECONOMISTA: Bitcoin é uma moeda, um meio de troca, embora ainda pouco líquida quando comparada às demais moedas existentes no mundo. Em algumas regiões de opressão monetária, é cada vez mais usada como reserva de valor. Uma característica peculiar é a sua oferta limitada em 21 milhões de unidades, a qual crescerá paulatinamente a uma taxa decrescente até alcançar esse limite máximo. Embora intangível, o protocolo do Bitcoin garante, assim, uma escassez autêntica. Como unidade de conta, pode-se afirmar que ainda não é empregada como tal, devido, especialmente, à sua volatilidade recente. Ademais, Bitcoin é também um sistema de pagamentos, o que significa que, pela primeira vez na história da humanidade, a unidade monetária está aliada ao sistema bancário e de pagamento e é parte intrínseca dele.

Ao JURISTA: bitcoins, como unidade monetária, são mais bem considerados um bem incorpóreo que, em certos mercados, têm sido aceitos em troca de bens e serviços. Poderíamos dizer que essas transações constituem uma permuta, e jamais venda com pagamento em dinheiro, pois a moeda, em cada jurisdição, é definida por força de lei, sendo uma prerrogativa de exclusividade do estado.

Ao PESSOAL DE TI: Bitcoin é um software de código-fonte aberto, sustentado por uma rede de computadores distribuída (*peer-to-peer*) em que cada nó é simultaneamente cliente e servidor. Não há um servidor central nem qualquer entidade controlando a rede. O protocolo do Bitcoin, baseado em criptografia avançada, define as regras de funcionamento do sistema, às quais todos os nós da rede aquiescem, assegurando um consenso generalizado acerca da veracidade das transações realizadas e evitando qualquer violação do protocolo.

Ao CIENTISTA FÍSICO: Bitcoin é um software que, portanto, inexiste materialmente. Uma unidade monetária de bitcoin nada mais é do que um apontamento contábil eletrônico, no qual são registrados a conta-corrente (o endereço do Bitcoin ou a chave pública) e o saldo de bitcoins em dado momento. Nesse sentido, uma unidade de bitcoin não difere em nada de uma unidade de real ou dólar depositada em um banco, pois é igualmente um mero registro contábil eletrônico. Mas há uma grande diferença; no caso do Bitcoin, o espaço no qual os registros são efetuados é único, universal e compartilhado por todos os usuários (o *blockchain*), enquanto no sistema atual, cada banco detém e controla o seu registro de transações (o seu próprio livro-razão).

Longe de serem exaustivas, essas breves explicações servem para elucidar um pouco e de forma rápida o significado do fenômeno.

O que o Bitcoin representa pode variar de acordo com a ocupação e a realidade de cada pessoa. Mas, sem dúvida alguma, é uma tecnologia revolucionária, e isso independe de qualquer interpretação pessoal.

REFERÊNCIAS

ANDREESSEN, Marc. *Why Bitcoin Matters.* 22 jan. 2014. Disponível em: <http://blog.pmarca.com/2014/01/22/why-bitcoin-matters/>. Acesso em: 26 jan. 2014.

BAGUS, Philipp. *Monetary Reform and Deflation* – A Critique of Mises, Rothbard Huerta de Soto and Sennholz. New Perspectives on Political Economy, Volume 4, Number 2, 2008. pp. 131-157.

_____. *Monetary Reform* – The Case for Button-Pushing. New Perspectives on Political Economy, Volume 5, Number 2, 2009. pp. 111-128.

BERNANKE, Ben. Monetary Policy since the Onset of the Crisis. *Federal Reserve*, 31 ago. 2012. Disponível em: <http://www.federalre-serve.gov/newsevents/speech/bernanke2012083la.htm>. Acesso em: 27 dez. 2013.

BÕHM-BAWERK, Eugen. *Whether Legal Rights And Relationships Are Economic Goods.* Shorter Classics Of Eugen Von Bõhm-Bawerk Volume I, South Holland: Libertarian Press, 1962.

BRITO e CASTILLO. *Bitcoin:* A Primer for Policymakers. Arlington: Mercatus Center at George Mason University, 2013.

BRITO, Jerry. *The Top 3 Things I Learned at the Bitcoin Conference.* Reason, 20 mai. 2013. Disponível em: <http://reason.com/archi-ves/2013/05/20/the-top-3-things-i-learned-at-the-bitcoi>. Acesso em: 12 dez. 2013.

_____. National Review Gets Bitcoin Very Wrong. *Technology Liberation Front*, 20 jun. 2013. Disponível em: <http://techliberation.com/2013/06/20/national-review-gets-bitcoin-very-wrong/>. Acesso em: 14 dez. 2013.

BUTERIN, Vitalik. Bitcoin Store Opens: *Ali Your Electronics Cheaper with Bitcoins.* Bitcoin Magazine, 5 nov. 2012. Disponível em: <http://bitcoinmagazine.com/bitcoin-store-opens-all-your-electronics-cheaper-with-bitcoins/>. Acesso em: 10 dez. 2013.

CHRISTIN, Nicolas. Traveling the Silk Road: A Measurement Analysis of a Large Anonymous Online Marketplace. *Carnegie Mellon CyLab Technical Reports:* CMU-CyLab-12-018, 30 jul. 2012 (atualizado em 28 Nov. 2012). Disponível em: <http://www.cylab.cmu.edu/files/pdfs/tech_reports/CMUCyLab 12018.pdf>. Acesso em: 14 dez. 2013.

COLDEWEY, Devin. $250,000 *Worth of Bitcoins Stolen in Net Heist.* NBC News, 5 set. 2012. Disponível em: <http://www.nbcnews.com/ technology/250-000-worth-bitcoins-stolen-net-heist-980871>. Acesso em: 14 dez.2013.

DAI, Wei. *Bmoney.* Disponível em: <http://www.weidai.com/bmoneytxt>. Acesso em: 21 dez. 2013.

DUNCAN, Andy The Great Gold vs. Bitcoin Debate: Casey vs. Matonis. *Lew Rockwell*, 15 abr. 2013. Disponível em: <http://lewrockwell.com/origll/duncan-a4.1.1.html>. Acesso em: 20 mai. 2013.

FARRELL, Maureen. *Strategist Predicts End of Bitcoin.* CNNMoney, 14 mai.2013. Disponível em: <http://money.cnn.com/2013/05/14/investing/bremmer-bitcoin/index.html>. Acesso em: 13 dez. 2013.

FONG, Jeff. *How Bitcoin Could Help the World's Poorest People.* PolicyMic, mai. 2013. Disponível em: <http://www.policymic.com/articles/4156l/bitcoin-price-2013-how-bitcoin-could-help-the-world-s-poorest-people>. Acesso em: 12 dez. 2013.

GERTCHEV, Nikolay *The Money-ness of Bitcoins.* Mises Daily, Auburn: Ludwig von Mises Institute, 4 abr. 2013. Disponível em: <http://mises.org/daily/6399/The-Moneyness-of-Bitcoins>. Acesso em: 22 dez. 2013.

GRAF, Konrad S. *Bitcoins, the regression theorem, and that curious but unthreatening empirical world.* 27 fev. 2013. Disponível em: <http://konradsgraf.com/blogl/2013/2/27/in-depth-bitcoins-the-regression-theorem-and-that-curious-bu.html>. Acesso em: 22 dez. 2013.

_____. *The sound of one bitcoin:* Tangibility, scarcity, and a "hard-money" checklist, 19 mar. 2013. Disponível em: <http://konradsgraf.com/ blogl/2013/3/19/in-depth-the-sound-of-one-bitcoin-tangibility-scarcity-and-a.html>. Acesso em: 22 dez. 2013.

_____. *On The Origins Of Bitcoin.* 3 dez. 2013. Disponível em: <http://konradsgraf.squarespace.com/storage/On%20the%200rigins%20of%20 Bitcoin%20Graf%20 03.11.13.pdf>. Acesso em: 5 dez. 2013.

GURRI, Adam. *Bitcoins, Free Banking, and the Optional Clause.* Ümlaut, 6 mai. 2013. Disponível em: <http://theumlaut.com/2013/05/06/bitcoins-free-banking-and-the-optional-clause/>. Acesso em: 13 dez. 2013.

HAYEK, F. A. *Good Money, Part 2: The Standard,* edited by Stephen Kresge. London: The University of Chicago Press Routledge, 1999.

_____. A. *Desestatização do Dinheiro.* São Paulo: Instituto Ludwig von Mises Brasil, 2011.

HEARN, Mike. Bitcoin 2012 London: Mike Hearn. YouTube video, 28:19, publicado por "*QueuePolitely,*" 27 set. 2012. Disponível em: <http://www.youtube.com/watch?v=mD4L7xDNCmA>. Acesso em: 13 dez. 2013.

HUERTA DE SOTO, Jesus. *Moeda, crédito bancário e ciclos econômicos.* São Paulo: Instituto Ludwig von Mises Brasil, 2012.

HÜLSMANN, Jórg Guido. *The Ethics of Money Production.* Auburn: Ludwig von Mises Institute, 2008.

KAMINSKY, Dan. I Tried Hacking Bitcoin and I Failed. *Business Insider,* 12 abr. 2013. Disponível em: <http://www.businessinsider.com/dan-kaminsky-highlights-flaws-bitcoin-2013-4>. Acesso em: 13 dez. 2013.

KELLY, Meghan. Fool Me Once: Bitcoin Exchange Mt.Gox Falls after Third DDoS Attack This Month. *VentureBeat,* 21 abr. 2013. Disponível em: <http://venturebeat.com/2013/04/21/mt-gox-ddos/>. Acesso em 14 dez. 2013.

KEYNES, John Maynard. *As Conseqüências Econômicas da Paz.* Brasília: UnB, 2002.

KIRK, Jeremy. Could the Bitcoin Network Be Used as an Ultrasecure Notary Service? *ComputerWorld,* 23 mai. 2013. Disponível em: <http://www.computerworld. eom/s/article/9239513/Could_the_Bitcoin_network_be_used_as_an_ultrasecure_notary_service_>. Acesso em: 13 dez. 2013.

LEE, Timothy B. *An Illustrated History of Bitcoin Crashes,* Forbes, 11 abr. 2013. Disponível em: <http://www.forbes.com/sites/timothylee/2013/04/ll/an-illustrated-history-of-bitcoin-crashes/>. Acesso em: 13 dez. 2013.

LIU, Alec. A Guide to Bitcoin Mining. *Motherboard,* 2013. Disponível em: <http://motherboard.vice.com/blog/a-guide-to-bitcoin-mining-why-someone-bought-a-1500-bitcoin-miner-on-ebay-for-20600>. Acesso em: 10 dez. 2013.

MALTBY, Emily. *Chargebacks Create Business Headaches.* Wall Street Journal, 10 fev. 2011. Disponível em: <http://online.wsj.com/article/SB10001424052748704698004 576104554234202010.html>. Acesso em: 10 dez. 2013.

MATONIS, Jon. *Bitcoin Prevents Monetary Tyranny,* Forbes, 4 abr. 2012. Disponível em: <http://www.forbes.com/sites/jonmatonis/2012/10/04/bitcoin-prevents-monetary-tyranny/>. Acesso em: 15 mai. 2013.

_____. *Bitcoin's Promise in Argentina*. Forbes, 27 abr. 2013. Disponível em: <http://www.forbes.com/sites/jonmatonis/2013/04/27/bitcoins-promise-in-argentina/>. Acesso em: 12 dez. 2013.

_____. *How Cryptocurrencies Could Upend Banks' Monetary Role*. The Monetary Future, 15 mar. 2013. Disponível em: <http://themonetaryfuture.blogspot.com.br/2013/03/how-cryptocurrencies-could-upend-banks.html>. Acesso em: 22 dez. 2013.

MEIRA PENNA, J.O. de. *Em berço esplêndido* – ensaios de psicologia coletiva brasileira. Rio de Janeiro: Topbooks, 1999.

MENGER, Carl. *On the Origins of Money*. Economic Journal, 1892. pp. 239-255.

_____. *Principies of Economics*. Traduzido por James Dingwall e Bert Hoselitz, Free Press of Glencoe, Illinois, 1950; e New York University Press, Nova York 1981.

MIERS, Ian et ai. *Zerocoin:* Anonymous Distributed E-Cash from Bitcoin, working paper, the Johns Hopkins University Department of Computer Science, Baltimore, MD, 2013. Disponível em: <http://spar.isi.jhu. edu/~mgreen/ZerocoinOakland.pdf>. Acesso em: 13 dez. 2013.

MISES, Ludwig von. *Theorie des Geldes und Umlaufsmittel*. Munique: Verlag von Duncker & Humblot, 1924.

_____. *The Theory of Money and Credit*. New Haven: Yale University Press, 1953. p. 462.

_____. *A verdade sobre a inflação*. Instituto Ludwig von Mises Brasil, 27 mai. 2008. Disponível em: <http://mises.org.br/Article.aspx?id=101>. Acesso em: 16 dez. 2013.

_____. *Ação Humana:* Um Tratado de Economia. São Paulo: Instituto Ludwig von Mises Brasil, 2010.

_____. *On Money and inflation* – A Synthesis of Several Lectures. Auburn: Ludwig von Mises Institute, 2010.

NAKAMOTO, Satoshi. *Bitcoin:* a Peer-to-Peer Electronic Cash System, 2008. Disponível em: <http://article.gmane.org/gmane.comp.encryption.general/12588/>. Acesso em: 20 dez. 2013.

OBER, KATZENBEISSER e HAMACHER. Structure and Anonymity of the Bitcoin Transaction Graph. *Future Internet* 5, no. 2, 2013. Disponível em: <http://www.mdpi.eom/1999-5903/5/2/237>. Acesso em: 10 dez. 2013.

PAUL, Andrew. Is Bitcoin the Next Generation of Online Payments? *Yahoo! Small Business Advisor,* 24 mai. 2013. Disponível em: <http:// smallbusiness.yahoo.com/advisor/bitcoin-next-generation-online-payments-213922448-finance.html>. Acesso em: 11 dez. 2013.

PIERRE. *The Bitcoin Central Bank's Perfect Monetary Policy.* The Mises Circle, 15 dez. 2013. Disponível em: <http://themisescircle.org/blog/2013/12/15/the-bitcoin-central-banks-perfect-monetary-policy/>. Acesso em: 27 dez. 2013.

PINAR ARDIC, HEIMANN e MYLENKO. *Access to Financial Services and the Financial Inclusion Agenda around the World.* Policy Research Working Paper, World Bank Financial and Private Sector Development Consultative Group to Assist the Poor, 2011. Disponível em: <https://openknowledge.worldbank.org/bitstream/handle/10986/3310/ WPS5537.pdf>. Acesso em: 12 dez. 2013.

REISMAN, George. *Deflação, prosperidade e padrão-ouro.* Instituto Ludwig von Mises Brasil, 16 ago. 2010. Disponível em: <http://mises. org.br/article.aspx?id=752>. Acesso em: 25 dez. 2013.

RICKARDS, James. *Currency Wars.* New York: Penguin, 2011.

ROTHBARD, Murray N. *The Case for a 100 Percent Gold DoUar.* The Ludwig von Mises Institute, Auburn University, Alabama, 1991.

_____. *Economic Thought before Adam Smith:* An Austrian Perspective on the History of Economic Thought. v. 1, Edward Elgar, Aldershot, Inglaterra, 1995 (Edição espanhola, Unión Editorial, Madri 1999).

_____. *Classical Economics:* An Austrian Perspective on the History of Economic Thought, vol. II, Edward Elgar, Aldershot, Inglaterra, 1995 (Edição espanhola, Unión Editorial, Madri 2000).

_____. *Man, Economy and State with Power and Market.* Auburn: Ludwig von Mises Institute, 2004.

_____. *O que o governo fez com o nosso dinheiro?* São Paulo: Instituto Ludwig von Mises Brasil, 2013.

RUSSO, Camila. *Bitcoin Dreams Endure to Savers Crushed by CPI: Argentina Credit.* Bloomberg, 16 abr. 2013. Disponível em: <http://www.bloomberg.com/news/2013-04-16/bitcoin-dreams-endure-to-savers-crushed-by-cpi-argentina-credit.html>. Acesso em: 12 dez. 2013.

SALMON, Felix. *The Bitcoin Bubble and the Future of Currency.* Médium, 3 abr. 2013. Disponível em: <https://medium.com/money-banking/2b5ef79482cb>. Acesso em: 13 dez. 2013.

SCHLICHTER, Detlev. *Paper Money CoUapse* – the folly of elastic money and the coming monetary breakdown. New Jersey: John Wiley & Sons, 2011.

SENNHOLZ, H.F. *Money and Freedom.* Spring Mills: Libertarian Press, 1985.

SHOSTAK, Frank. *The Bitcoin Money Myth. Mises Daily.* Auburn: Ludwig von Mises

Institute, 17 abr. 2013. Disponível em: <http://mises.org/daily/6411/The-Bitcoin-Money-Myth>. Acesso em: 22 dez. 2013.

SPARSHOTT, Jeffrey. *Bitcoin Exchange Makes Apparent Move to Play by U.S. Money-Laundering Rules.* Wall Street Journal, 28 jun. 2013. Disponível em: <http://online.wsj.com/article/SB10001424127887323873904578574000957464468.html>. Acesso em: 14 dez. 2013.

SPAVEN, Emily. *Kipochi launches M-Pesa Integrated Bitcoin Wallet in África.* CoinDesk, 19 jul. 2013. Disponível em: <http://www.coindesk.com/kipochi-launches-m-pesa-integrated-bitcoin-wallet-in-africa/>. Acesso em 12 dez. 2013.

SURDA, Peter. *Economics of Bitcoin:* is Bitcoin an alternative to fiat currencies and gold? Diploma Thesis, Wirtschaftsuniversität Wien, 2012. Disponível em: <http://dev.economicsofbitcoin.com/mastersthesis/mas-tersthesis-surda-2012-ll-19b.pdf>. Acesso em: 15 abr. 2013.

TINDELL, Ken. Geeks Love the Bitcoin Phenomenon Like They Loved the Internet in 1995. *Business Insider,* 5 abr. 2013. Disponível em: <http://www.businessinsider.com/how-bitcoins-are-mined-and-used-2013-4>. Acesso em: 10 dez. 2013.

Triennial Central Bank Survey of foreign exchange and derivatives market activity in 2013. Disponível em: <http://www.bis.org/publ/rpfxl3fx.pdf>. Acesso em: 10 jan. 2014.

TUCKER e KINSELLA. *Goods, Scarce and Nonscarce.* Mises Daily, Auburn: Ludwig von Mises Institute, 25 ago. 2010. Disponível em: <http://mises.org/daily/4630/>. Acesso em: 22 dez. 2013.

ULRICH, Fernando. Uma semana histórica para o Bitcoin. *InfoMoney,* 13 jan. 2014. Disponível em: <http://www.infomoney.com.br/blogs/moeda-na-era-digital/post/3143266/uma-semana-historica-para-bitcoin>. Acesso em: 13 jan. 2013.

WARREN, Jonathan. *Bitmessage:* A Peer-to-Peer Message Authentica-tion and Delivery System, white paper, 27 nov. 2012. Disponível em: <https://bitmessage.org/bitmessage.pdf>. Acesso em: 13 dez. 2013.

WILLETT, J. R. *The Second Bitcoin Whitepaper.* White paper, 2013. Disponível em: <https://sites.google.com/site/2ndbtcwpaper/2ndBitcoinWhitepaper.pdf>. Acesso em: 13 dez. 2013.

WOLF, Brett. Senators Seek Crackdown on 'Bitcoin' Currency. *Reuters,* 8 jun. 2011. Disponível em: <http://www.reuters.com/article/2011/06/08/us-financial-bitcoins-idUSTRE7573T320110608>. Acesso em: 14 dez. 2013.

WOODS Jr., Thomas E. *Meltdown.* Washington: Regnery Publishing, 2009.

World Bank Payment Systems Development Group, *Remittance Prices Worldwide*: An Analysis of Trends in the Average Total Cost of Migrant Remittance Services. Washington, DC, World Bank, 2013. Disponível em: <http://remittanceprices. worldbank.org/Wmedia/FPDKM/Remittances/Documents/RemittancePrice Worldwide-Analysis-Mar2013.pdf >. Acesso em: 11 dez. 2013.

YUNUS, Muhammad. *Banker to the Poor*: Micro-lending and the Battle against World Poverty. New York: Public Affairs, 2003.

A ERA DA DISRUPÇÃO

ENSAIOS

A VELHA BATALHA CONTRA O NOVO

Leandro Narloch

JORNALISTA, MESTRE EM FILOSOFIA, AUTOR DO
"GUIA POLITICAMENTE INCORRETO DA HISTÓRIA DO BRASIL"

Só nas últimas semanas, a China ameaçou fechar as corretoras de bitcoin, diversos países proibiram os "ICOs" (as ofertas públicas de moedas digitais), a prefeitura de Londres baniu o Uber, aplicativo que continua sendo motivo de protesto de taxistas em todo o mundo. A resistência à inovação aparece quase todo dia nos jornais, mas esse tema não é atual – ou melhor, é atual há pelo menos quinhentos anos, provavelmente há milênios. Tão antiga quanto a inovação é a luta contra ela, seja por parte de líderes políticos ou de minorias organizadas.

Essa tradição de resistência suscita uma pergunta: se novas ideias e tecnologias são tão obviamente benéficas à humanidade, por que motivam tanto ódio, tanto descontentamento?

A história tem casos saborosos de novidades que foram banidas, suspensas, proibidas ou pelo menos restritas. O café é um saboroso exemplo. Hoje parte da rotina de consumo de bilhões de pessoas, foi uma novidade transgressora, uma inovação que sofreu proibições em quase todo país em que apareceu. O costume de beber café é uma invenção árabe – da Etiópia, o café se espalhou pelo Iêmen no século 15, onde surgiram as primeiras casas de café. Quando chegou a Meca, foi proibido pelo governador local, que fundamentou sua decisão na opinião de médicos persas, para quem as casas de café fomentariam conspirações contra a autoridade religiosa. Em 1555, a bebida chegou a Constantinopla – quinze anos depois, a cidade já tinha 600 estabelecimentos que vendiam o produto. O sultão da época não gostou da moda, e resolveu fechar todas elas, mas o soberano seguinte, Murad III, derrubou a proibição e deu uma sobrevida ao café.

Ao chegar na Europa, por meio de mercadores árabes, o café sofreu restrições na Alemanha, na Inglaterra, na Espanha, na Suécia. Esposas inglesas chegaram a escrever a "Petição das Mulheres Contra o Café", afirmavam que a bebida causava impotência nos homens e faria seus filhos nascerem como "uma sucessão de primatas e pigmeus". Na Prússia, Frederico, o Grande lançou um manifesto afirmando ser "repulsivo ver a quantidade de café usada pelos meus súditos, e a quantidade de dinheiro que vai para fora do país... Meu povo deve beber cerveja".

O economista Calestous Juma mostra muitas outras lutas contra o novo no livro *Innovation and its enemies*. A tipografia, que ameaçava a arte secular da caligrafia islâmica, foi proibida entre os muçulmanos por quase 400 anos. Os ludistas, como aprendemos na escola, quebravam as máquinas por acreditar que elas lhes roubavam o emprego. Em 1942, a Federação Americana de Músicos proibiu seus integrantes de participarem de gravações musicais, e boicotou as rádios que reproduzissem músicas gravadas. (Até então, um trabalho comum dos músicos era tocar ao vivo nas rádios.) "Acreditamos que todos os tratores são ruins, mas alguns são piores que os outros", afirmou, num panfleto, a Associação Americana de Criadores de Cavalos.

Que a inovação torna a vida mais fácil é um fato estabelecido. Se tivéssemos que escolher um simples fenômeno que faz trabalhadores ganharem mais e a prosperidade reinar num país, esse fenômeno é aumento de produtividade. Temos hoje tempo livre e dinheiro para supérfluos porque produzimos mais com menos recursos. E esse aumento de produtividade se apoia num castelo de tecnologias, descobertas, ideias e inovações. Como sugeria Milton Friedman, quem acredita que tratores e máquinas criam pobreza ao campo deveria defender que os camponeses capinassem com pequenas colheres, e não enxadas ou tratores. Mas repito a pergunta: por que esse fenômeno tão benéfico causa tanto ódio?

A resposta está no termo "destruição criativa" cunhado pelo economista Joseph Schumpeter. Sabemos que ela é criativa, que abre possibilidades, reduz custos e torna luxos acessíveis aos pobres, mas nem por isso deixa de ser uma destruição. E destruições machucam, "esmagam", como Schumpeter lembra com palavras duras. Por causa dela, "níveis inteiros da sociedade perdem o chão sobre seus pés". "Aqueles que vivem o drama... não conseguem fechar os ouvidos ao lamento dos que estão para ser esmagados quando as rodas da nova era passarem sobre eles."

A inovação erradicou miséria, mas também a estabilidade, o equilíbrio, a crença reconfortante de que a organização tradicional das relações seguirá firme. É a principal fonte da prosperidade humana, mas força migrações e adaptações, faz habilidades se tornarem obsoletas, causa decadência e pobreza em trabalhadores que levaram uma vida para se especializar (como músicos americanos dos anos 1940). Os seres humanos costumam gostar de calmaria; a inovação provoca tormentas. Sim, é claro que no fim da estrada a inovação beneficia todos, mas isso acontece com solavancos e martírios pelo caminho.

É o caso de Calcutá, na costa nordeste da Índia. Até meados do século 19, Calcutá foi o principal centro comercial e financeiro do subcontinente indiano. A cidade concentrava a administração e os investimentos britânicos e recebia a maior parte dos navios europeus que contornavam a África. Em 1869, porém, com a abertura do Canal de Suez, no Egito, ficou muito mais fácil para os europeus atingirem a costa oeste da Índia. Mumbai, nesse lado do território, foi ganhando espaço enquanto Calcutá iniciou um processo contínuo de decadência e pobreza (movido também por outros fatores, como um bocado de políticos comunistas que governaram por décadas a região).

É imaturo desprezar os sentimentos contra a inovação ou considerá-los apenas fruto da influência marxista ou da ignorância econômica. Ao provocar instabilidade, novidades causam sofrimento e ressentimentos – e dificilmente isso deixará de acontecer.

No entanto, é claro que não devemos – e nem conseguiríamos – travar as rodas esmagadoras da inovação. Mesmo porque ninguém tem conhecimento suficiente para prever os resultados que ela provoca. Novas ideias e tecnologias criam um emaranhado de consequências que os indivíduos podem considerar positivas ou negativas, e consequências negativas que resultam em consequências positivas, e vice-versa.

Um exemplo: o gigantismo do estado contemporâneo não seria possível sem o aumento de produtividade provocado pelas máquinas. Até o século 18, a baixa produtividade limitava o número de burocratas. Mãos aptas ao trabalho ganhavam enxadas, e não fichas de fiscalização. Sem estrutura, mesmo os maiores impérios antigos e medievais se intrometiam muito menos na vida dos cidadãos que os estados atuais. Limitavam-se a redes de proteção – recolhiam impostos em troca de proteção territorial, e pronto. O enorme aumento da produtividade disparado pela Revolução Industrial liberou trabalhadores para se tornarem burocratas, fiscais, políticos, coletores de impostos, médicos e professores públicos. Os pioneiros das máquinas a vapor do século 19 não tinham isso em mente, mas suas engenhocas possibilitaram o surgimento, no século 20, do estado totalitário e, na melhor hipótese, do estado controlador.

A invenção da escrita por Gutemberg também desencadeou uma rede de consequências imprevisíveis. Com a popularização do livro na Europa, muita gente percebeu que tinha problemas de visão, o que aos poucos ampliou o mercado de óculos e lentes de aumento. Duzentos anos depois da prensa de Gutemberg, Robert Hooke alinhou lentes de aumento e criou o microscópio. Copérnico fez o mesmo, mas apontou o aparelho para o céu – e concluiu que a Terra girava em torno do Sol. Gutemberg não tinha a menor ideia, mas a invenção da prensa móvel resultou na Revolução Científica.

É por isso que precisamos deixar de lado a "arrogância fatal" ao tratar de novas tecnologias. Ninguém está um degrau acima dos demais indivíduos para determinar se uma inovação tem consequências negativas ou positivas. E ninguém tem a capacidade de prever o futuro para nos dizer quais fenômenos as inovações de hoje, como o bitcoin ou o carro autônomo, criarão nas próximas décadas.

LIVRE-ARBÍTRIO EM XEQUE

Rodolfo Castro

ENGENHEIRO AGRÔNOMO, ASSOCIADO HONORÁRIO DO IFL/SP

No exato dia em que nasci, a milhares de quilômetros de distância, em um auditório em Hamburgo, Garry Kasparov, um dos maiores (senão o maior) enxadristas do mundo, disputava uma partida simultânea contra trinta e dois oponentes.

As partidas simultâneas são uma prática comum no xadrez, para exercitar a velocidade de raciocínio dos grão-mestres, e possibilitar que um amador desafie e tenha alguma chance de vencer um campeão. A diferença dessa é que do outro lado de cada tabuleiro, computadores, cada um com *software* distinto, pensavam as jogadas.

A partida terminou 32-0 para quem viria a se sagrar campeão mundial no fim daquele ano. Foi necessário mais de uma década de desenvolvimento (para ser mais específico 11 anos e 11 meses) para que Kasparov finalmente perdesse para um computador na famosa disputa contra o Deep Blue, em maio de 1997.

O ato de jogar xadrez sempre foi associado a inteligência por ser um jogo estratégico, que exige enorme concentração, memória e capacidade de raciocínio. Nada mais justo que os embrionários projetos de inteligência artificial começassem pelo jogo. Existem mais de 300 bilhões de possibilidades de jogadas para as quatro primeiras movimentações em uma partida de xadrez, e, mesmo que 95% destas sejam péssimas, um computador precisaria checar todas antes de produzir sua melhor sugestão[1]. Nos doze anos necessários para uma máquina vencer um campeão mundial, viu-se uma poderosa evolução, principalmente, na capacidade de processamento e aperfeiçoamento do algoritmo destes softwares.

Atualmente, qualquer aplicativo de xadrez para celular possui a capacidade para derrotar o melhor dos jogadores. O que implica na questão: por que a "inteligência artificial" aparentemente avançou pouco em outras áreas?

---

[1] *Deep Thinking*, por Garry Kasparov

Uma das respostas reside no paradoxo de Moravec, que explica que máquinas são potentes em funções que os seres humanos são fracos e vice-versa. "É comparativamente fácil para computadores executarem boas performances em testes de inteligência ou jogo de xadrez, e difícil ou impossível imbuir-lhes a percepção ou mobilidade de uma criança de 1 ano de idade"[2].

Computadores são excepcionais em realizar cálculos complexos e armazenar grande quantidade de informações, mas têm dificuldade de identificar se um filhote de cachorro é uma ameaça potencial. Até quando?

O dia 9 de novembro de 2016 ficará marcado na história por dois grandes eventos: a eleição de Donald Trump ao posto de 45º presidente dos Estados Unidos, e o fim das pesquisas eleitorais, que na véspera, apontavam 99% de chance de derrota do primeiro.

Na ponta contrária, uma empresa de 'Big Data' via o resultado de sua campanha transformar o 1% de probabilidade em vitória. E mais, era das poucas (de verdade) que sabiam de antemão que aquela proporção era completamente descabida.

A *Cambridge Analytica* foi fundada em julho de 2014, mas tem sua origem em estudos de psicologia da década de 80, quando um time de pesquisadores modelara traços de personalidade humana em cinco grandes áreas, batizada de OCEAN, acrônimo para: '*Openness*' (quão aberta as pessoas são para novas ideias e experiências?), '*Conscientiousness*' (quão perfeccionista você é?), '*Extroversion*' (quão sociável?), '*Agreeableness*' (quanto e quão cooperativo as pessoas são?) e '*Neuroticism*' (quão facilmente afetado você é?). E, se até os anos 2000 eram necessários incontáveis formulários para encontrar um padrão e categorizar as pessoas, com o advento e popularização do Facebook, o modelo ganhara novos contornos.

Um dos pesquisadores que trabalhou no projeto em Cambridge (na Universidade, não na empresa), afirma que, com uma média de "68 curtidas", é possível prever a cor de pele de uma pessoa (com 95% de certeza), sua orientação sexual (88% de acurácia) e a afinidade com partidos políticos (85%). E não para por aí. "70 curtidas" são o suficiente para conhecer a pessoa mais que seus amigos; "150 curtidas" mais que os pais e "300 curtidas" mais que os

---

[2] Adaptado de *Deep Thinking*, por Garry Kasparov

parceiros. Ainda mais "curtidas" poderiam superar, inclusive, o que as pessoas achavam que sabiam sobre elas mesmas[3].

Esse poderoso modelo, segundo as más línguas, foi surrupiado para mãos erradas: a parcialmente homônima *Cambridge Analytica*. Em seus dois anos de existência, a empresa aperfeiçoou-o para produzir e direcionar conteúdo específico aos alvos de interesse. Nas campanhas do Trump e "Brexit", a comunicação não foi feita em massa para um público considerado homogêneo, mas individualizada, segmentada, quase que como surgisse uma informação exatamente sobre o que você estivesse procurando. *Soa familiar?* A impressão que dá é que a inteligência artificial tem sido principalmente empregada pelas gigantes varejistas para mapearem nossos hábitos de consumo e ofertarem produtos e serviços antes mesmo de precisarmos. Pela história acima, o mesmo se aplica ao conteúdo que consumimos na internet. Cada vez que abro um e-mail da Amazon sinto meu corpo tragado para o botão "comprar agora com 1 clique". Se funciona para comprar um inofensivo livro, funciona também para eleger um ofensivo líder, para dizer o mínimo. *Somos donos de nossas vontades e opiniões?*

Em agosto de 2017, o Facebook anunciou a contratação de 3.000 novos colaboradores para trabalharem com "controle de conteúdo" na rede social, sendo 500 destes postos destinados a Alemanha, onde a quantidade de conteúdo associado a discursos de ódio e extremismo tem crescido[4]. O fenômeno encontra eco em diversas outras regiões (nós brasileiros sabemos bem o que se tornou a rede social a partir das eleições de 2014). *Será que o mundo está mais dividido? Ou a internet tem o poder de ampliar a voz de extremistas? Ou, pior, é causa destes?*

Um projeto de inteligência artificial criado pela Microsoft passou desapercebido pelo grande público. A Tay, ou @TayandYou, nasceu como um experimento de *machine learning* para aprender a conversar por meio de interações via Twitter. Seus primeiros tweets foram: "*helloooooooooo wOrld*" (o 'O' era um emoji do planeta terra) e "*Humans are super cool!*". Porém, em menos de 24 horas, estava escrevendo coisas como "*bush did 9/11 and Hitler would have a better job than the monkey we have now. donald trump is the only*

---

[3] Adaptado do artigo *The Data That Turned the World Upside Down*.

[4] Traduzido do artigo *Facebook won't make cars, Sandberg reassures Germany*.

hope we've got", o que levou a gigante de tecnologia a cancelar seu audacioso projeto em um dia.

A noção de que inteligência artificial não é tão inteligente assim, que é na verdade preocupante, vem ganhando adeptos mais apocalípticos do que os que analisam, exclusivamente, sob a ótica de mudança nas relações de trabalho. Nomes como Stephen Hawking, Bill Gates e Elon Musk já levantaram, publicamente, suas preocupações de que a evolução da inteligência artificial possa resultar na extinção da espécie humana (o tempero fatalista mais associado ao último deles).

A partir daquela 19ª jogada, do 6º jogo da revanche entre DeepBlue e Kasparov, em 11 de maio de 1997, o mundo não foi mais o mesmo. Jogos de xadrez, hábitos de consumo, acesso a informação, destino de eleições.

Somos donos do nosso destino? Somos capitães da nossa alma?[5]

---

[5] Adaptado de *Invictus*, poema de William Ernest Henley

SINGULARIDADE: FUTURO MARAVILHOSO OU FUTURO CAÓTICO?

Helena Masullo

ADVOGADA, ASSOCIADA DO IFL/SP

No meio tecnológico, Singularidade, do inglês *Singularity*, refere-se ao momento em que a evolução do poder computacional superará a inteligência do homem. O termo foi inicialmente cunhado por Ray Kurzweil, futurista e engenheiro do Google, que estabeleceu o ano de 2045 como o ano da Singularidade[1]. Em seu livro *The Singularity is Near: When Humans Transcend Biology*, ele explora o futuro exponencial de diversas tecnologias e faz diversas previsões[2]. Por exemplo, ele previu que, em 2029, computadores serão capazes de aprender autonomamente e criar novos conhecimentos e, em 2099, os seres humanos serão minoria dentre as formas de vida inteligente no planeta[3]. Kurzweil já atingiu a incrível taxa de acerto de 86% das previsões feitas nos anos 90 para o ano de 2009[4].

Em 1965, Gordon Moore, fundador da Intel, constatou que o poder de processamento dos computadores cresce de forma exponencial, sem que o seu custo aumente[5]. O padrão de crescimento exponencial é explosivo, pois, a cada duplicação, o crescimento torna-se muito mais expressivo do que o anterior. Se esse padrão continuar, nos próximos anos, vivenciaremos, ininterruptamente, mudanças que impactarão as nossas vidas nos mais diversos

---

[1] GALEON, Dom; REEDY, Christianna. Ray Kurzweil claims singularity will happen by 2045. *Futurism*, mar. 2017. Disponível em: <https://futurism.com/kurzweil-claims-that-the-singularity-will-happen-by-2045/>. Acesso em: 22 set. 2017.

[2] KURZWEIL, Ray. *The Singularity Is Near: When Humans Transcend Biology*. Penguin Books Ltd., 2005.

[3] The Dawn of the Singularity. *Futurism*, 2015. Disponível em: <https://futurism.com/images/this-week-in-science-nov-29-6-2015/>. Acesso em: 22 set. 2017.

[4] KURZWEIL, Ray. *How My Predictions Are Faring*. Out. 2010. Disponível em: <http://www.kurzweilai.net/images/How-My-Predictions-Are-Faring.pdf>. Acesso em: 22 set. 2017.

[5] Moore's Law Predicts the Future of Integrated Circuits. *Computer History Museum*.

segmentos, incluindo política, educação, saúde, alimentação, meio-ambiente, relacionamento, trabalho e lazer.

Considerando a inevitabilidade de um contínuo crescimento exponencial tecnológico, a Singularidade parece estar próxima e, quando acontecer, emergirá uma era em que os avanços da tecnologia atingirão uma velocidade inimaginável, quase instantânea. A questão que se coloca é: a Singularidade nos proporcionará um futuro maravilhoso ou um futuro caótico?

O Futuro Caótico

Há quem afirme que a Singularidade é ficção científica, como Noam Chomsky[6]. Na mesma linha, Daniel Dennett acredita que a discussão sobre a Singularidade é absurda e distrai as pessoas de problemas muito mais urgentes[7]. Independentemente de a Singularidade estar perto ou não, inevitavelmente, o avanço tecnológico impactará profundamente a maneira como vivemos hoje. Nesse contexto de contínua inovação, é necessário refletir sobre eventuais impactos negativos da Singularidade sobre o ser humano.

No livro *The Circle*, o escritor norte-americano Dave Eggers questiona quanto custa abrir mão da privacidade em um mundo tecnológico[8]. O autor descreve a história de uma jovem contratada por uma grande empresa de tecnologia, chamada *The Circle*, que possui o seguinte lema "tudo o que acontece deve ser conhecido". De um lado, os benefícios fornecidos pela empresa aos seus colaboradores são inúmeros, desde dormitórios bem equipados até aparelhos tecnológicos de última geração. De outro lado, os funcionários não só trabalham muito, mas também são socialmente constrangidos a participar de redes sociais, compartilhando tudo o que fazem no seu dia a dia. A protagonista, por exemplo, sujeita-se a compartilhar, ao vivo, vinte e quatro horas do seu dia nas redes sociais. Paradoxalmente, para fins alheios a vontade dos

---

[6] Noam Chomsky: The Singularity is Science Fiction! *Singularity We Blog*, oct. 2013. Disponível em: <https://www.singularityweblog.com/noam-chomsky-the-singularity-is-science-fiction/>. Acesso em: 22 set. 2017.

[7] CADWALLADR, Carole. Daniel Dennett: 'I begrudge every hour I have to spend worrying about politics'. *The Guardian*, feb. 2017. Disponível em: <https://www.theguardian.com/science/2017/feb/12/daniel-dennett-politics-bacteria-bach-back-dawkins-trump-interview>. Acesso em: 22 set. 2017.

[8] EGGERS, Dave. *The Circle*. Penguin Books Ltd., 2013.

usuários, quase secretos, a empresa utiliza os dados que coleta via redes sociais e *gadgets* em proveito próprio.

Estamos entrando em um momento parecido com o do livro. Cada vez mais, indivíduos abrem mão de sua privacidade sem saber o que isso significa. Muitos serviços gratuitos são oferecidos por grandes empresas de tecnologia, como Google e Facebook. Porém, será que esses serviços são realmente gratuitos? A resposta parece ser não, ao considerarmos que essas empresas utilizam, quase livremente, os dados de seus usuários, transformando-os em algo rentável e muito lucrativo. Quanto mais dados elas possuem, mais poder elas detêm.

É uma grande contradição empresas de tecnologia defenderem a transparência total dos dados, opondo-se a usuários que desejam ter a sua privacidade e seu "direito ao esquecimento" garantidos. Isso porque tais empresas não são transparentes sobre como utilizam esses dados e, mais do que isso, pouco compartilham sobre descobertas e pesquisas decorrentes do estudo desses dados. A transparência parece funcionar somente para um lado da relação. Com isso, gera-se uma enorme assimetria de informações entre grandes empresas de tecnologia – que, muitas vezes, inibem ou compram a concorrência – e o resto do mundo – seus usuários, cada vez mais dependentes dos serviços oferecidos. Nesse contexto, governos e cidadãos devem discutir se faz sentido controlar o uso de dados pelas grandes empresas de tecnologia.

Outro ponto frequentemente trazido por críticos da Singularidade é a possibilidade de perda do controle pelo ser humano. Isto é, seria possível controlar um mundo com robôs mais inteligentes do que o homem? Diversas previsões indicam que os robôs irão substituir o ser humano em diversos setores, desde o industrial até o de serviços. A consequência dessa substituição pode ser catastrófica: milhões de desempregados. E, como efeito do desemprego, um aumento das desigualdades e da depressão. Bill Gates já defendeu que, para contornar essa situação, robôs deveriam ser taxados pelas autoridades fiscais, isto é, empresas que automatizassem os seus serviços deveriam pagar mais impostos para compensarem o fato de estarem tirando o emprego de diversas pessoas[9]. Outros empresários relevantes do meio tecnológico, como Elon Musk (Tesla e Space X) e Mark Zuckerberg (Facebook), defendem a

---

[9] DELANEY, J. Kevin. The robot that takes your job should pay taxes, says Bill Gates. *Quartz,* fev. 2017. Disponível em: <https://qz.com/911968/bill-gates-the -robot-that-takes-your-job-should-pay-taxes/>. Aceso em: 22 set. 2017.

criação de uma renda básica universal, independentemente de classe socioeconômica, para compensar a escassez de empregos no futuro[10]. Nenhuma alternativa parece ser suficiente para lidar com esse inevitável aumento do número de desempregados em todo mundo.

Nesse contexto, questiona-se ainda se perderíamos o fator humano: a solidariedade, a compaixão, a troca. Qual será o papel do ser humano? Será que as máquinas conseguirão replicar o homem por completo, incluindo emoções e sentimentos? Alguns testes e previsões indicam que, no futuro da Singularidade, o ser humano precisará redescobrir a razão de sua existência.

O Futuro Maravilhoso

Apesar de todas previsões catastróficas para a Singularidade, é inegável que o avanço tecnológico trará incontáveis benefícios ao ser humano. Em 2007, influenciado por ideias futuristas, Peter Diamandis fundou a *Singularity University*, em conjunto com Ray Kurzweil, Robert D. Richards e Michael Simpson, com o propósito de estudar formas de empregar estrategicamente as tecnologias em crescimento exponencial na solução dos grandes desafios do mundo.

Peter Diamandis acredita que o futuro será muito melhor do que imaginamos. Para ele, tecnologias exponenciais transformarão bens escassos em abundantes, proporcionando uma vida de oportunidades para todos[11]. Para Diamandis, o progresso tecnológico democratiza o acesso a informação e a ferramentas que, progressivamente, tornam-se cada mais baratas, como os *smartphones*[12].

---

[10] CLIFFORD, Catherine. Elon Musk: Robots will take your jobs, government will have to pay your wage. *CNBC*, nov. 2016. Disponível em: <https://www.cnbc.com/2016/11/04/elon-musk-robots-will-take-your-jobs-government-will-have-to-pay-your-wage.html>. Acesso em: 22 set. 2017; CALDAS, Edson; SÔNEGO, Dubes. Bilionários do setor de tecnologia embarcam no movimento da renda básica universal. Época Negócios, jul. 2017. Disponível em: <http://epocanegocios.globo.com/Revista/noticia/2017/07/bilionarios-do-setor-de-tecnologia-embarcam-no-movimento-da-renda-basica-universal.html>. Acesso em: 22 set. 2017.

[11] DIAMANDIS, Peter; KOTLER, Steven. *Abundance: The Future Is Better Than You Think*. Free Press, 2012.

[12] Ibid.

A tecnologia possibilita a oferta de novos serviços de baixo custo, que concorrem em setores, até então, controlados por grandes atores. O Airbnb, por exemplo, possibilitou que qualquer pessoa alugasse ou compartilhasse a sua casa em qualquer parte do mundo, concorrendo diretamente com grandes grupos hoteleiros. Em muitos casos, os novos serviços são não só mais baratos aos usuários, mas também geram renda adicional para diversas pessoas.

Mais do que democratizar o acesso a informações, produtos e serviços, tecnologias exponenciais poderão resolver os maiores problemas do mundo, como escassez de água, fome, moradias precárias e sistemas de educação e saúde sem qualidade. Muitas tecnologias já estão sendo utilizadas com sucesso na resolução desses problemas, e a tendência é que isso aumente progressivamente, a um custo cada vez mais baixo.

A garrafa *Lifesaver*, por exemplo, foi projetada para socorro em situações de desastres. Por meio de nanotecnologia, esta garrafa filtra tudo o que precisa ser removido da água em segundos, para torná-la potável[13]. O filtro dura o suficiente para produzir 6 mil litros de água, e o sistema desliga automaticamente quando para de funcionar[14]. A versão ampliada da tecnologia produz 25 mil litros de água por apenas meio *cent* por dia, o que significa que uma família de quatro membros pode ter acesso a água potável por três anos ininterruptos a um baixo custo[15].

Estima-se que 1 bilhão de pessoas estão famintas no mundo, apesar de produzirmos alimentos suficientes para alimentar todos. Esse descasamento muitas vezes é um simples problema de distribuição, isto é, decorre do fato de a fazenda estar muito longe do seu centro consumidor. Para resolver esse problema, estão surgindo inúmeros projetos de plantações verticais. A empresa sueca Plantagon, por exemplo, utiliza esferas de vidro gigantes com caixas de plantações dispostas em espiral, as quais permitem que, em uma estufa de 10 mil metros quadrados, cultivem-se 100 mil metros quadrados de verdura[16].

São inúmeros os exemplos de tecnologias disruptivas que irão continuamente melhorar as nossas vidas. Impressoras 3D construirão casas inteiras a

---

[13] DIAMANDIS, Peter; KOTLER, Steven. *Abundance: The Future Is Better Than You Think*. Free Press, 2012. Capítulo 8 – Água.

[14] Ibid.

[15] Ibid.

[16] Ibid., Capítulo 9 – Alimentando 9 bilhões,

um custo baixíssimo. A inteligência artificial antecipará a probabilidade de desenvolvermos determinadas doenças muito tempo antes de qualquer sintoma transparecer. Carros autônomos diminuirão o número de acidentes de trânsito. O *blockchain* será utilizado em ferramentas que viabilizarão o acesso a crédito e a conta bancária para milhões de pessoas desbancarizadas. Tudo isso parece estar em um futuro distante, mas já está acontecendo em diversas partes do mundo – e os resultados, até agora, são impressionantes.

O que esperar?

Ainda dá tempo de decidirmos qual futuro queremos: o caótico ou o maravilhoso. Governos, indivíduos, empreendedores e instituições precisam trabalhar juntos para criar um futuro em que os dias não serão gastos na luta pela sobrevivência, mas na realização de sonhos. Não sabemos qual futuro esperar, mas uma coisa é certa: as tecnologias exponenciais vieram para ficar, seja para o bem, seja para o mal.

LIBERDADE E SUBSIDIARIEDADE NA ERA DA DISRUPÇÃO

Wagner Lenhart

ADVOGADO, ASSOCIADO HONORÁRIO DO IFL/SP

Em um mundo que respira inovação tecnológica e autonomia dos indivíduos, a ideia de que a esfera maior de poder não deve se envolver naquilo que a esfera menor é capaz de fazer parece cada vez mais forte e verdadeira. Do cidadão individualmente considerado ao governo nacional ou organização supranacional, essa premissa deve ser respeitada, especialmente, na sociedade que temos hoje e que se desenha para o futuro. A vida de cada ser humano é única e as decisões atinentes a ela devem sempre ser depositadas nele ou, pelo menos, o mais perto possível dele. Está na hora de repensar o modo como nos relacionamos em sociedade e resgatar a essência de um valor, a liberdade, e de um princípio, a subsidiariedade.

Um valor, a liberdade

Em 1792, Thomas Paine (1737-1809), personagem de destaque no processo revolucionário norte-americano, afirmou:

> A liberdade é o poder de fazer tudo o que não interfere com os direitos dos outros: assim, o exercício dos direitos naturais de cada indivíduo não tem limites, exceto aqueles que asseguram aos outros membros da sociedade o gozo dos mesmos direitos.

Fundado na tríade de direitos naturais propagada por John Locke (1632-1704), Paine registra, na passagem acima transcrita, um poderoso conceito, a saber, que o homem, como ser único e insubstituível, dotado de razão e sentimento, caracterizado como ser social, tudo pode fazer, desde que não viole a vida, a liberdade e a propriedade dos seus pares.

Essa ideia, tão apreciada e aceita pela geração de Thomas Paine e, infelizmente, negligenciada em boa parte do século XX, encontra-se em processo de resgate, ganhando força e conquistando corações e mentes ao redor do mundo. Agora, com uma nova roupagem, mais moderna e descolada e munida de um novo catalisador, a tecnologia da informação. A verdade é que a vertiginosa onda de inovação tecnológica dos últimos anos está criando um terreno fértil para o florescimento da liberdade. Está nos lembrando, a cada dia, a cada transação, a cada novo modelo de negócio, o quanto o governo pode atrapalhar, gerar ineficiência ou, simplesmente, ser desnecessário.

Redes sociais como Facebook, Instagram e Twitter revolucionaram a maneira como as pessoas se relacionam, buscam informações, se manifestam, se organizam. Plataformas como Spotify, Youtube e Netflix alteraram, completamente, o modo como entretenimento, filmes, músicas e seriados são consumidos. Empreendimentos como Uber e Airbnb instituíram uma nova forma de relação de trabalho e consumo, colocando diretamente em contato pessoas que querem prestar um determinado serviço ou vender um determinado produto com pessoas que querem adquiri-los. Mais, essas iniciativas disruptivas demonstraram como é possível existir uma relação que funciona perfeitamente sem a necessidade de alvarás, autorizações, vistorias ou outras exigências burocráticas.

É evidente que todas essas mudanças trazem riscos, desconfortos, rupturas, necessidade de adaptação. Sim, há uma tendência das redes sociais nos manter em bolhas que reverberam as mesmas ideias e opiniões, mas também há uma infinidade de possibilidades que podem ser exploradas nesse ambiente. Hoje em dia, muitas vezes é difícil confirmar a veracidade de notícias, fatos e dados, porém a informação nunca esteve tão dispersa e submetida ao escrutínio público, não existe mais uma fonte oficial ou um oligopólio estabelecido por meio de concessões estatais de rádio e TV.

Empresas e indústrias inteiras deixam de existir, assim como os empregos por elas gerados. Contudo, todos os dias, um volume enorme de novas oportunidades de negócio e de postos de trabalho surgem da mente de empreendedores. Corporações como a dos taxistas e dos hoteleiros pressionam pela manutenção do sistema vigente, mas as novas modalidades de transporte e de hospedagem oferecem alternativas extremamente vantajosas para o consumidor e para a sociedade de modo geral. Enfim, são inquestionáveis os benefícios trazidos por estas inovações e a capacidade humana de se adaptar e solucionar problemas.

O grande desafio do final do século XVIII era construir uma sociedade fundada no valor da liberdade. Para tanto, aquela geração entendia como fundamental impor severos limites à autoridade governamental, mediante a construção de um modelo institucional que colocasse freios na ação estatal e garantisse as liberdades individuais. Nesse sentido, a aplicação de mecanismos como a constituição escrita e rígida, a separação de poderes, o império da lei e o federalismo foi essencial. Hoje, na segunda década do século XXI, o desafio continua o mesmo, as ferramentas institucionais permanecem sendo extremamente importantes, mas o impulso da nova geração de avanços tecnológicos se transformou em um grande aliado, evidenciando a obsolescência e a ineficiência do governo e a importância de zelar e cultivar o espírito de liberdade.

Um princípio, a subsidiariedade

O valor da liberdade está sendo resgatado e junto com ele um princípio de grande importância, a subsidiariedade. O impulso de associar-se e de interagir em sociedade é um aspecto essencial da natureza humana. Existe, é possível afirmar, um pressuposto associativo natural no homem, que justifica a amplitude e as diferentes formas de relacionamento interpessoal existentes.

Um importante pensador que refletiu a respeito desta questão foi Johannes Althusius (1557-1638). Afirmava ele que a única espécie de organização política legítima está fundada em um pacto associativo, uma convenção que conta com a aceitação expressa ou tácita do povo. E que esse pacto associativo deve ser estruturado de modo composto, respeitando a natureza humana de ser simbiótico – que vive junto com seus semelhantes – e as diferentes esferas de relacionamento decorrentes dessa característica, tanto no âmbito civil, quanto no público.

> Assim, inspirado em autores clássicos, como Aristóteles (384 a.C - 322 a.C) e Cícero (106 a.C - 43 a.C), Althusius desenhou, inclusive através de um esquema de chaves, uma complexa rede de associações que, partindo da esfera privada, passa pela família, pela associação civil (*collegium*), pela cidade, pela província e, finalmente, chega à união de províncias, denominada por ele de comunhão simbiótica universal.

Essa complexa estrutura que identifica níveis de interação social já é apreciada por Althusius à luz de uma ideia de autonomia, trazendo, assim, o cerne do princípio da subsidiariedade, que, em resumo, estabelece o seguinte: tudo aquilo que a esfera menor de poder é capaz de resolver por si a esfera maior de poder não deve se envolver. Desta forma, partindo do indivíduo, passando pela família, pela comunidade civil, pela cidade, pelo estado, até a união política maior, a primazia sempre deve ser da estrutura menor. No âmbito político, significa dizer que aquilo que a cidade é capaz de fazer sozinha não deve ser considerado como dever/responsabilidade do estado, e aquilo que o estado é capaz de fazer sozinho não deve ser considerado como dever ou responsabilidade da união.

Primeiro, as cidades ou municípios, depois os estados e, excepcionalmente, o governo central ou federal. Afinal, como afirma o cientista político Benjamin Barber (1939-2017), é na cidade que nascemos, estudamos, trabalhamos, divertimo-nos e morremos. É essa unidade política, a mais antiga e a mais duradoura, que chamamos de casa, na qual conhecemos e identificamos pessoas e lugares, onde os fatos da vida acontecem e deixam a sua marca. Em unidades políticas menores, as pessoas costumam ter mais confiança em seus representantes, conseguem participar mais ativamente da vida política, cobrar mais dos órgãos e agentes governamentais, zelar mais pelas ações dos seus pares e dos seus governos, sentir de verdade os impactos de problemas sociais e de políticas públicas de má qualidade e, portanto, ter mais estímulos para resolvê-los.

Nesse sentido, sugere Barber que o futuro da organização política não está no estado-nação ou seus organismos multilaterais, mas sim na cidade, onde a democracia nasceu, desenvolveu-se e irá se reinventar. A propósito, por que não pensar que ao invés de uma Organização das Nações Unidas, poderíamos ter uma Organização das Cidades Unidas, mais pragmática, mais plural, mais tolerante, mais focada naquilo que realmente importa? A ideia de descentralização política, como referiu Adam Freedman, de fato, não parece estar ultrapassada, pelo contrário, ela ressurgiu e se mostra mais viva e atual do que nunca.

Freedman defende uma retomada da dinâmica de descentralização e maior autonomia das unidades menores. Para ele, ao contrário do que parte da doutrina sustenta, o que está anacrônico é a centralização do poder político. A sociedade do século XXI, com todas as tecnologias que estão disponíveis e que surgem em um ritmo incontrolável, com toda a informação e as possibilidades que essas tecnologias criaram e estão criando, não aceitará mais a concentração de poder, não aceitará mais governos centrais poderosos. A tendência é outra e conduz na direção da descentralização, da maior autonomia dos indivíduos, das liberdades individuais e do fortalecimento do princípio da subsidiariedade.

Tal hipótese também é levantada por Robert F. Nagel, que aponta para a influência que uma mudança cultural pode exercer na promoção da descentralização:

> Still, perhaps, something about the culture has changed or is changing in a way that will promote significant decentralization. Along with factors like the growing frustration with "Washington" and its interest-group politics, however, other broad cultural trends must be considered.

Pois bem, estamos em um momento de disrupção, de mudança cultural, de retomada do princípio da subsidiariedade, de repensar o papel das cidades e dos governos locais. Descentralização, fracionamento do poder, aproximação do cidadão, pluralidade são tendências que ganharão cada vez mais força com o acelerado processo de inovação tecnológica que nos acompanhará nos próximos anos. Portanto, é melhor começar a pensar com mais cuidados nas unidades políticas menores, como as cidades, e projetar centros de poder, como Brasília, com bem menos relevância.

Conclusão

Apesar dos inúmeros movimentos de cerceamento da liberdade e de centralização do poder experimentado no século passado, as perspectivas para o futuro seguem caminho inverso e apontam para uma sociedade que demanda maior liberdade e descentralização política. A percepção é que nos encontramos no justo momento de inversão do fluxo. Diante de todas as tecnologias que estão disponíveis e que seguem sendo criadas em uma velocidade extraordinária, diante de toda a informação facilmente acessada, as pessoas não mais aceitarão a violação das suas liberdades e a concentração do poder político.

A tendência é outra e demandará maior descentralização, maior autonomia dos indivíduos e fortalecimento do princípio da subsidiariedade. Esse movimento já é perceptível nos dias de hoje, como comprovam os movimentos que demandam, nos Estados Unidos da América, a devolução aos estados de muitos poderes assumidos pelo governo central, que começam a repensar o modelo federal aplicado no Brasil, que questionam o excesso de regulamentação pelos órgãos centrais da União Europeia, que pugnam, inclusive, pela prevalência de unidades políticas menores, no caso, as cidades ou municípios. Na esteira da disrupção tecnológica, temos a oportunidade de resgatar um valor fundamental, a liberdade, e um princípio de grande importância, a subsidiariedade. Temos a chance de construir uma sociedade com o poder político mais descentralizado e limitado, uma sociedade mais livre e aberta.

O Estado Essencial: Governo focado, Sociedade livre

Vinicius Poit
EMPREENDEDOR, ASSOCIADO DO IFL/SP
Caio Coppolla
ANALISTA POLÍTICO

O sucesso das privatizações, nos anos 90, parece aqueles casos em que o êxito passou batido e a lição não foi aprendida. Apesar do que aponta o registro histórico do retorno econômico apurado e dos evidentes benefícios que a desestatização trouxe ao país, o Brasil ainda parece incapaz de reconhecer, sem pudores, a máxima de Ronald Reagan: "O Governo não é a solução para o nosso problema; o Governo é o problema". Para leitores mais distraídos, a frase pode parecer uma apologia à anarquia, mas o icônico ex-presidente americano se referia ao que seus compatriotas chamam de *big government* – e que é o único tipo de Governo que o povo brasileiro já conheceu: grande, interventor e sem foco.

Se nosso incompetente Estado fosse o CEO de uma empresa, ele seria um mau gestor megalomaníaco, errático e corrupto, incapaz de cumprir as atribuições estatutárias de sua companhia (neste caso, nossos dispositivos constitucionais). Sem sequer prover segurança, saúde e oportunidades de educação dignas à população, nosso governo enivereda por todas as searas da atividade econômica: de fibras de poliéster a chips para identificação de gado, do transporte de insumos petroquímicos ao desenvolvimento de softwares de gestão. Isso sem falar na regulação excessiva e na taxação confiscatória da atividade produtiva, o que nos remete a outra paráfrase do saudoso Reagan: "Nós não temos déficit por falta de impostos; nós temos déficit por excesso de gastos".

No Brasil, gasta-se muito e gasta-se mal. Não é surpresa, já que nosso método de "investimento" é o pior exemplo dentre os modelos de alocação de recursos tão apropriadamente identificados por Milton Friedman: "gastar o dinheiro dos outros, com os outros" – o que explica a negligência dos burocratas e representantes eleitos do Poder Público tanto com os custos, quanto com a qualidade dos serviços prestados ao cidadão brasileiro. Neste sentido, vale uma breve digressão para corroborar a tese de Friedman: no caso da elite do funcionalismo público, cujo poder e influência permitem uma atuação quase direta em causa própria, temos o gasto do dinheiro dos outros consigo mesmo, o que, nas palavras do Nobel em economia, assegura "um bom almoço". Por aqui, essa bela refeição traduz-se em remunerações acima do valor de mercado, estabilidade no emprego, maior tempo de férias, aposentadorias precoces (e pareadas com a mais alta faixa salarial da carreira), entre outras benesses jamais cogitadas no setor privado.

A péssima alocação de recursos se evidencia de forma ímpar nas empresas estatais, das quais somos sócios compulsórios e investidores pródigos, considerando os constantes resultados negativos que essas companhias impõe ao tesouro nacional. Apenas em 2016, as empresas públicas federais (151 delas, por sinal) totalizaram um prejuízo de mais de R\$19 bilhões – é como se cada cidadão brasileiro, do recém-nascido ao idoso, tivesse contribuído com R\$92,00 para fechar essa conta. Ainda assim, após décadas de propaganda ufanista e desinformação patrocinadas pelo *establishment* político-midiático, dois terços da população ainda se considera contra as privatizações ao mesmo tempo em que goza de acesso sem precedentes aos serviços privatizados de telecomunicações e repudia a péssima qualidade dos serviços públicos prestados pelo governo. É um paradoxo que só pode ser compreendido no contexto da pós-verdade, em que os fatos pesam menos que as narrativas e seu conteúdo emocional. Jaz aí a possível explicação para entender um sujeito que paga mais de R\$ 4,00 no litro da gasolina, em um país (teoricamente) autossuficiente em combustíveis e energia, a bradar que "o petróleo é nosso!" em defesa do monopólio estatal. Aqui, vale o ensinamento citado à exaustão pelo economista Roberto Campos: "se a Petrobras é eficiente, ela não precisa do monopólio; se não é, ela não merece".

Temos a tendência de reduzir a discussão do Estado perdulário, interventor e ineficiente – tão bem sintetizado na figura das empresas estatais deficitárias e seus monopólios – a uma questão de ordem econômica. Contudo, trata-se de tema mais profundo, que envolve o debate sobre o escopo de atuação do poder público: queremos mesmo o *big government*, com sua agenda insustentável de mais impostos, mais regulação e mais assistencialismo? No Brasil, chegamos muito próximo ao ponto de colapso deste modelo, que nos deixou como herança uma população mal instruída, instituições fragilizadas, tributação excessiva, recessão econômica e recorde de desemprego. É hora de promover a desestatização em sua acepção mais ampla e de pensarmos em um *Estado essencial*, que sabe priorizar objetivos sociais. O foco da máquina pública deve ser direcionado a setores em que a atuação governamental se faz necessária, e não apenas possível: promover segurança física e jurídica, atendimento médico e oportunidades de formação pessoal são as atividades que devem ser protagonistas da agenda pública. Como bônus, o efeito colateral deste Estado essencial – de fato comprometido com os dispositivos constitucionais referentes à segurança, saúde e educação – será uma injeção de liberdade na vida econômica do país, que se verá solto das amarras dos monopólios e da injusta concorrência estatal. Sob pena de exceder a quota aceitável de citações de Reagan, vale a provocação sobre o lado que representam aqueles que defendem nosso corrente Estado mastodôntico: "*You can't be for big government, big taxes and big bureaucracy, and still be for the little guy*". Um governo mais focado e eficiente permitirá uma sociedade mais livre e próspera para todos.

QUE TODO TIPO DE POLÍTICO VÁ PARA O ESPAÇO!

Mariana Marcolin Peringer

ECONOMISTA E EMPREENDEDORA, PROSPECT DO IFL/SP

Estamos vivendo tempos de grandes avanços da tecnologia, singularidade nos assuntos atuais e notamos que mudanças exponenciais no futuro da humanidade estão sendo projetadas. Ao mesmo tempo, basta ligar em um canal de notícias e assistir a instabilidade política, escândalos, terrorismo, crises de refugiados, guerras, disputas pelo poder... e a lista continua. As guerras, os conflitos políticos e os problemas sociais continuam a prejudicar o progresso humano. Percebemos que, embora tenha melhorado de várias maneiras, o mundo ainda está longe de ser perfeito. Estamos, continuamente, confrontados com desafios na configuração da sociedade civil. Discutem-se novas políticas, novos governos e os problemas persistem, mas pouco se discute sobre novas ideias.

E se, literalmente, mandássemos todo e qualquer tipo de político para o espaço, com o objetivo de diminuir o zoom e observar nossas ações e valores a partir de uma lente mais ampla? Vamos imaginar que alienígenas nos observam e pensar: o que eles achariam de nós? A maioria de nossas ações é justificável de uma perspectiva mais ampla? Os nossos políticos e líderes mundiais estão empurrando a humanidade para a frente? E, se todos os líderes mundiais e políticos realmente experimentassem ir para o espaço e ver o planeta em uma visão macro?

Dizem que os astronautas experimentam uma mudança notável na consciência cognitiva ao sair da Terra. Ao observarem a grande bola azul a partir da órbita coloca todos os nossos problemas e conflitos numa perspectiva muito maior. Do espaço, as fronteiras nacionais e as diferenças geográficas desaparecem, e fica claro que, no final do dia, somos fundamentalmente humanos, cada um único. Não há linhas de divisão nem limites e separação entre áreas. Pode parecer lunático ou ficção científica, mas paremos para pensar! Precisamos, realmente, de controles e de políticos? Continuarão a construir muros e a dividir-nos?

As pessoas acreditaram, no último século, que o estado poderia resolver os problemas da sociedade. Atualmente, as pessoas reconhecem que o governo falhou, que o problema está em todas as limitações e barreiras que nos dividem. Obviamente, dar a todos uma viagem ao espaço é impossível – isto é, a menos que o turismo espacial se torne barato e eficaz –, mas existem alternativas como, por exemplo, atualizar o tipo de valores que nosso sistema educacional promove e equipar as futuras gerações com uma mentalidade diferente.

Ver o planeta do espaço pode ser um poderoso despertar da mente e uma redefinição fundamental do que significa ser humano e do que significa viver em sociedade. De outra perspectiva, lá do espaço, o mundo não tem fronteiras, divisões, governos e estados. O ser humano pode ser considerado um ser entre os outros seres da natureza, que deve ser olhado de maneira única, individual, e não dividido em grupos, raças e países.

É clara a filosofia de que a liberdade é compatível com a natureza humana, assim como é claro ter em mente que a liberdade é natural e orgânica, compatível com a ação humana. Na era da tecnologia, da singularidade e de tantos avanços exponenciais, uma nova maneira de pensar deve emergir.

Mesmo que, ainda nos dias atuais, o assunto provoque a primeira pergunta "sem governos não será como no Velho Oeste?", por outro lado, também existe um grande movimento de ideias libertárias se expandindo e ganhando novos adeptos, grandes pensadores e líderes com maneiras diferentes de pensar do senso comum. Tudo pode começar com uma mudança no pensamento, tudo pode começar com novas ideias. Ludwig von Mises, grande nome do pensamento austríaco de economia, já dizia "ideias, e somente ideias, podem iluminar a escuridão".

E é do crescimento de ideias libertárias, as quais veem o mundo com outra lente, que trato neste artigo. O pensamento libertário, derivado da escola Austríaca de economia, cresceu muito nos últimos anos. Encontramos vasta bibliografia em autores clássicos como Ludwig von Mises, Frédéric Bastiat, e pesquisadores mais atuais como Henns-Hermann Hoppe ou Jeffrey Tucker, que merecem nossa leitura.

Os pilares fundamentais do pensamento libertário são a defesa de liberdade, da propriedade privada e da paz. Liberdade significa que os humanos são soberanos sobre suas mentes e corpos, significa que você é dono de si mesmo e que todo indivíduo possui livre arbítrio, que toda pessoa molda a si mesma de uma maneira diferente. Portanto, significa que o mundo está além de qualquer fórmula, equação, política, lei e governo que tente moldá-lo de uma única maneira pré-determinada.

Ser dono de si mesmo traz, consequentemente, a definição necessária de direitos de propriedade, significando que indivíduos são donos de seus corpos e mentes e possuem uma reivindicação legítima aos produtos derivados destes. Mas, ainda assim, podemos nos perguntar "até aonde vai essa liberdade individual, o indivíduo é livre até chegar a liberdade de outro indivíduo?". Deste questionamento, derivamos o terceiro pilar da escola – a manutenção da paz.

De acordo com as ideias libertárias, existe uma regra de ouro no convívio em sociedade, "*do not harm – to don't be harmed*". Esta é a única regra do libertarianismo: o Princípio da Não-Agressão (PNA), que afirma que "ninguém tem o direito, sob quaisquer circunstâncias, de iniciar força contra qualquer outro ser humano, nem de delegar sua iniciação". As ideias de auto-propriedade, direitos de propriedade e não-agressão devem valer para todos, mesmo quando um grupo se reúne e chama a si próprio de "governo". Uma vez que governos, por definição, usam força (ou ameaçam usá-la), de muitas maneiras que não se enquadram na auto-defesa, isso é ilegítimo, quando olhamos de uma perspectiva liberal. Assim, vamos entender – e vender – a liberdade como um método profundamente pragmático de organizar a sociedade, que resolve problemas e conflitos com as melhores soluções privadas e voluntárias disponíveis. Vamos rejeitar as grandiosas visões e utopias para o que sempre vai ser um mundo imperfeito.

O assunto ainda desperta muitas perguntas. Ainda é muito difícil imaginar uma sociedade sem governo. O professor Doutor Hans-Hermann Hoppe, membro do Ludwig von Mises Institute, aborda a solução na questão de ordem social na construção de uma sociedade de leis privadas e acordos voluntários. Segundo Hoppe, em uma sociedade de leis privadas, cada indivíduo e cada instituição está sujeita ao mesmo e único conjunto de leis. Não existe "propriedade pública" nesta sociedade, mas apenas leis e propriedade privadas, aplicáveis a todos igualmente. A ninguém é permitido adquirir uma propriedade de alguma forma que não seja por apropriação original, produção ou trocas voluntárias, e ninguém possui o privilégio de cobrar impostos ou de expropriar propriedade alheia.

Em uma sociedade de leis privadas, a produção da segurança, das leis e da ordem será empreendida por indivíduos e agências que competem no mercado por uma clientela voluntária e pagante, como já é na produção de todos os outros bens e serviços. Em uma sociedade complexa baseada na divisão do trabalho, todos têm o direito de defender-se de uma agressão e de defender sua propriedade, portanto todos têm o direito de possuir armas.

A diferença mais vantajosa de uma indústria competitiva de segurança privada, quando comparada à prática atual, é a existência de contratos. O estado opera no vácuo, na ausência de um contrato legal, pois não existe contrato entre os cidadãos e o estado. Não está fixado os serviços que este deve prover, assim como não está fixado o que acontece caso o estado falhe em cumprir o seu dever, nem os preços dos serviços. Além disso, o estado, unilateralmente, determina as regras do jogo, a legislação. Isso seria inconcebível para provedores de segurança financiados livremente. Existir uma relação contratual entre a agência que te protege e você que quer ser protegido é a grande vantagem.

Além da natureza qualitativa, o estado é muito ineficiente na prestação de segurança à sociedade, pois transmite a imagem de que nos protege de crimes, assassinos, ladrões, mas falha na tarefa. E a justiça? Como seria? Nos casos de conflitos entre clientes da empresa privada e da própria empresa ou conflitos entre diferentes empresas, a solução existente será apelar para a arbitragem de uma terceira parte independente e que seja confiada por ambas as partes do conflito e da sociedade. Portanto, a produção de leis privadas que convergem no sentido cultural da sociedade é possível em uma sociedade sem governo, segundo Hoppe.

É importante destacar um ponto crucial no funcionamento da sociedade: a cooperação, na qual as pessoas se juntam para colaborarem umas com as outras a fim de melhorarem a situação de todos. Essa é a mágica de mercado: as pessoas juntam seus valores, espontânea e cooperativamente, e mais valor é agregado a todos os participantes. A cooperação humana é diferente das atividades que ocorreram sob as condições pré-humanas no reino animal e daquelas que ocorriam entre pessoas ou grupos isolados durante as eras primitivas. A faculdade humana específica que distingue o homem do animal é a cooperação.

Com base nisso, desenvolveu-se a sociedade humana, o mercado e a cooperação pacífica entre os indivíduos. A cooperação social significa divisão do trabalho, na qual os vários membros de uma sociedade não vivem suas próprias vidas sem qualquer ligação ou conexão com outros indivíduos. Graças à divisão do trabalho, estamos constantemente associados a terceiros: trabalhando para eles e recebendo ou consumindo o que eles produziram para nós.

Como resultado, temos uma sociedade baseada nas trocas e na cooperação entre vários indivíduos. São essas trocas que criam o mercado, que representa, precisamente, a liberdade das pessoas produzirem, consumirem e determinarem o que deve ser fabricado, em qual quantidade, com qual qualidade e para quem esses produtos devem ir. Um sistema livre sem um mercado é impossível. O mercado é a representação prática desse sistema livre.

Vivemos em tempo de mudanças, e novas ideias são receptivas ao público. A Era Digital é tão simples, tão democrática e tão descentralizada que pode provar a impossibilidade do controle inerentemente hierárquico do estado sobre nós. A livre circulação de informação pode fazer com que seja inevitável a livre circulação de bens e serviços, enquanto desmascara tiranias que não podem mais esconder a verdade. Os governos e estados estão mudando e crescendo ainda mais, o globalismo vigente significa controle mais centralizado por um cartel emergente de estados como a União Européia (EU) e suas ONGs, sem falar dos pedidos por uma convergência de bancos centrais sob uma organização global como o FMI.

E, enquanto todos nos beneficiamos das maravilhas do progresso tecnológico e celebramos, especialmente, as tecnologias que tornam mais difícil para o estado nos governar – como *bitcoin*, Uber ou criptografia – temos que lembrar que avanços na tecnologia também tornam mais fácil o governo nos espionar e controlar. A escolha entre organizar os assuntos humanos pelos meios econômicos ou políticos não acabou com a revolução industrial, com a eletricidade ou com nenhum outro dos enormes avanços tecnológicos. Naturalmente, também há dúvidas quanto à libertação via revolução digital. Ainda que a ideia de que a tecnologia cria um novo paradigma, uma nova "terceira via" que tornará o governo obsoleto seja sedutora, o ponto mais importante é começar com uma mudança intelectual, uma nova maneira de pensar. Então, vamos continuar divulgando nossas ideias, ainda que possam parecer inviáveis atualmente. Que todo tipo de político e conceito que nos defina e nos divida vá para o espaço!

TECNOLOGIA SUPLANTANDO REGULAMENTAÇÃO – O VERDADEIRO "EMPODERAMENTO" DOS INDIVÍDUOS

Renato Dias

ADMINISTRADOR, ASSOCIADO HONORÁRIO DO IFL/SP

O dilema "segurança x liberdade", provavelmente, deve ser tema de outros artigos que compõem este livro. E foi principalmente com o argumento de garantir a segurança da população que os governos impuseram seu poder de órgão regulador ao longo do tempo.

A busca por segurança, seja com o significado de integridade física, seja no sentido de "proteger" os consumidores de ameaças como monopólios ou produtos de má qualidade, justificou que regras e procedimentos fossem criados para colocar limites e estabelecer padrões para as atividades de nossas vidas, quase sempre com o Estado como seu guardião.

Atualmente, o ambiente de regulamentações dá amplos e exclusivos poderes para poucos agentes. Com seus carimbos e formulários, são eles que autorizam ou não grande parte das interações humanas de acordo com pré-requisitos definidos pela regulamentação, sempre pensando no bem geral da população. Essa é a teoria.

Na prática, porém, o que acaba acontecendo passa longe do real interesse dos consumidores e da maioria dos que tentam empreender em algum setor regulado. Um dos sintomas mais comuns é a criação de barreiras de entrada, que geram a concentração do mercado nas mãos de poucos. Com menos concorrência, as empresas que sobrevivem à regulamentação oferecem produtos de menor qualidade e maior preço. Não raro, são justamente essas empresas que fazem lobby por mais regulamentação – que só elas serão capazes de cumprir –, deixando de fora do jogo milhares de potenciais competidores. Essa situação é bem resumida na célebre frase do jornalista americano P. J. O´Rourke:

"Quando a compra e venda são reguladas por lei, a primeira coisa a ser comprada e vendida são os legisladores".

Ao longo do tempo, porém, e, principalmente, nos últimos anos, a tecnologia aparece como uma importante arma para driblar as regulamentações e aumentar a liberdade em diversos setores.

Um dos exemplos mais consagrados são os aplicativos de transporte como Uber e Cabify. Pela tecnologia, os passageiros acessam diretamente os motoristas, suplantando toda a regulamentação e burocracia do serviço de táxi nas cidades. O sucesso foi tão grande que diversos aplicativos similares apareceram, conectando clientes a prestadores de serviço das mais variadas áreas, sem a necessidade de intermediários e superando as barreiras de mercado impostas pelas regulamentações.

Como era de se esperar, a reação dos burocratas e dos grupos que eram favorecidos pela reserva de mercado foi rápida. A disputa entre taxistas e motoristas de aplicativos segue acirrada, e, ainda, não há uma definição sobre como ficará a possível regulação da nova tecnologia.

Mas a grande mudança ainda está por vir. Não seria exagero dizer que as próximas gerações terão dificuldade para entender o conceito de regulação do jeito que conhecemos hoje. Áreas como meios de pagamento, investimentos, direito, genética, saúde, publicidade, comunicação, e muitas outras serão profundamente transformadas em termos de regulamentação pelas novas tecnologias.

Podemos imaginar o que nos espera, quando avaliamos as potenciais mudanças causadas pelo sistema conhecido como *Blockchain*. Essa tecnologia é a engenharia computacional que está por trás do *Bitcoin*, o "dinheiro virtual", cuja utilização está se tornando cada vez mais popular no mundo real.

O *Bitcoin*, uma criptomoeda que funciona como o dólar ou o real, tem suas transações processadas por uma rede de pessoas ou empresas que não precisam de licença para operar. Não há necessidade de um intermediário, como um banco, empresa de pagamento ou de cartão de crédito. A rede é composta por colaboradores independentes e voluntários, o que traz impessoalidade e segurança às transações. Há competição entre os envolvidos para saber quem vai processar o próximo bloco de transações (daí o nome *Blockchain*). Tal competição é intensa, e, para conseguir fraudar o sistema, seria necessário ter uma força computacional e arcar com os custos de eletricidade maiores do que pelo menos 51% do restante da rede, o que é praticamente impossível. Não por acaso, grandes empresas de cartão de crédito e bancos já estão adaptando conceitos do *Blockchain* às suas operações.

Com tantos recursos assim, várias *startups* já usam esse sistema para os mais variados fins, como registro de títulos, registros autorais, testamentos, contratos, certificados de autenticidade e de origem de mercadorias. Enfim, fica claro que o *Blockchain* vai alterar de forma significativa a maneira com que compartilhamos e armazenamos informações e documentos em geral. Seria este o fim dos cartórios? Sim, mas não só isso.

Além do impacto direto no sistema de regulamentações, reduzindo custos e burocracia, outro alvo certeiro atingido pela adoção de tecnologias como o *Blockchain* é a corrupção. Como percebemos no exemplo dos *Bitcoins*, a tecnologia é uma ferramenta que torna a alteração de dados de forma ilícita algo praticamente impossível. Isso derruba o argumento da necessidade da regulamentação estatal por uma questão de segurança, que, como mencionado no início deste artigo, sempre foi a principal justificativa de seus defensores.

Aliás, neste ponto, é importante fazer uma distinção entre a regulamentação estatal e a regulamentação voluntária dos mercados. A existência de um sistema de regras e padrões é benéfica para o bom funcionamento e para a transparência das relações comerciais. Por isso, ser contra a regulamentação estatal não implica ser a favor da total falta de controle sobre a maneira que clientes e empresas interagem.

Porém, como bem explica o artigo "É impossível existir um mercado desregulamentado", publicado no site do Instituto Mises Brasil, *"a regulação estatal não apenas não é o único tipo de regulação, como é o pior dos tipos existentes. (...) Quando se trata de regular o mercado, as próprias forças inerentes ao mercado fazem isso. Quando o mercado é livre – isto é, quando não há obstruções governamentais à entrada de concorrência – as forças do mercado regulam o próprio mercado continuamente"*.

Assim, é fácil constatar que mercados livres são capazes de regular o preço e a qualidade dos produtos com extrema eficiência, o que só é afetado quando os governos resolvem interferir. Mais uma vez, o exemplo do Uber não nos deixa mentir: com seu advento, os preços e a qualidade do serviço melhoraram, mas agora o Estado começa a ensaiar interferências que, fatalmente, vão prejudicar os benefícios da autorregulação.

Mas não se deixe enganar: mesmo que haja resistência, este é um caminho sem volta. Graças à tecnologia, todo o conceito de regulamentação como conhecemos hoje está com os anos (para não falar dias) contatos. Inovações como Uber, Airbnb, Whatsapp, Ethereum, drones, impressoras 3D, redes sociais, e o sistema *Blockchain* criarão um ambiente em que não fará sentido depender da burocracia estatal para operar em algum mercado. A segurança e as regras continuarão existindo, porém serão definidas de forma muito mais eficiente e racional do que acontece hoje. A grande diferença é que seus padrões serão criados pelos próprios mercados, com participação de todos os prestadores de serviço e usuários, o que raramente acontece atualmente.

Para as empresas, isso significa a obrigação de se adaptar e ser mais eficiente. Quem não servir melhor o público e não tiver uma vantagem competitiva real não vai sobreviver, pois as reservas de mercado garantidas por regulamentações criadas para os "amigos do rei" não terão mais efeito prático. Inovar deixará de ser um diferencial, passando a ser um pré-requisito para as empresas, que não terão mais clientes garantidos por suas licenças que afastavam a concorrência.

Para os trabalhadores, tais mudanças significam uma nova maneira de lidar com as relações entre patrões e empregados, além da necessidade de constante capacitação, flexibilidade e habilidade para atender aos desafios desse novo cenário.

Por fim, para os consumidores, haverá muitos ganhos em termos de qualidade, preço e variedade dos produtos e serviços disponíveis. Porém, isso virá acompanhado de grande responsabilidade em relação às escolhas feitas, sem o paternalismo e a (falsa) sensação de proteção que os mercados altamente regulados transmitem hoje. Cada vez mais, caberá aos usuários a importante e nobre tarefa de avaliar e selecionar quais empresas devem operar no mercado, e não mais ao burocrata sentado em seu escritório.

Trazendo todo o exposto para o campo das ideias, em um momento da história em que muito se discute sobre esquerda x direita, feminismo e "empoderamento" de minorias, percebemos que todas as mudanças descritas incorrem no aumento do protagonismo dos indivíduos no cenário das relações humanas.

Assim, a grande conquista que essa inexorável nova realidade, oriunda do advento de tecnologias, trará para empresas, trabalhadores e consumidores é justamente a descentralização do poder, que passará das mãos de poucos agentes para as pessoas comuns que compõem o mercado.

Essa é a principal mensagem que os liberais devem se preocupar em propagar, exaltando as vitórias dos indivíduos sobre o poder centralizado e da liberdade sobre o autoritarismo que as novas tecnologias proporcionam. Não se deve esquecer, porém, que mais liberdade sempre vem acompanhada de mais responsabilidade, mas este é um desafio que devemos encarar com alegria e satisfação. A liberdade vai vencer!

A DISRUPÇÃO E OS SEUS INIMIGOS: PATENTES E DIREITOS AUTORAIS

Lucca Tanzillo

ECONOMISTA, PROSPECT DO IFL/SP

As ideias mais defendidas pelos amantes da disrupção são, frequentemente, aclamadas pelos seus inimigos, que, desse modo, penetram no campo da inovação sob o disfarce de aliados.[1] Parte desse conjunto de ideias envolve a defesa das leis de patentes e direitos autorais que, apresentadas como estímulos à inovação, geram, na verdade, desincentivos e acomodação. Tais privilégios e direitos de exclusividade surgem mascarados com o termo propriedade intelectual, mas não há qualquer fundamento moral para justificá-los.

Direitos de propriedade surgem, segundo Hans-Hermann Hoppe, "como forma de prevenir conflitos gerados pela escassez de recursos"[2]. Não existem disputas sobre bens abundantes tais como o ar ou a água do mar. Assim como esses bens, ideias não são escassas, ou seja, seu uso não exclui o uso de um terceiro. Essa característica extingue a possibilidade de conflito e a necessidade de haver exclusividade. Enquanto a propriedade privada previne conflitos, a propriedade intelectual os gera, pois, nas palavras de Tom Palmer, esses direitos dependem de uma escassez "artificial e autocriada". O autor ainda observa que:

> Se a base do direito natural à propriedade é a propriedade sobre si mesmo, então reivindicações sobre a posse de ideias ou objetos ideais conflitam com esse direito de auto propriedade, pois tais reivindicações são nada menos do que reivindicações sobre o direito de controlar como um terceiro utiliza o próprio corpo.[3]

Defensores da propriedade intelectual costumam ser seguidores da teoria Lockeana de que o direito à propriedade privada surge como "fruto do próprio trabalho" e de que apenas o trabalho cria propriedade. No entanto, assim como nota Stephan Kinsella, "o trabalho é um tipo de ação, e ações não são

---

[1] Parafraseando Karl Popper em "A Sociedade Aberta e Seus Inimigos".

[2] Parte de um discurso feito por Hans-Hermann Hoppe em 2009 na Mises University.

[3] PALMER, Tom. *Are Patents and Copyrights Morally Justified?*.

passíveis de serem apropriadas; pelo contrário, são a forma através da qual algumas formas tangíveis (por exemplo, corpos) agem no mundo"[4] Palmer vai além, demonstrando ser a "ocupação, e não o trabalho, o ato pelo qual coisas externas se tornam propriedade".

Sendo inexistente a base moral para se justificar a propriedade intelectual, a partir daqui, adotarei o termo monopólio intelectual para me referir a patentes e direitos autorais. O autor André Ramos expõe, em seu livro *Lei de Propriedade Industrial Comentada* (2016), que até mesmo defensores dessas leis concordam que essas não estabelecem direitos à propriedade, mas sim direitos a monopólio. Esses defensores, por sua vez, recorrem ao argumento utilitarista de que tais direitos de exclusividade são fundamentais no incentivo à inovação.

Para analisar tal argumento é preciso responder: o que leva uma empresa a inovar? Empresas enfrentam um dilema no qual há fatores inibidores e motivadores. A inibição existe por conta dos custos irrecuperáveis trazidos pela inovação, ou seja, os recursos e competências que perderão valor após a mudança. Esse fator leva os agentes a aproveitarem ao máximo as tecnologias vigentes. Por outro lado, a motivação está atrelada ao risco de novas firmas ou entrantes aparecerem com melhores propostas. Em outras palavras, é a competição que estimula a inovação.

Patentes e direitos autorais surgem como barreiras a novos entrantes, reduzindo a probabilidade de um terceiro investir em inovação. A garantia de monopólio coloca as empresas em uma situação confortável, na qual há poucos incentivos para inovar e criar novas fontes de vantagem competitiva. Pelo fato da aventura em novas soluções reduzir, significativamente, a eficiência organizacional, até mesmo empresas líderes tendem ao "satisfatório". Enquanto processar competidores que oferecem produtos melhores for menos custoso do que investir em pesquisa, o desenvolvimento tecnológico estará ameaçado.

Sem monopólio intelectual, qual seria o estímulo para a inovação? Al Ries e Jack Trout dão a resposta no livro *As 22 Consagradas Leis do Marketing*. Segundo os autores, a lei número 1 de mercado é a liderança, que presume que "é melhor ser o primeiro do que ser o melhor". Para ambos, "é muito mais fácil penetrar na mente primeiro do que tentar convencer alguém a

---

[4] KINSELLA, Stephan. *Against Intellectual Property*.

mudar para um produto melhor do que aquele que penetrou primeiro na mente". O exemplo mais recente de aplicação dessa lei está na indústria de transporte e mobilidade urbana. Por mais que novas empresas já ofereçam serviços melhores e mais baratos, a Uber continua sendo disparadamente a líder de mercado.

Acontece que, na Era da Disrupção, a verdadeira inovação não está mais nos produtos em si, mas nos modelos de negócios. Uma série de indústrias está inovando para além de seus produtos, precisando mudar a forma com que ocorre o fluxo de receitas, estruturas de custos, canais para acessar seu público-alvo, o relacionamento com o consumidor e até a proposta de valor[5]. A seguir, abordarei três grandes indústrias nas quais tais disrupções só ocorreram ou estão ocorrendo graças à inexistência, na prática, de patentes e direitos autorais: a indústria de livros, a indústria musical e, por fim, a indústria farmacêutica.

Poucas indústrias foram mais afetadas pelo desenvolvimento tecnológico do que a indústria de livros. O impacto na cadeia de valor envolveu desde a forma com que os livros são publicados, até as formas de distribuição e leitura[6]. A velocidade de produção e reprodução de informação passou a ser tão alta que 90% de toda informação no mundo foi produzida nos últimos 2 anos[7]. Sem qualquer defesa de direito autoral, autores continuam produzindo conteúdo, em uma velocidade cada vez maior. Algo que foi previsto por Friedrich Hayek:

> Eu duvido que exista alguma grande obra de literatura que não seria produzida caso fosse o autor incapaz de obter um direito de exclusividade. Do mesmo modo, reexames recorrentes do problema [da facilidade de reprodução das ideias] não demonstraram que a obtenção de patentes de fato aumenta o fluxo de novos conhecimentos técnicos.

---

[5] Para mais detalhes sobre a estrutura de um modelo de negócios, *Business Model Generation*, de Alexander Osterwalder.

[6] Atualmente, através de um serviço de assinatura de livros fornecido pela Amazon – o kindle unlimited – é possível acessar mais de um milhão de eBooks, que podem ser lidos em qualquer smartphone.

[7] Petter Bae Brandtzæg da SINTEF ICT, de acordo com o artigo do Science Daily: Big Data, for better or worse: 90% of world's data generated over last two years.

Na indústria musical, o choque surgiu na facilidade com que qualquer música pode ser baixada pela Internet, o que derrubou, na prática, qualquer direito autoral. Entretanto, a rentabilidade dessa indústria continua bastante sólida. Com a maior distribuição da música, os artistas passaram a lucrar mais com shows em países que até então não tinham acesso ao seu conteúdo. A banda britânica Iron Maiden, por exemplo, graças ao mapeamento dos sites de download de música, descobriu que o Brasil era o país que mais baixava suas músicas, passando a fazer até três shows no país por ano.

A disrupção foi tão grande nesse setor que modelos de negócios surgiram com redes de *streaming,* muitas vezes gratuitas para os ouvintes, mas que rendem bilhões com a venda de espaço para *advertisement.* Graças ao serviço de *streaming,* a indústria musical norte-americana cresceu dois dígitos em 2016, a primeira vez em 20 anos[8]. O principal fator dessas mudanças não foi o desenvolvimento tecnológico, mas sim ausência de proteção dos direitos autorais. Ronaldo Lemos, em seu artigo *Tecnobrega: O Pará Reinventando o Negócio da Música,* mostra como, em um cenário de crise de direitos autorais, a indústria musical continuou sendo rentável. Músicos que tinham seus CDs sempre pirateados passaram a gerar receita fazendo propaganda dos camelôs da região, um exemplo de inovação em modelo de negócios.

A indústria farmacêutica, por fim, é um caso interessante a se analisar. A análise do histórico de medicamentos cujas patentes expiraram ou foram abolidas mostra que os preços dos pioneiros continuaram mais elevados que o de seus concorrentes após a abertura da receita. Esse ponto evidencia uma possível preferência do consumidor sobre o pioneiro. Por esse motivo, consumidores continuam pagando mais caro pela aspirina da Bayer, mesmo sem haver diferenças claras frente a outros genéricos. A queda de patentes de medicamentos obrigou laboratórios farmacêuticos a investirem ainda mais em sua marca.

Por ser uma das indústrias ainda mais protegidas por patentes, as inovações acabam sendo lentas. Isso ajuda a explicar o porquê da evolução no mundo dos átomos ser mais demorada que no mundo dos *bits.* A lentidão nessa indústria também existe na engenharia reversa dos produtos, sendo esse mais

---

[8] Crescimento de 11% de acordo com a Billboard. Disponível em: <http://www.billboard.com/articles/business/7744268/riaa-us-music-industry-2016-revenue--double-digit-growth>

um argumento contra o monopólio intelectual. O tempo gasto por concorrentes em desvendar a fórmula de um medicamento é mais do que suficiente para o pioneiro lucrar com sua invenção.

A disrupção da indústria farmacêutica caminha em passos cada vez mais largos. Conforme a defesa regulatória de patentes se torna insustentável, os grandes laboratórios passam a ser obrigados a se reinventar. A inovação tende a ser não apenas sobre os produtos, mas sobre o modelo de negócios. Sendo assim, esses laboratórios devem, no futuro breve, não vender apenas o medicamento, mas a cura. O futuro está nas drogas feitas "sob medida" para o paciente, customizadas de acordo com a biologia própria. Tudo isso será possível apenas sob um cenário de alta competição.

Atualmente, em um segundo de internet, 7.779 tweets são enviados, 806 fotos são postadas no Instagram, 49.111 GB de tráfego de internet é consumido, 62.874 buscas são feitas no Google, 71.028 vídeos são vistos no Youtube e 2.629.324 e-mails são enviados[9]. Não é por acaso que a Era da Disrupção é a Era Digital, também chamada de Era da Informação. O que está ocorrendo é a migração do máximo possível do mundo físico para o mundo digital. Quando algo é digitalizado, torna-se infinitamente reproduzível, driblando o problema da escassez.

Tentar gerar escassez no mundo das ideias é tentar frear o progresso. Na Era da Disrupção, vantagens corporativas estão se tornando cada vez mais temporárias e novos mercados estão surgindo sob um cenário cada vez mais competitivo. O ganhador é sempre o consumidor e, por esse motivo, estamos nos desenvolvendo tão rapidamente. Essa é a essência do desenvolvimento econômico por todo o mundo, a migração do limitado mundo físico para o ilimitado mundo digital.

---

[9] Internet Live Stats. Disponível em: <http://www.internetlivestats.com/one-second/>

REGULAÇÕES ESTATAIS: UM AUXÍLIO PREJUDICIAL

Nathaly Priebe

ENGENHEIRA MECÂNICA, ASSOCIADA DO IFL/SP

> *Protecionismo é a intimidação governamental desencadeada contra os consumidores para obrigá-los a comprar produtos que livremente eles prefeririam não comprar...Protecionismo é a captura de renda por empresários a partir do recebimento de favores especiais do Estado, e não da obtenção de lucros com a prestação de bons serviços ao público... Protecionismo é a mentira corruptora que, absurda e insultuosamente, insiste que o florescimento da sociedade é resultado de monopólio e escassez, e não de competição e abundância. (Don Boudreaux).*
>
> Fonte: https://www.institutoliberal.org.br/frases/frase-dia-44/

Nenhum homem ou governo foi capaz de regular tão bem a economia como o livre comércio, que gera uma concorrência leal, na qual quem fornece produtos ou serviços, conquista seus clientes de acordo com a capacidade de deixá-los satisfeitos, seja com a melhor qualidade ou com o melhor custo. Isso porque o livre comércio é uma regulação feita de forma pulverizada pelas preferências voluntárias de cada cidadão e seu respectivo poder de compra. Este modelo de mercado regula a demanda, pois nem todos buscam um produto de altíssima qualidade nem todos querem o mais barato. Preços *são* ajustados de forma instantânea pelos próprios consumidores refletindo as variações de oferta e procura do mercado.

> *Os capitalistas, os empreendedores e os agricultores são instrumentais na condução das atividades econômicas. Eles manejam o leme e conduzem o navio. Mas eles não são livres para escolher o caminho. Eles não são supremos; eles apenas controlam o leme, estando sujeitos a obedecer incondicionalmente às ordens do capitão. E o capitão é o consumidor.[...]*
>
> Ludwig von Mises, O Mercado, p40

Mas o que caracteriza o livre comércio? O que denominamos de livre comércio é o arranjo econômico em que não há barreiras governamentais à livre circulação de mercadorias, bens ou serviços. E quanto mais livre for mais genuinamente capitalista será. Atualmente, os melhores exemplos de livre comércio *são os novos setores criados pelas empresas de tecnologia* como Uber, Cabify, Airbnb, e que, pela própria tecnologia empregada, conectam os usuários e ajustam os preços pela disponibilidade, de forma imediata. Em princípio, quanto menos regulação for imposta melhor esses serviços irão funcionar.

Além de regular e tributar, o Estado ainda atua no mercado sob a forma de subsídios (empréstimos a empresas custeados por tributos), protecionismo via obstrução de importações, controle da entrada de concorrentes em setores da economia por agências reguladoras e lobbies entre grandes empresários e o governo.

Por meio de licenças, concessões e parcerias com determinadas empresas, o governo monopoliza a produção e distribuição de serviços básicos como água, eletricidade, petróleo, saneamento básico e telecomunicações, restringe e impõe sua influência sobre os meios de comunicação (rádio, televisão) e eleva o custo dos produtos indiretamente por meio do controle e ineficiência dos serviços de transporte no setor portuário, aéreo, viário. Na teoria, as regulações protegem o consumidor, porém, na prática, o efeito é o inverso do desejado ao gerar um cartel apoiado pelo governo, o que deturpa a própria essência do capitalismo.

As medidas protecionistas como tarifas de importação, barreiras não-alfandegárias e cotas, que especificam um número máximo de produtos que podem ser importados, têm como objetivo proteger o mercado nacional, mas essas restrições governamentais geram diversos desequilíbrios no mercado. Além de reduzir o acesso dos consumidores aos produtos, acaba por tornar a indústria nacional pouco competitiva.

Há quem pense que em um país altamente regulado como o Brasil, com altos impostos de importação, a indústria nacional estaria protegida. Os dados abaixo demonstram que, malgrado tal política protecionista, passamos por um processo de desindustrialização.

GRÁFICO 1: Evolução da participação na indústria de transformação brasileira no PIB (1947 – 2015)

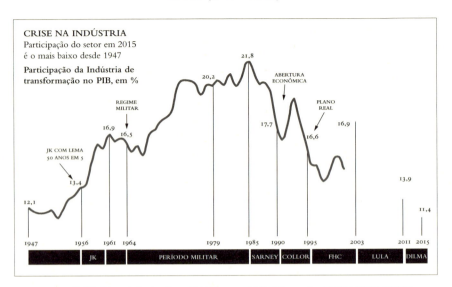

Fonte: IBGE. Metodologia: Bonelli % Pessoa, 2010. Elboração: DEPECON/FIESP

A alta taxa tributária que incide na importação impacta não só nos bens de consumo (elevando o preço aos consumidores), mas também dificulta ou impede a compra de máquinas, matérias-primas e componentes importados pelos próprios fabricantes. Como se não bastasse a voraz carga tributária, o governo brasileiro ainda cria diferentes taxas em setores específicos. Existem mais de 150 medidas *antidumping* em vigor que regulam o preço mínimo de produtos importados (incluindo matérias-primas) legalmente, sancionados pela Câmara de Comércio Exterior (Camex) do Ministério do Desenvolvimento, Indústria e Comércio Exterior.

Ademais, vislumbram-se constantes aumentos nas alíquotas do imposto de importação em setores específicos (via inclusão dos produtos na Lista Brasileira de Exceção à Tarifa Externa Comum – TEC) como exemplo da borracha natural de 4% para 14% neste ano ou de ferramentas para moldagem por injeção ou compressão de 14% para 25% e 30% respectivamente, desde 2010.

Aumenta-se o imposto sobre a matéria-prima, protegendo os fabricantes desses materiais, e os de bens de capital, neste exemplo, mas os setores de bens de consumo que utilizam esses materiais e que não estão sobre essas medidas protecionistas retraem. Afinal, como poderia uma empresa fabricante de bens de consumo brasileiro ser competitiva se esta não consegue acesso à matéria-prima, às ferramentas nem às máquinas por preço competitivo no mercado global? E com a retração da indústria de bens de consumo, quem irá consumir *máquinas e matérias primas?*

Esses são alguns exemplos ilustrando que o protecionismo não beneficia as indústrias de um país, mas sim poucas e específicas empresas, além de gerar um desequilíbrio em toda a cadeia. A falta de competitividade da indústria brasileira está longe de ser solucionada com o aumento dos impostos. Os problemas são estruturais e agravados justamente por ter que sustentar um Estado inchado e ineficiente.

Todas essas formas de regulação são grandes inimigas do mercado e acabam por empobrecer a população. Isso porque o consumidor deixa de ter poder de escolha, e as empresas deixam de ter uma competição saudável. Cria-se uma barreira de entrada, muitas vezes, intransponível para novos empreendedores, já que as empresas detentoras dos mercados investem menos (pois não há estímulo concorrencial) e, consequentemente, a população paga mais caro por serviços e produtos ruins. Menos investimento nas empresas também faz o país produzir menos e, consequentemente, gerar menos empregos e menos renda.

Se buscamos, de fato, melhorar as condições de vida de uma população, devemos tolher essas formas de regulamentação do mercado. O Estado deveria criar condições para que as empresas tenham uma concorrência saudável, com menos burocracia e maior segurança jurídica. Menos impostos, leis trabalhistas mais flexíveis, mais estabilidade monetária, e tudo isso possibilitando o livre comércio pleno. Como mostra o *Índice de Liberdade Econômica*[1] da *Heritage Foundation* a conexão entre liberdade econômica e prosperidade em uma nação.

---

[1] Um estudo de mais de 20 anos que analisa quatro grandes áreas da liberdade econômica: Estado de direito, eficiência regulatória, limitação de governo e mercados livres; em dez categorias: liberdade, direitos de propriedade, corrupção de governo, tamanho de governo, liberdade empresarial, fiscal, trabalhista, monetária, de comércio, de investimento e financeira.

GRÁFICO 2: *Prosperidade e velocidade de crescimento pela liberdade econômica.*

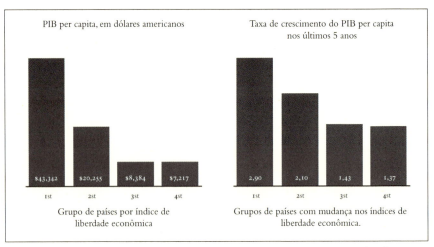

Fonte: The Heritage Foundation et al., "2017 Index of Economic Freedom".

Neste ano, o Brasil está em 140º lugar do ranking mundial, enquanto nosso vizinho Chile está classificado em 10º. De acordo com o relatório, a eficiência e qualidade dos serviços governamentais no Brasil é precária, apesar dos altos gastos. A presença do Estado é extensa, há *barreiras para empreendedores como* burocracia, onerosas taxas e pouco acesso a financiamentos de longo prazo. As *rígidas leis trabalhistas* ainda prejudicam o crescimento e criação de empregos, apesar da recente reforma trabalhista que deve entrar em vigor em novembro de 2017. O sistema jurídico permanece suscetível à corrupção como demonstra os recentes escândalos vindos à tona da Lava-Jato, incluindo suspeitas de compra de sentenças nas mais altas cortes do país e o envolvimento de Procuradores da República em negociações espúrias de delações premiadas, enquanto o enfraquecido Estado de direito solapa o progresso econômico.

Outro índice que também relaciona a liberdade econômica com a prosperidade é o *Economic Freedom of the World* (Liberdade Econômica do Mundo), da Cato Institute, o qual demonstra que a expansão da liberdade econômica coincidiu com a redução da pobreza extrema. Os países mais economicamente livres têm os menores níveis de pobreza, ao passo que, nos países menos livres, altos níveis de pobreza persistem. As informações podem ser comparadas pelo World Poverty Clock (http://worldpoverty.io/), que informa as taxas de progresso de cada país e contabiliza o número de pessoas que saíram da pobreza.

GRÁFICO 3: Liberdade econômica e taxas de pobreza extrema e moderada.

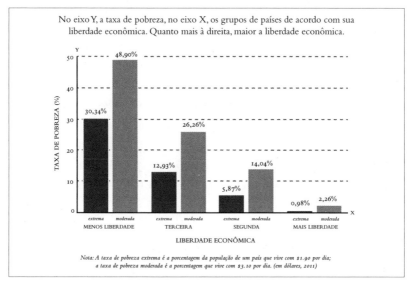

Fonte: Cato Institute et al., "Economic Freedom of the World: 2017 Report."

O grande passo que nos falta é entender que as forças do mercado também regulam e de forma muito mais eficiente e justa. Como diz Deirdre McCloskey, economista e professora da Universidade de Illinois, o que realmente soluciona o problema da pobreza em definitivo é o crescimento econômico gerado por transações econômicas voluntárias em um arcabouço econômico livre. Alguns ousam chamar esse arranjo de capitalismo.

REFERÊNCIAS:

A desregulamentação econômica e o livre comércio resolveriam o problema fiscal do governo. Disponível em: <http://www.mises.org.br/Article.aspx?id=2752>. Acesso em 20 set.2017.

A abertura comercial é imprescindível para o crescimento econômico – e isso não é folclore. Disponível em: < http://www.mises.org.br/Article.aspx?id=2507>. Acesso em 20 set.2017.

BOUDREAUX, Donald J. *Hypocrites & Half-Wits: A Daily Dose of Sanity from Cafe Hayek 2012.*

Como as regulações estatais prejudicam os pequenos, protegem os grandes, e afetam os consumidores. Disponível em: <http://www.mises.org.br/Article.aspx?id=2769>. Acesso em 20 set.2017.

Como o capitalismo e a globalização reduziram os preços e trouxeram progresso para todos. Disponível em: < http://www.mises.org.br/Article.aspx?id=2757>. Acesso em 20 set.2017.

Defender o protecionismo é defender a escassez – defender o livre comércio é defender a abundância. Disponível em: <http://www.mises.org.br/Article.aspx?id=2518>. Acesso em 20 set.2017.

Desindustrialização, desemprego e desdesenvolvimento, José Eustáquio Diniz Alves. Disponível em:<https://www.ecodebate.com.br/2016/11/28/desindustrializacao-desemprego-e-desdesenvolvimento-artigo-de-jose-eustaquio-diniz-alves/>. Acesso em 20 set.2017.

É o crescimento econômico em uma sociedade livre, e não a igualdade forçada, o que salva os pobres. Disponível em: < http://www.mises.org.br/Article.aspx?id=2602> Acesso em 20 set.2017.

Economic Freedom of the world (Liberdade Econômica do Mundo), Cato Institute Disponível em: https://object.cato.org/sites/cato.org/files/pubs/efw/efw2017/efw-2017-chapter-1.pdf> Acesso em 20 set.2017.

HAYEK, Friedrich. *The Constitution of Liberty, 1960,* 2011.

Índice de Liberdade Econômica, Heritage Foundation Disponível em: <http://www.heritage.org/index/pdf/2017/book/index_2017.pdf> Acesso em 20 set.2017.

MISES, Ludwig von. *O Livre Mercado e Seus Inimigos.* São Paulo:Vide Editorial, 2016. p. 140.

MISES, Ludwig von. *O Mercado.* Rio de Janeiro: J. Olympio/Instituto Liberal, 1985. p. 151.

O consumismo não gera crescimento econômico – e sua defesa é o cerne da teoria keynesiana. Disponível em: <http://www.mises.org.br/Article.aspx?id=2427>. Acesso em 20 set.2017.

Reservas de Mercado e o prejuízo ao consumidor. Disponível em: <https://www.institutoliberal.org.br/blog/reservas-de-mercado-e-o-prejuizo-ao-consumidor/> Acesso em 20 set.2017.

ROTHBARD, Murray. *Power and Market: Government and the Economy,* Sheed Andrews and McMeel, 1970.

Se você é contra o livre comércio, você tem medo da abundância e da prosperidade. Disponível em: <http://www.mises.org.br/Article.aspx?id=2629>. Acesso em 20 set.2017.

Não há argumentos econômicos contra o livre comércio – o protecionismo é a defesa de privilégios. Disponível em: <http://www.mises.org.br/Article.aspx?id=2325>. Acesso em 20 set.2017.

World Poverty Clock. Disponível em: http://worldpoverty.io/> Acesso em 20 set.2017.

Produtividade no Setor Público e Privado: Inovação

Ruth Walter
Engenheira, Associada Honorária do IFL/SP

Luiza Lemos Roland
Engenheira, Associada do IFL/SP

Estamos habituados a falar do PIB de um país, e com frequência, também se comenta sobre o PIB potencial, que consideraria a capacidade produtiva instalada, mas, raramente, analisa-se qual seria o impacto no PIB se melhorássemos nossos índices de produtividade. Um estudo realizado por J.A. Scheinkman mostra que o Brasil tem um índice de produtividade 5 vezes inferior ao dos Estados Unidos, ou seja, o que um trabalhador nos Estados Unidos produz em uma hora, no Brasil são necessárias 5 horas para o mesmo resultado, considerando insumos iguais. Ou ainda: considerando a matriz econômica atual do Brasil, poderíamos multiplicar a geração de riqueza por cinco, sem comprometer nossos recursos, de forma a contribuir para a sustentabilidade. Em geral, associamos o aumento de produtividade à tecnologia, mas há outros fatores que também impactam na produtividade, como o grau de educação, cultura e incentivos ao trabalhador, conforme podemos observar no gráfico abaixo. Nesse artigo, exploraremos esse último fator, dando enfoque ao setor público em comparação com o privado.

GRÁFICO 1: Decomposição da variação de produtividade entre países (1965 a 2010)

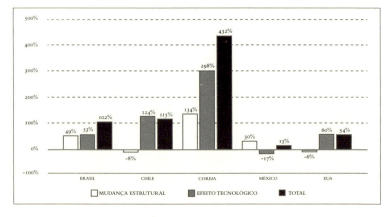

Por que temos uma percepção de ineficiência e falta de foco em atender o cliente final, a população, e não aos processos burocráticos, quando comparamos os produtos e serviços do setor público com o privado? Um dos grandes problemas é a tendência dos funcionários públicos a terem estabilidade do emprego. Raramente, algum funcionário público é demitido, mesmo que seu desempenho e assiduidade sejam baixos. Ao mesmo tempo, as pessoas que se dedicam, cumprem horários e produzem mais não são reconhecidas, pelo menos não financeiramente. Além disso, o aumento de salários costuma ser por tempo de serviço e não por mérito, gerando baixa cultura de investimento na carreira.

Se compararmos com alguns setores do setor privado, os métodos de incentivo são bem diferentes. Existem sistemas de avaliação baseados em metas pré-acordadas e, em função da avaliação, que costuma ser semestral ou anual, os melhores funcionários são reconhecidos com promoção, bônus, bolsas de estudo e outras formas de premiação que os motiva a ter maior produtividade. Vale destacar que se aplica a todos os níveis, desde estagiários, analistas até níveis de gerência e presidência.

Vamos acompanhar duas histórias que se iniciam no dia de uma formatura, a dos amigos Pedro e Guilherme. Ambos, em sua formatura, viam uma esperança de futuro cheio de possibilidades e com expectativa de realizações e tentavam tomar decisões que iriam desenhar suas vidas, sem ter todas as informações e entendimento, como acontece com qualquer jovem. Os amigos preocupavam-se em qual caminho haveria a receita para garantir estabilidade financeira para o futuro que se iniciava.

Pedro, com as informações que acumulou, tinha a clareza de que uma carreira pública iria permitir que ele tivesse, não só a estabilidade financeira, mas a oportunidade de contribuir com seu país, dando o seu melhor para mudar uma situação na qual muitos só sabem reclamar e desistir, sonhando em fazer a diferença! Estudou muito, preparou-se e passou em um concurso. Para sua mãe, foi um orgulho ver a vitória do filho, enchia-se para contar do sucesso e do cargo que ele ocupava. Já para alguns amigos e parentes, Pedro ganhou, a partir daquele dia, um carimbo de "ASPONE" em sua testa, parecido com a marca de identificação de bois em um pasto. Pedro não entendeu bem, mas não deixou sua energia ser afetada, e, todo dia, ele ia ao seu trabalho, tentava aprender o máximo que podia e se dedicava. Pedro tinha várias ideias de solução, melhorias, novos processos, nada diferente de um jovem trabalhador recém-formado. Enquanto aprendia e evoluía, as pessoas o desencorajavam, com choques cruéis de realidade, requintes de risadas, que mostravam a falta de credibilidade daquela burocracia, para a qual ele via tão claramente a solução, e desejava que algum dia fosse alterada, mas, para isso, precisaria passar por muitos degraus, desde o chefe da seção e do quadro, do coordenador, do secretário, do governador, até a câmara legislativa.... Era praticamente improvável que alguém, algum dia, mudasse aquele formulário, por mais que todos concordassem com a solução do Pedro.

Pedro teve que se habituar com o ambiente. Os exemplos que o jovem recebia de postura de trabalho vinha com constante falta de pontualidade, comprometimento somente com algo que a pessoa escolhia fazer, ignorando as demais tarefas. Outros que ele nem descrevia, quando por exemplo, descobriu que muitas vezes era melhor mesmo que alguns colegas não comparecessem, do que irem trabalhar alcoolizados, ou até pior, tornando o dia de todos insuportável.

Mas foi na primeira situação de problema pessoal sério que Pedro realmente entendeu: seu salário não iria mudar se ele se empenhasse ou não, ou mesmo se ele nem fosse ao trabalho, era mais fácil ele achar um pote de ouro no arco-íris a ter alguém exonerado. Se ele quisesse resolver o problema, teria que acumular cargos, assumindo 140% a mais de responsabilidade por 15% de aumento de salário. Porém, ainda assim, estava longe de ser a sua vez, já que após 5 anos em um cargo de chefia, você acumula os benefícios do cargo, mas existe uma "lista de rodízio". Nela, após 5 anos, você deve ceder esse cargo para que o próximo da fila acumule aquele aumento. A fila não era formada por mérito ou capacidade e não tinha uma forma de "merecer mais" o cargo, era uma questão de tempo para chegar a sua vez. Pedro também sabia que continuaria com seu salário integral ao se aposentar daqui 35 anos, fizesse ele tudo que pudesse ou não no trabalho, não mudaria nada no cenário, e, naquele momento, a família de Pedro, realmente, precisava que ele estivesse mais presente em casa. Pedro nem iria perder o aumento, pois nem aumento por mérito existia em sua secção, nem se pode falar que 0,01% seja realmente um dissídio em um país com taxa de juros de dois dígitos.

Porém, Pedro cultivava seu sonho original de melhorar seu país, na raiz de seu coração, mas dia após dia, o jovem só viu casos sem solução, e se solidificou como profissional correto. Continuava fazendo seu melhor, mas, quando percebia que "a gestão do momento" não estava alinhada com o que ele entendia ser correto, ele simplesmente ignorava e fazia o que ele acreditava, pois aquela gestão, assim como tantas outras, também iria passar, e muito pouco alguém iria querer ou conseguir muda-la. Cabia ao Pedro manter os processos funcionando. Não era falta de competência de Pedro, foi a lição de sobrevivência que o ambiente lhe ensinou. Ele, assim como muitos de seus colegas, aprendeu que para melhorar um simples formulário, era necessário empurrar imensas paredes, e, muitas vezes, por mais força que ele fizesse, as paredes não se moviam.

Voltando ao dia da formatura, vamos acompanhar agora o seu amigo Guilherme, que escolheu uma empresa grande para estagiar. O Guilherme queria ser o escolhido para o "caminho curto para a diretoria", queria ser brilhante e ter responsabilidades, e, assim como Pedro, dedicou-se e conseguiu passar no processo seletivo. Ele, também como outros jovens, tinha suas "ideias que ninguém pensou antes" quando ainda estagiário, mas, diferente de Pedro, Guilherme aprendeu que existiam algumas pessoas pacientes, com as quais ele poderia contar para ajudá-lo a lapidar suas ideias para que estas se tornassem projetos. Ele entendeu que podia observar e se aproximar de pessoas com alto desempenho para aprender o que elas faziam de diferente, via grandes profissionais sendo promovidos, recebendo aumento e crescendo na carreira. Guilherme se via como um deles no futuro, tinha alguns nomes na ponta da língua, caso ele pudesse escolher com quem iria trabalhar, esforçava-se para entrar nessas equipes.

Quando recebeu sua primeira PLR, voltou cantarolando para casa, quis celebrar, sentiu-se reconhecido, olhou seu saldo umas 5 mais vezes naquele dia! Logo foi aprendendo a entender as diretrizes de sua empresa e de seus gestores, em como contribuir com a meta da empresa, e que, com isso, ele seria recompensado. Aprendeu que em alguns momentos, na verdade em muitos, tinha que fazer o que era necessário ser feito, concordasse ele ou não, mas que na soma dos esforços, a empresa iria crescer se todos direcionassem seu trabalho na mesma meta. Juntos, os funcionários conquistavam crescimentos e derrubam paredes e os muros das metas estipuladas.

Guilherme teve maus momentos, um ou outro chefe com o qual ele tinha certeza que seria demitido, ou iria sair na mão do lado de fora da empresa, e aprendeu a fazer as contas de quantos meses cabiam na sua poupança, se ele perdesse seu emprego. Aprendeu a se preocupar com o futuro, pois era claro que sua vida não acabaria quando ele parasse de trabalhar, que ele estaria idoso, com gastos de saúde e sem a renda habitual. Guilherme percebeu que precisava evoluir, fazer cursos, desenvolver habilidades e fazer tudo de forma rápida, mais rápida do que seus colegas. Aprendeu que mudar de empresa para ser melhor reconhecido, em alguns momentos, é necessário e que é possível recomeçar, mudar um pouco o foco de atuação, mas que nunca se pode parar de aprender, de se desenvolver e evoluir. Estagnar só daria uma certeza, a de que ele seria substituído, não se esforçar não poderia nunca ser uma opção.

A partir dessa história ilustrativa, podemos entender que uma das causas da baixa produtividade é a falta de incentivos corretos à força de trabalho. Claro que não podemos desconsiderar investimentos em tecnologia, infra-estrutura, educação, entre outras mudanças regulatórias, todos são de grande importância. Muitas mudanças regulatórias ficam estagnadas, justamente, no excesso de burocracia e foco em processo ao invés de no resultado, comum na administração pública. Por outro lado, se pequenas mudanças fossem implementadas no sistema de incentivos, como avaliação e remuneração no setor público e, até mesmo, nos setores da iniciativa privada, já observaríamos alguns ganhos de produtividade ao país. Não temos a pretensão de generalizar a dinâmica do setor privado: há muitas empresas ineficientes que sobrevivem por causa de alguma reserva de mercado, sendo beneficiadas por financiamentos a taxas artificialmente baixas, tributação sobre produtos importados, entre outras formas de benefícios. Enfim, por meio de métodos mais inovadores para remuneração e reconhecimento do trabalho poderíamos obter melhorias na produtividade, refletindo tanto no aumento da geração de riqueza e redução de custos, passando pela diminuição da complexidade de se ter um negócio em nosso país, o famoso "custo Brasil".

REFERÊNCIAS

http://www.mises.org.br/Article.aspx?id=84
http://www.ipea.gov.br/desafios/index.php?option=com_content&view=article&i d=2150:catid=28&Itemid=23

Jorge Luiz de Souza. IPEA O que é PIB potencial Abrirl 2008

KOMATSU, Bruno. Evolução da Produtividade no Brasil: Comparações Internacionais. Janeiro 2016

LISBOA, Marcos de Barros. Apresentação Desafios da Economia Brasileira. Junho 2016.

ROTHBARD, Murray N. O Setor Público: o Governo como Empresário. Abril 2008

SCHEINKMAN, José Alexandre. Rickert, Edwin W. Apresentação Produtividade. Julho 2013.

POR QUE NÃO FAZER UMA LEI QUE PROÍBA OS EMPRESÁRIOS DE DEMITIREM?

Leonardo Siqueira

ECONOMISTA, PROSPECT DO IFL/SP

Entre as mais variadas causas que deixam o ser humano infeliz está o desemprego. O desemprego provoca suicídios, derruba governos e destrói até casamentos. Ninguém gosta de desemprego.

Para alguns – geralmente aqueles que amam resolver os problemas pela caneta – a solução é simples: por que não criar uma lei que dificulte a demissão? A ideia é pura sedução. Se em épocas de crise os empresários demitem, porque não os proibir deste ato cruel?

Na Venezuela, uma lei trabalhista de 2012 obriga as empresas a obter permissão do governo para demitir qualquer funcionário. Há mais de três anos, há uma Lei de Trabalho que estabelece o pagamento duplo em caso de demissões injustificadas. É quase impossível demitir na Venezuela. Se a lei funcionasse, era de se esperar que o desemprego lá fosse baixo e a economia do país estivesse decolando.

Não é isso o que vemos. O desemprego venezuelano está acima de países desenvolvidos. A inflação de 2016 beirou os 800%, a queda do PIB foi de 19%, e 81% da população vivem abaixo da linha de pobreza com menos de 3 dólares por dia.

Mas por que? Por que essa lei que resolveria para sempre o problema dos trabalhadores não funciona?

Bem, as contratações no mercado de trabalho têm um atraso em relação à atividade econômica. Em tempos de crise, primeiro a atividade econômica começa a recuar, e depois de algum tempo, as demissões começam.

De maneira oposta, quando a economia começa a se aquecer, as contrações começam a ser aceleradas. Esta defasagem entre a atividade econômica e as contratações e demissões depende da rigidez do mercado de trabalho de cada país. Quanto mais rígida for a lei trabalhista em um país, mais o empresário resiste em contratar funcionários, pois sabe que, em épocas de crise, não poderá reduzir a mão de obra. Empresário que não pode demitir também não contrata!

É isso que se vê em países com sindicatos excessivamente fortes. Com muitas regras para demissão e admissão, estes países costumam apresentar um maior retardo entre o emprego e a atividade econômica.

No Brasil, não temos uma lei que proíbe demitir como na Venezuela, mas o elevado custo de demissão e admissão tem efeito semelhante. Aviso prévio, multa por rescisão e o FGTS são alguns exemplos. O que acontece é que, com tamanho custo, o empresário pensa duas, três vezes antes de contratar um funcionário, pois sabe que, se quiser demiti-lo, os custos serão elevadíssimos.

Estados Unidos, Inglaterra, Austrália e Canadá, por sua vez, são países com leis de trabalho mais flexíveis. Não possuem aviso prévio, multa por rescisão nem o tal do FGTS. Portugal, Bolívia, Brasil são exemplos de países com leis trabalhistas "fortes" (com muitas aspas). Têm sindicatos poderosos e os trabalhadores têm muitos "direitos" (também com muitas aspas).

Seria de se esperar que os trabalhadores do primeiro grupo estivessem em piores condições, mas não é surpresa nenhuma que o trabalhador do segundo grupo (Portugal, Bolívia e Brasil) é o que vai para Inglaterra e Estados Unidos procurar empregos, e não o contrário, mesmo com leis de trabalho mais flexíveis.

Leis flexíveis de trabalho fazem os empresários demitirem mais facilmente sim, mas é justamente por esse mesmo motivo que eles contratam muito mais! Ao contrário, criar uma lei que proíba o empresário de demitir ou aumentar o custo dessa demissão não tem outro efeito senão deixar o empresário relutante ao contratar, mesmo quando a economia está crescendo. O resultado é menos empregos e menos opções no mercado de trabalho.

QUEM TEM MEDO DE ROBÔS?
COMO O AVANÇO TECNOLÓGICO ESTÁ REVOLUCIONANDO A ECONOMIA, AS RELAÇÕES DE TRABALHO E O PAPEL DAS LIDERANÇAS AO REDOR DO MUNDO

Joseph Teperman
HEADHUNTER, CONSELHEIRO DO IFL/SP

Na Inglaterra, um robô-chef, capaz de executar mais de 2 mil receitas, está prestes a ser lançado no mercado. Nos estoques da Amazon, nos EUA, robôs separam as encomendas, o que explica a rapidez das entregas – em mais de 5 mil cidades norte-americanas, é possível receber produtos no mesmo dia da compra. Na Califórnia, são realizados testes de entregas em curta distância feitas também por robôs. Espera-se que, em breve, carros autônomos estejam circulando pelas ruas. O que vai acontecer com os cozinheiros, almoxarifes, motoboys e muitos outros profissionais tão imprescindíveis no passado e no presente?

Quando falamos sobre o futuro do trabalho, a tendência é sentirmos medo. Medo de que as máquinas nos substituam. E, de fato, estas já estão substituindo – e continuarão a substituir – diversas profissões. Mas este é um lado da história. O outro é que as máquinas também vão possibilitar o aumento e a criação de novas funções até então inimagináveis.

Na Inglaterra, por exemplo, houve uma drástica diminuição de postos de trabalho em diferentes setores entre 1992 e 2014: reduções de 82% na indústria calçadista e 79% na têxtil, de 52% em vagas para secretariado e de 50% no setor agrícola. Por outro lado, durante o mesmo período, houve crescimento de 909% no número de enfermeiros, 365% no de consultores e analistas de negócios e 156% no de atores, produtores e apresentadores. Ao todo, foram criados 6 milhões de postos de trabalho, mesmo com a adoção da tecnologia.

Nos últimos anos, já vimos nascer algumas novas profissões: gestores de mídias sociais, desenvolvedores de aplicativos, youtubers, analistas de *big data* e motoristas de Uber – nenhuma existia há dez anos. Muitas outras ainda estão por vir: tutores de curiosidade (temos mais tempo para aprender, mas muitas vezes não sabemos escolher o que, pois há muita informação disponível), especialistas em detox digital (quem de nós não precisa?), gestores de morte digital (estamos acumulando um patrimônio virtual enorme), compositores de experiências (o Airbnb já oferece este serviço) e *personal health* coaches (como gerenciar as informações sobre nossa saúde e tomar decisões sobre medicina preventiva?).

Não são apenas as profissões em si que estão mudando, mas também os regimes de trabalho. Segundo um estudo de Lawrence Katz, professor de Economia da Universidade de Harvard, e Alan Krueger, professor de economia da Universidade de Princeton, um terço da população dos EUA faz trabalhos *freelance*, e 94% do aumento dos postos de trabalho, entre 2005 e 2015, veio dos trabalhos informais. Aqui no Brasil, trabalho informal não é bem visto, mas a economia mais desenvolvida do mundo o trata como positivo. Acredito que precisamos ressignificar esse conceito.

O fato das mudanças estarem acontecendo rapidamente nos leva a perguntar: onde estão os grandes líderes do nosso tempo? A minha resposta é que estão na Amazon (Jeff Bezos), na Apple (Tim Cook), no Google (Larry Page), no Facebook (Mark Zuckerberg) e na Microsoft (Bill Gates) – empresas nas quais depositamos boa parte de recursos como tempo e dinheiro. Eles são as pessoas que estão transformando o mundo e, não coincidentemente, são os fundadores ou CEOs das cinco maiores companhias em valor de mercado no mundo.

Mas como definir liderança? Segundo John Kotter, professor emérito de Harvard e especialista no tema, liderar não é fazer planejamento e orçamento – isso é gerenciar. Liderar é definir a direção. Ambos são importantes, e alguns líderes têm de fazer os dois, mas ele deixa claras as diferenças: definir a direção requer alinhar as pessoas em relação a uma causa, motivá-las e inspirá-las.

Qual é o maior nível que um líder pode alcançar? Para Jim Collins, que estudou quase 1,5 mil empresas para entender o que separava as boas das excelentes, é o nível máximo de um total de cinco – o líder que, ao mesmo tempo, tem a determinação para realizar o que precisa e uma humildade muito acima da média. Ele descobriu que era, justamente, a presença desse tipo de líder que diferenciava o desempenho e a durabilidade dessas empresas, porque, diferentemente da maioria dos líderes, os "nível 5" fazem sucessores melhores que eles mesmos.

Esses líderes são capazes de treinar pessoas que os superem porque têm o que o psicólogo Daniel Goleman definiu como os pilares da inteligência emocional: autoconhecimento, capacidade de autogestão, controle emocional, empatia e habilidades sociais. Goleman foi analisar como essa inteligência se aplicava ao trabalho e percebeu que líderes com alto nível de inteligência emocional têm resultados normalmente 50% melhores do que os líderes que não têm uma inteligência emocional bem desenvolvida.

Voltando, então, ao nosso medo das máquinas, pergunto: os robôs serão mesmo capazes de fazer tudo? Na minha visão, com certeza não. Algumas atividades são completamente humanas. Não vejo uma máquina tendo curiosidade e testando as fronteiras do conhecimento como faz o astrofísico Neil deGrasse Tyson, por exemplo. Do mesmo jeito, não consigo imaginá-las substituindo humoristas. Vocês já pediram para a Siri contar uma piada? É péssimo! Do mesmo jeito, não vejo robôs atuando no campo da imaginação e da arte. Pablo Picasso dizia: "Os computadores são inúteis, eles só dão as respostas".

Qual é, então, o papel da liderança nesse novo contexto? É o de fazer perguntas, já que as máquinas só têm as respostas.

A REFORMA TRABALHISTA E O FUTURO DO TRABALHO

Alfredo Samson Maldonado
ADVOGADO, PROSPECT DO IFL/SP

Há alguns meses, mais precisamente no dia 13 de julho de 2017, foi sancionada pelo Presidente Michel Temer a Lei nº 13.467/17 ("Nova Lei"), que regulamenta as principais alterações trazidas pela "reforma trabalhista". As novas regras entrarão em vigor a partir do dia 11 de novembro de 2017, assim que se exaurir o período de 180 dias, mais conhecido pelos juristas como *vacatio legis*.

A Nova Lei traz inúmeras mudanças «pró empregador" à Consolidação das Leis do Trabalho ("CLT"), a qual permanecerá vigente. Sancionada pelo então Presidente Getúlio Vargas, durante o período do Estado Novo (1947), a CLT foi criada para regulamentar as relações coletivas e individuais de trabalho e suprir um vácuo constitucional resultante da criação da Justiça do Trabalho. Embora polêmicas, as mudanças oriundas da Nova Lei deixam nosso ordenamento menos engessado, reduzem a intervenção sindical e estatal e permitem um maior diálogo entre empregado e empregador.

Dentre as principais mudanças, as elencadas a seguir não só tornam o ambiente e as relações de trabalho mais liberais, mas também reduzem o custo de contratação do empregado e, portanto, merecem destaque.

ARBITRAGEM – A arbitragem é meio privado de resolução de conflitos alternativo ao Poder Judiciário. Pode ser utilizada apenas quando houver sido mutuamente acordada entre as partes envolvidas. São tidas como vantagens da arbitragem a rapidez na resolução dos conflitos e a maior tecnicidade e precisão das decisões proferidas por árbitro(s) especialista(s) no tema do litígio. Com a promulgação da Nova Lei, a resolução de conflitos trabalhistas por meio da arbitragem, antes vedada, passa a ser permitida, desde que (i) a remuneração do empregado participante seja superior a duas vezes o limite máximo estabelecido para o Regime Geral da Previdência Social – atualmente em torno de R$6.000,00; e (ii) que a cláusula que institui o procedimento arbitral, conhecida como cláusula compromissória, seja pactuada no contrato de trabalho por iniciativa do empregado ou mediante sua concordância expressa. Essa mudança, diga-se de passagem muito comemorada por juristas, além de admitir uma forma paliativa de resolução de conflitos trabalhistas, reduzirá, por consequência, o número de reclamações que tramitam em nossos tribunais.

CONTRIBUIÇÃO SINDICAL – Um dia de trabalho por ano é descontado da folha de pagamento do empregado e destinado ao sindicato da sua categoria, independentemente, do trabalhador ser filiado ao sindicato. Concordem ou não, é essa a regra vigente. Com a reforma trabalhista, a contribuição sindical se torna facultativa. Isso significa que o trabalhador é livre para decidir se quer ou não contribuir com o sindicato representativo de sua categoria profissional. A contribuição compulsória, da forma como vivenciávamos, nada mais era do que uma punição, ou melhor, um verdadeiro procedimento autoritário para garantir benefícios a determinados grupos (sindicatos) pelos quais a maior parte dos trabalhadores não era, devidamente, representada.

TELETRABALHO / HOME OFFICE – Anteriormente, entendia-se que o trabalhador em *Home Office* estava sujeito às mesmas regras dos demais trabalhadores. Controlava-se, portanto, o período da jornada de trabalho, já que o trabalho remoto garantia o direito ao recebimento de horas extras. Com o advento da Nova Lei, deixa de ser obrigatório o controle de jornada para trabalhadores remotos, e, portanto, cessa a necessidade do pagamento de horas extras. Outro diferencial trazido pela Nova Lei é a previsão, no contrato de trabalho, das despesas com equipamentos, infraestrutura e gastos em geral para que o trabalho possa ser realizado de forma remota. Isso permite uma divisão razoável das despesas entre empregado e empregador e acaba por proporcionar, consequentemente, maior segurança jurídica e menor onerosidade ao empregador, incentivando o *Home Office* e a contratação de novos colaboradores. Para fins de esclarecimento, atualmente, grande parte dos tribunais entende que a totalidade dos gastos supracitados devem ser arcados exclusivamente pelo empregador.

ACORDO PARA SAÍDA (RESCISÃO CONSENSUAL) – Todo empregador sabe o quão oneroso pode ser o desligamento sem justa causa de um empregado. Apenas para relembrarmos, em conformidade com a CLT, são devidos ao empregado: saldo do salário remanescente, décimo terceiro proporcional, férias, aviso prévio remunerado, além do direito de sacar o FGTS e o pagamento da multa equivalente a 40% do valor do saldo (do FGTS). As verbas rescisórias elencadas acima acabam por desencorajar a demissão de empregados e, muitas vezes, propiciam a manutenção de empregados desinteressados no ambiente de trabalho. Além disso, são recorrentes os casos de trabalhadores que, mesmo insatisfeitos, aguardam pela própria demissão ao invés de se desligarem voluntariamente, recebendo, assim, maiores verbas rescisórias. A Nova Lei prevê a possibilidade da realização de acordo entre empregado e empregador para a rescisão contratual com custos menores para a empresa quando comparados a uma demissão. Com isso, pretende-se acabar com uma prática comum entre empregado e empregador, no qual acordava-se uma demissão sem justa causa para que o empregado tivesse direito a sacar o FGTS. Com a nova regra, a empresa paga uma multa menor de 20%, ao invés de 40% do montante do FGTS disponível, e o empregado pode sacar 80% do saldo do seu FGTS.

Outro avanço que não poderia deixar de ser mencionado é o da terceirização da atividade fim. A Lei 13.429/2017, sancionada pelo Presidente Michel Temer no início de 2017, trouxe mudanças e já está em vigor ("Lei da Terceirização"). A terceirização que, até então, era apenas possível para a atividade-meio (acessória) da empresa tomadora dos serviços, passa a ser possível também para a sua atividade fim. Segundo a Lei da Terceirização, basta que a empresa tomadora terceirize serviços específicos e determinados e que a empresa prestadora de serviços utilize os trabalhadores contratados especificamente para esses serviços. Caso os trabalhadores atuem em atividades distintas daquelas que foram objeto do contrato de prestação de serviços, a terceirização será considerada irregular. Outra inovação trazida pela referida lei é a possibilidade de "quarteirização" de serviços, ou seja, a empresa contratada para prestar os serviços pode sub contratar empresas para prestá-los. Vale mencionar que a responsabilidade do tomador de serviços continua sendo subsidiária, ou seja, o contratante responde caso o prestador de serviço contratado não corresponda ao que for pleiteado em juízo pelos seus trabalhadores ou por terceiros.

Impactos da Inteligência Artificial e o Futuro do Trabalho

Muito tem se falado a respeito do aumento da produtividade nas próximas décadas em razão da maior utilização de inteligência artificial ("IA").

De acordo com relatório recente da auditoria *PricewaterhouseCooper*[1], o PIB mundial será 14% maior em 2030 e um montante de 15.7 trilhões de dólares (americanos) será injetado na economia global como consequências da IA. No entanto, céticos ainda questionam se a maior utilização de máquinas não irá colocar profissões em risco e reduzir o número de empregos. Tal preocupação não é de agora, na verdade, pode-se dizer que surge na década de trinta com a teoria do "Desemprego Tecnológico», de John Maynard Keynes.

Em geral, costuma-se afirmar que a automação (uso da IA) afeta o emprego de duas formas distintas[2]:

- negativamente: substituindo trabalhadores dos cargos que ocupavam anteriormente, por exemplo, o motorista de serviços de transporte após a adoção de transportes autônomos. Esse fenômeno é conhecido como *displacement effect*; ou
- Positivamente: aumentando a demanda por mão de obra em outras indústrias e criando novas profissões que resultam da automação. Este conhecido como *productivity effect*.

Diante do acima exposto, perguntamo-nos: qual desses efeitos irá prevalecer na Era de IA? A única forma de buscar uma resposta precisa é por meio da análise de casos práticos, vide a seguir:

Automóveis – A introdução dos carros em nosso dia a dia levou a uma redução em profissões na qual se utilizavam animais como meios de transporte. No entanto, novas indústrias surgiram e geraram um impacto positivo no número de empregos. Não apenas a indústria automobilística evoluiu rapidamente, mas empregos em diferentes setores resultantes do aumento da frota de veículos também foram criados. Podemos citar como exemplo as indústrias de *fast food* e motéis, que surgiram para servir motoristas e caminhoneiros. Sem

---

[1] AI to drive GDP gains of $15.7 trillion with productivity, personalisation improvements. Press Room PwC. Disponível em: <http://press.pwc.com/News-releases/ai-to-drive-gdp-gains-of-15.7-trillion-with-productivity-personalisation-improvements/s/3cc702e4-9cac-4a17-85b9-71769fba82a6>. Acesso em: 10 set. 2017.

[2] PETROPOULOS, Do *We Understand the Impact of Artificial Intelligence on Employment*. Disponível em: <http://bruegel.org/2017/04/do-we-understand-the-impact-of-artificial-intelligence-on-employment/>. Acesso em: 10 set. 2017.

contar centenas de negócios cujo objeto consiste na prestação de serviços para veículos: mecânicas, funilarias, lava-rápido, etc.

Caixas Eletrônicos – Esperava-se que a implantação e utilização de caixas eletrônicos reduziriam significativamente o número de caixas humanos nas agências bancárias. De fato, isso aconteceu. Nos Estados Unidos, a média de caixas por agência despencou de 20 em 1988 para 13 em 2004. Em contrapartida, o custo de manutenção de uma agência bancária reduziu drasticamente, possibilitando a abertura de novas agências em novas localidades. O número de agências bancárias aumentou em 43% nesse mesmo período, e o número de empregos também vivenciou aumento.[3]

Avanços como os elencados acima foram notados em diversos setores. Um exemplo mais atual é o do *e-commerce*. No início, esperava-se que a migração para o comércio online afetaria negativamente o varejo, já que o consumidor não iria mais vivenciar a experiência de comprar *in loco*, que fazia com que comprasse grande parte das vezes mais do que pretendia. Com o auxílio de IA, as plataformas de compras online passaram a gerar recomendações mais precisas, levando a um aumento significativo no número de itens comprados por pessoa, provocando, por consequência, um crescimento no número de empregos no varejo.

Baseando-nos nesses exemplos empíricos e em diversos outros casos semelhantes, percebemos que o efeito substitutivo pode ser dominante logo após a implementação de avanços tecnológicos. No entanto, quando a sociedade e o mercado de trabalho se adaptam ao choque da automação, o efeito de produtividade tende a dominar e aumentar o número de empregos, levando ao desenvolvimento da economia do país.

Em quem acreditar?

Afinal, em quem devemos acreditar? Nos pessimistas que dizem que essa revolução é diferente das demais e que de fato as máquinas substituirão a força de trabalho humana; ou nos otimistas, economistas e historiadores, os

---

[3] Automation and Anxiety – Will smarter machines cause mass unemployment? The Economist. Disponível em: < https://www.economist.com/news/special-report/21700758-will-smarter-machines-cause-mass-unemployment-automation-and-anxiety> Acesso em: 10 set. 2017.

quais insistem na teoria de que a tecnologia sempre cria mais empregos do que aqueles que foram inviabilizados. A verdade, muito provavelmente, está entre as duas opções. A IA não irá provocar o desemprego em massa, mas certamente irá agilizar a tendência da automação de máquinas e computadores, dominando tarefas humanas e obrigando trabalhadores a desenvolverem novas habilidades mais rapidamente que no passado. De todo modo, independentemente de como ocorrerá essa transição, é unânime o entendimento de que certas medidas devem ser adotadas o quanto antes para mitigar os impactos de tamanha mudança. Governos deverão ser mais flexíveis em suas legislações, especialmente nas trabalhistas, para facilitar a contratação de novos profissionais, e empresas deverão incentivar a qualificação de seus empregados, permitindo a troca de cargo ou função, caso haja necessidade, bem como repensar constantemente os seus postos de trabalho.

Os atrasos do Poder Judiciário Brasileiro e a solução empreendedora

João Antonio Teixeira Madureira de Pinho
Advogado, Prospect do IFL/SP

Em uma pesquisa realizada por um cientista político da UFRGS e UFPR, concluiu-se que o Brasil é um dos países ocidentais que mais gasta, em proporção com sua população, com a manutenção de seu Poder Judiciário. Para manter toda a burocracia do sistema jurídico, o Estado gasta o equivalente a 1,3% do PIB brasileiro – estando apenas atrás do pequeno El Salvador, que gasta 1,35% do seu PIB com o aparato judicial. Só em 2013, os gastos com o sistema judiciário totalizaram o montante de R$ 62,3 bilhões, dos quais mais de 80%, segundo o CNJ (Conselho Nacional de Justiça), são destinados ao pagamento de pessoal. Em uma análise particularizada do custo de cada órgão que compõe o sistema de justiça do país, encontramos sempre o mesmo cenário: o Brasil gasta, praticamente, o dobro do que os países que ocupam a segunda colocação do "ranking de gastos com a justiça no ocidente". É assim com o Ministério Público, Defensorias Públicas e todas os demais órgãos judiciais

Alguém poderá defender os altos gastos, argumentando que um país precisa de um judiciário forte para responder às demandas da população de maneira rápida e eficaz. Entretanto, os dados mostram outra realidade: no Brasil, a justiça leva em média 4 anos e 4 meses para proferir uma sentença em 1ª instância, apenas – lembrando que há sempre a faculdade recursal para a 2ª instância, e, dependendo do caso, aos tribunais superiores (STJ e STF). Além disso, em um ano, o acúmulo de processos sem sentenças chega a 70%. Em outras palavras, a cada 100 processos em tramitação, apenas 30 são julgados. Ou seja, o cidadão brasileiro dificilmente terá uma resposta às suas demandas no tempo que deseja.

Não obstante, alguém poderia também argumentar que, apesar de lento e caro, o judiciário resolve, ao fim do dia, os problemas do cidadão. Questionável. Apesar de ser um sistema formado por profissionais teoricamente qualificados, apresentando os concursos públicos mais concorridos do país, tais servidores vivem à deriva de um sistema confuso, altamente normativo, e, por consequência, interpretativo e incerto. Um exemplo caricato é o trabalho de Vinicios Leoncio, um advogado tributarista, que reuniu todas as leis tributárias do país, incluindo estados e muitos municípios brasileiros e lançou um livro com 41.266 páginas, que pesa 7,53 toneladas e com aproximadamente 2 metros de comprimento e 1,5 de largura. Esse é o tamanho e o peso do problema.

Não nos cabe aqui procurar as razões pelas quais o país trilhou esse caminho, mas sim entender os seus efeitos e propor uma solução simples e objetiva. Nesse sentido, um último dado é muito elucidativo: em meio a todos os gastos e dados disponibilizados pelo CNJ, apenas 4,5% dos gastos da justiça, em 2012, por exemplo, destinaram-se à informatização dos órgãos que compõe o sistema. Por qualquer motivo que seja, por mais que o sistema judiciário apresente tantos dados esquizofrênicos, o Estado brasileiro, praticamente, ignora a necessidade de inovação e de novas tecnologias que otimizem seus processos. Ao contrário, ano após ano, prefere insistir no mesmo erro: gastar (e muito) com a lentidão e ineficiência.

Dos (poucos) avanços da tecnologia judiciária

Verdade seja dita, mesmo que de forma retardatária, o Poder Judiciário implementou algumas tecnologias básicas em seus processos. Em 2006, a Lei do Processo Eletrônico foi promulgada, permitindo que protocolos de novas petições, a tramitação e o acompanhamento em si do processo judicial fossem feitos online. Mesmo assim, somente em 2013, por meio de uma resolução do CNJ, que o processo eletrônico passou a ser autorizado, na prática, no Brasil. Até 2014, 34 de 91 tribunais do país já haviam implementado a tecnologia, que, claramente, facilita e muito a interação entre as partes e a justiça. No fim do dia, demoramos 7 anos para implementar uma tecnologia já autorizada legalmente, e, ainda assim, esta não se estendeu a todos os tribunais – talvez, por vivermos em um país de cultura cartorial, do documento impresso e do carimbo, essas substituições da tecnologia se operacionalizem de forma tão lenta.

Em 2007, em um artigo ao site Conjur, o professor livre-docente Fábio Ulhoa Coelho indicou outra tecnologia que para todos parecia óbvia, mas que o judiciário relutava em utilizar: a videoconferência. Em 2009, suas preces teriam sido finalmente ouvidas, uma vez que por meio da Lei nº 11.900/2009, o interrogatório do réu, no processo penal, ficou autorizado a ser realizado via videoconferência. Porém, mais uma vez, a legislação incluiu uma redação relutante à utilização da tecnologia e pondera que o mecanismo só pode ser utilizado de forma "excepcional" e por "decisão fundamentada", incluindo hipóteses em que tal fundamentação deve se amparar. Ao invés de admitir a videoconferência como regra, o Estado ainda prefere gastar o dinheiro do contribuinte com o deslocamento do réu até o fórum, colocando em risco o cidadão no trânsito e quiçá criando possibilidade para a fuga dos detentos.

De forma diametralmente oposta, os advogados e os escritórios de advocacia parecem (até o momento) sempre estar à procura de métodos inovadores e de novas tecnologias que otimizem seu trabalho e possibilitem, inclusive, o corte de determinados custos em seu negócio. Um escritório de advocacia vive, hoje em dia, menos refém da papelada e muito mais dependente dos *softwares*, que desempenham um papel importante no cumprimento das demandas dos seus clientes. *Softwares* de armazenamento de dados são a base dessas inovações e substituem, de forma muito mais eficaz, o uso de arquivos. Processos e contratos não mais precisam estar impressos e sim salvos em um sistema. Nesse sentido, de forma muito mais organizada e rápida, o advogado possui informações dos casos de seus clientes, sem que precise lidar com aquela quantidade de papeis de outrora. Outros bons exemplos são os *softwares* de organização de jurisprudência, em que é possível encontrar decisões de determinados tribunais sobre determinados assuntos. Tais bases de dados facilitam a estratégia do advogado em relação às demandas de seus clientes, trazendo informações sobre os entendimentos passados de tribunais e juízes sobre cada assunto.

Qual a razão para o mundo da advocacia estar tão desprendido do poder judiciário e da máquina estatal quando o assunto é a tecnologia? O cliente e a concorrência. O raciocínio é simples: se um advogado não se reinventar e não tratar de otimizar o seu trabalho, provavelmente, outra banca o fará e, ele, possivelmente, perderá um cliente. Os escritórios vivem em um ambiente de concorrência. A tecnologia nada mais faz do que dar ao cliente um melhor serviço, tanto de qualidade tanto de agilidade. E por que o mesmo não ocorre com os órgãos do poder judiciário? Ora, o poder judiciário não possui clientes nem tem concorrência suficiente. Tirando por eventuais procedimentos arbitrais e/ou outras soluções alternativas de conflito – que são numericamente ínfimas dentro do universo das ações judiciais no Brasil, além de muito custosas para o cidadão comum – o Estado tem o monopólio da resolução dos conflitos no Brasil. Ao mesmo tempo, o sistema é, e continuará sendo, alimentado (e muito bem alimentado, como vimos acima) pelo pagamento dos impostos do cidadão, e, diferentemente do cliente de um escritório de advocacia, o cidadão não tem a opção de deixar de pagar os impostos tampouco outra opção a não ser ir à "justiça pública" para solucionar seus problemas.

Objetivamente, o atraso ou a não renovação tecnológica do poder judiciário não traz qualquer impacto para sobrevivência de sua estrutura. Os cidadãos continuaram pagando por esse sistema lento, ineficaz e impreciso, e o judiciário, possivelmente, continuará tendo praticamente o monopólio judicial no Brasil. Não há, portanto, qualquer incentivo para essas inovações.

Das soluções e esperanças

O cenário em que nós, cidadãos, pagamos por um serviço praticamente monopolizado pelo Estado, provavelmente, será sempre uma máxima no Brasil, como é em praticamente todos os países do mundo. Portanto, não nos focaremos nas utópicas alternativas que tiram a força coercitiva do Estado ou mesmo em devaneios de implementação de uma justiça privada da noite para o dia. Mantendo os pés no chão, foquemos em novas tecnologias que, se tiverem espaço no Brasil, prometem solucionar pelo menos parte de tantas ineficiências.

Apesar de pouco conhecidas, há promissoras *Lawtechs* (*startups* do mundo jurídico) já atuantes no mercado brasileiro. O "JusBrasil", provavelmente, é o exemplo de maior sucesso, hoje em dia. Considerado o maior portal do mundo por números de acesso, o JusBrasil é uma plataforma que conecta o cidadão à justiça, seja por meio do armazenamento de jurisprudência, seja por uma conexão entre o cidadão e advogados que são cadastrados no site – a empresa estima que 75% dos advogados brasileiros atuantes estão cadastrados em sua plataforma. A JusBrasil ainda contou com um aporte de capital do Founders Fund, um fundo de investimento de sucesso, localizado no

Vale do Silício, que tem em seu portfólio investimentos no Spotify e Airbnb. verdade que o JusBrasil não deve oferecer uma alternativa às burocracias do judiciário, mas traz ao seu público, de maneira simples e objetiva, uma maior conectividade do "cidadão comum" com o mundo jurídico, sempre envolto em suas formalidades e subjetividades. Certamente, a empresa cumpre o papel importantíssimo de informação do cidadão e acesso deste à justiça.

Outra empresa, a "Mediação Online", oferece serviços de mediação pela internet. O processo de mediação é, basicamente, uma solução alternativa de conflito, que pode ser realizada antes que o conflito seja levado a justiça comum. Em tal procedimento, a figura do mediador busca levar as partes que estão em conflito a um ponto em comum, e, por meio da negociação, solucionar a questão antes mesmo que seja levada ao judiciário. No caso da Mediação Online, todo esse processo é feito de maneira digital, muitas vezes por meio de outros instrumentos digitais como Skype ou Facetime, em que participam as partes envolvidas e o mediador do conflito. A inciativa é interessante e promissora, mas certamente também não irá desafogar o poder judiciário – é inviável pensar que a maioria dos conflitos serão solucionadas de forma extrajudicial e sem acesso à justiça.

A única forma de termos um verdadeiro avanço na resposta jurisdicional no Brasil, sem que haja a necessidade de um rompimento institucional, é por meio de um ambiente de livre concorrência e empreendedorismo. A arbitragem é um exemplo de eficácia e agilidade na resposta das demandas do cidadão. Legitimada em lei, a arbitragem é utilizada por acordo mútuo entre as partes, e sua sentença é equiparada a um título judicial – ou seja, tem a força de uma sentença judicial. Em tal contexto, câmaras arbitrais concorrem entre si para serem escolhidas pelas partes e a única interferência do poder público ocorre se a parte derrotada se recusar a cumprir o disposto na sentença – situação em que a parte que saiu vitoriosa deve pedir o cumprimento da sentença (seu título judicial) perante o poder judiciário.

Hoje em dia, a arbitragem vem praticamente substituindo o judiciário em conflitos envolvendo grandes contratos – como de operações de Fusões e Aquisições e Mercado de Capitais – mas é, ainda, muito cara. O modelo de negócio das câmaras arbitrais é extremamente elitizado e se destina, admitidamente, para o alto setor empresarial do país. Um desafio interessante para as *Lawtechs* e empreendedores locais seria criar um modelo de câmera arbitral com preços baixos e competitivos, que consiga abranger, também, os milhões de cidadãos brasileiros que são, hoje em dia, reféns do poder judiciário. Se assim for, esperamos que, sem qualquer mudança estrutural do poder judiciário, e apenas por força do empreendedor, relevante parcela das demandas de direito privado no Brasil migre para o formato arbitral e que um ambiente de competição entre as câmaras (como já existe hoje em dia) corrija a pouca inovação e a grande morosidade que o cidadão enfrenta atualmente na resolução de seus conflitos.

A MORTE DA MORTE?

Alexandre Luiz de Oliveira Serpa
Psicólogo, Prospect do IFL/SP

Um dos mais conhecidos adágios da língua portuguesa se constitui de uma afirmação que dita: "a única certeza da vida é a morte". Não haveria, pois, contradição possível, na medida em que a finitude está posta na natureza, não sendo uma qualidade humana, mas um fenômeno que alcançaria todos os seres. No âmbito das sociedades humanas, o respeito e/ou o temor pela morte afetou – e por que não dizer que ainda afeta – a todos democraticamente, igualando os diferentes, confrontando o ser com sua própria condição natural, primordial, para além de qualquer máscara social. Para além de sua infalibilidade, não há mais nenhum atributo que se conhece fatidicamente sobre a morte. Até mesmo a finitude supracitada é contestada no imaginário humano, constituindo-se em objeto de contradição desde sociedades humanas primordiais até os dias atuais, sendo combatido sob múltiplas dimensões, seja por meio de crenças e construções de cunho religioso, seja por meio de discursos de base científica e tecnológica, por exemplo. De comum a todos eles, identifica-se o desejo de superação da morte. Seria então coincidência ou a manifestação de um desejo primário e até certo ponto inconsciente humano, inerente a toda e qualquer manifestação cultural humana?

Nos últimos séculos o agudo desenvolvimento das tecnologias na área da saúde tem ampliado as chances e expectativas de uma longa vida para cada ser. Avanços da medicina à biologia e da química à psicologia alargaram a compreensão sobre o funcionamento das mínimas moléculas aos mais complexos sistemas, de processos bioquímicos, fenômenos psicológicos, e, nas últimas décadas, avanços computacionais e de engenharia que estão cada vez mais sendo integrados à biologia humana. Tais avanços têm levado a que cada vez mais pessoas passem a declarar ou ao menos especular que, em poucas décadas, tal desenvolvimento resultará na capacidade humana de prolongar a vida indefinidamente, seja por meios biológicos, seja por meios computacionais, metaforicamente extinguindo a ocorrência de mortes "naturais".

No entanto, algumas das soluções apontadas não têm levado em consideração a complexidade e a integralidade do ser humano. A manutenção da vida ou superação da morte, para ser anunciada, irá necessariamente se confrontar com perguntas fundamentais a muito posto e que em um primeiro momento parecem distantes, como a existência da alma. Quais os avanços, se possíveis, essas tecnologias trariam para essas e outras angústias humanas? Quais as implicações as respostas ou evidências oriundas dessas pesquisas poderiam trazer para a organização social do modo como conhecemos? Quais consequências para a economia, política, religião e outros campos que, nos últimos milênios, constituíram-se como pilares da sociedade ocidental e poderiam ser daí derivadas?

O propósito do presente manuscrito é problematizar o conceito de morte à luz dos avanços tecnológicos no campo da saúde e da manutenção da vida, com ênfase em implicações psicossociais individuais e coletivas. Para tal, inicialmente será exposto um breve histórico sobre o conceito de morte ao longo da história humana, com enfoque na mudança de sua construção social e sua ligação com o *Zeitgeist* dos períodos. Em seguida, serão selecionados e apresentados exemplos de experiências e avanços tecnológicos de destaque na área de saúde relacionados à extensão da vida. Então, serão debatidas suas implicações bio-psico-sociais tanto no nível individual quanto no nível coletivo, seus possíveis reflexos na sociedade e sua complexidade. Por fim, a conclusão se propõe a refletir se é chegado, pois, o momento em que a morte irá morrer.

A morte é, desde os primórdios da humanidade, um tabu, e sua superação é uma meta e um desejo ligado à própria identidade e natureza humana. Os primeiros registros sistemáticos de ritos fúnebres, nos países ocidentais, data de 100.000 a.C. (Bayard, 1996), com o homem de Neandertal adotando o uso regular de sepulturas em covas. As práticas adotadas conservavam diferenças, passando da cremação ao sepultamento em cavernas, sendo também encontradas práticas, atualmente, consideradas extremas, como o canibalismo e o culto aos crânios humanos, por fim chegando às práticas ordenadas pelas religiões que hoje conhecemos.

Apesar da riqueza simbólica que cerca os ritos funerários, são comuns a inúmeras culturas o uso da "água", do "fogo", da "luz" e da "terra", sendo as analogias empregadas com o propósito de simbolizar o "renascimento", o "retorno ao ventre" e a "transmutação" das substâncias (Bayard, 1996). O que nos leva a tese de que há uma inclinação geral para que as hipóteses de prosseguimento de alguma forma de vida pós-morte tenham destaque nas culturas humanas, desvelando um desejo, ainda que inconsciente, de superação da morte.

Uma das principais motivações para o desenvolvimento de tecnologias de prolongamento a vida tem sido, desde há séculos, o combate a enfermidades. É possível inclusive naturalizar a busca pela superação da morte se a incluirmos como uma etapa ligada à adaptação humana ao ambiente ao longo dos séculos. Há de se destacar, no entanto, que o desenvolvimento científico das ciências da natureza, a partir do século XIX, trouxesse à tona um profundo conhecimento sobre a natureza biológica do homem, trazendo um impacto imediato no aumento da expectativa de vida da população humana.

Atualmente, há quem postule que seria possível o aumento indefinido da expectativa de vida, por meio de diferentes técnicas e procedimentos, no que é hoje chamado de tecnologias de prolongamento da vida (*Life Extension Technologies* – *LETs*) (Lucke, Herbert, Partridge, & Hall, 2010). Resumidamente, é possível identificar dois grandes ramos ligados ao desenvolvimento das LETs, o da engenharia genética e o de produção de drogas que visam à extensão da vida.

A criação de drogas – ou medicamentos, se o leitor preferir – parte da suposição de que a ingestão de vitamínicos, hormônios e outros princípios ativos seriam capazes de prevenir o aparecimento de doenças físicas e mentais. O argumento principal utilizado pelos defensores dessas drogas é que a regularização dos níveis hormonais no corpo, por meio da ingestão exógena, retardaria o envelhecimento e protegeria o corpo e o cérebro de seus efeitos, minimizando o surgimento de doenças e transtornos associados ao envelhecimento, ampliando, assim, a longevidade do indivíduo.

Os defensores da engenharia genética, por outro lado, advogam a favor do desenvolvimento de nanotecnologias que atuariam a nível molecular e atômico em favor da reparação genética ou do combate a agentes externos, vírus e bactérias, ou internos, células cancerígenas, de modo mais preciso e específico possível. Eles argumentam, ainda, que a restauração das funções do corpo, nesse nível, poderia estender, indefinidamente, a vida do indivíduo. Entusiastas das LETs proclamam que a combinação destas e outras técnicas seriam, pois, capaz de "libertar" o ser humano da morte, tornando-o, em tese, imortal.

Cabe aqui colocar como ponto inicial a reflexão sobre o que somos, enquanto humanos. Seríamos apenas autômatos de carne e osso ou haveria algo mais, que nos caracterizaria como tal? A Organização Mundial da Saúde, na sua definição sobre saúde[1], enumera três dimensões do ser humano, a saber, biológica, psicológica e social. Cada qual exerce um papel importante para percepção de bem-estar global do indivíduo, sem haver precedência de uma em relação a outra. Em outras palavras, não há vida plena sem que todas essas dimensões estejam em equilíbrio.

Considerando um cenário de prolongamento indefinido da vida, será que o bem-estar físico seria compartilhado com o bem-estar psicológico e social? O que hoje sabemos é que muitos transtornos de natureza mental possuem sua gênese não apenas na base genética/biológica individual, mas na interação desta com sua história de vida e os ambientes que este ser frequenta. Em um estado de suposta perenidade, como seriam estabelecidas metas e desafios pessoais, e qual seria a motivação para os realizar, diante do eterno prazo para tal? Como as relações familiares e conjugais se desenvolveriam, sem a pressão do tempo limite para ser pais e mães, seja pela pressão da morte ou por eventos biológicos ligados ao envelhecimento, como a menopausa?

Engana-se quando se acredita que a perenidade reproduziria as condições atuais menos a morte ou partida daqueles que se ama ou admira. Simplesmente, a forma como a civilização humana e toda sua cultura foi construída haveria de desaparecer em prol de uma outra completamente distinta. Diante do que sabemos até o agora, não há, pois, como saber a repercussão disso para o indivíduo e sua saúde mental, o que nos leva a questionar se no plano individual haveria mesmo vida plena ou a conversão para um semi-autômato, pleno fisicamente, mas imerso na própria angústia da vida eterna. Não é coincidência que, no mesmo século XIX, das emergências das ciências naturais, tenha sido criada a alegoria para o homem eterno, com o mito do Vampiro.

Além da repercussão individual, é possível ainda questionar quais rearranjos na estrutura da sociedade seriam necessários diante do prolongamento indefinido da vida. Sem querer se alongar nesse ponto, imagine como o mercado de trabalho reagiria a tal situação? Quais seriam os reflexos para

---

[1] "Saúde é o estado de completo bem-estar físico, mental e social e não apenas a ausência de doença". Disponível em: http://www.who.int/about/mission/en/

a economia, a organização global, a agricultura e outros setores dessa nova realidade? Seria o planeta capaz de sustentar e prover as necessidades de tantas pessoas?

Retomando a questão exposta no título, seria possível então vencer a morte? Talvez, a resposta correta ao questionamento colocado seja "*não*". Afinal, estaria mesmo a morte sendo superada ou apenas adiada por um largo período de tempo? A morte, enquanto finitude de um sistema físico – o corpo humano – seria sempre uma possibilidade. Alguns argumentam que, mesmo com a morte do corpo, seria possível preservar a consciência em *devices* externos, abrindo uma outra gama de especulações e desenvolvimento tecnológicos. Mas isso ainda não resolveria a questão anteriormente posta, relativa à integralidade biológica, psicológica e social que forma o humano como hoje o entendemos.

Talvez uma nova questão se coloque neste momento: é desejável a morte da morte? Além de toda a reestruturação cultural e social exposta anteriormente, faz-se necessário ressaltar que a finitude ou a expectativa da finitude, como hoje a conhecemos, desempenha um papel importante na construção da vida de cada um de nós, dando a nossa existência sentido, trazendo metas, sonhos e realizações, por vezes impondo urgências. E, nas perdas, é que se conhece a tristeza, que se experimenta o choro, a saudade, sentimentos e emoções puramente humanas. Ou, em uma perspectiva heideggeriana, como parte da estrutura essencial da existência (Maranhão, 1998). Negar a morte pode ser o primeiro passo de se negar a própria existência plena.

REFERÊNCIAS

BAYARD, J.-P. (1996). Sentido oculto dos ritos mortuários: morrer é morrer?. São Paulo: Paulus.

LUCKE, J. C., HERBERT, D., PARTRIDGE, B., & HALL, W. D. (2010). *Anticipating the use of life extension technologies*. EMBO Reports, *11*(5), 334–338. Disponível em: http://doi.org/10.1038/embor.2010.48

MARANHÃO, J. L. S. (1998). O que é morte. São Paulo: Editora Brasiliense.

INOVAÇÃO DIGITAL – UM CAMINHO PARA O ACESSO À SAÚDE

Renata Rothbarth
Advogada, Prospect do IFL/SP
Caroline Sanflorian Pretyman
Estudante de Medicina, Prospect do IFL/SP

No contexto das inovações tecnológicas, nada foi tão disruptivo para o cenário da saúde como o acesso compartilhado a dados científicos. O conhecimento sobre saúde, sempre levado como grande arte restrita a ícones de cabelos brancos por décadas de estudo, esculpidos em bustos e nomeadores de avenidas, é encontrado hoje sem censuras à distância de um clique para o público geral.

Esse momento da democratização do conhecimento médico ocorre concomitantemente ao crescimento exponencial do acesso e intercâmbio de informações entre os próprios profissionais de saúde, desafiando a capacidade da mente humana de armazenar tantas novidades, atualizadas em tão pouco tempo. Mas a regra de ouro dessa ciência permanece sendo: a boa ética começa com bons dados.

Os profissionais da saúde, então, encontram-se em uma quebra de paradigma, na qual há necessidade de se atualizarem com incansável frequência, recorrerem às tecnologias para armazenarem e intercambiarem informações com segurança e se manterem focados na experiência do paciente, que, agora munido de conhecimento de origem às vezes dubitável, tem um grande poder de questionamento. O antigo modelo médico-paternalista deu lugar à autonomia do paciente e busca continuamente um ponto de equilíbrio para essa relação. Diante desse novo panorama de acesso livre, a força da inovação traz outros meios e traça novos caminhos diante de obstáculos antes desconhecidos.

Proporcionar acesso à saúde – pública e privada – de qualidade e melhorar a experiência do paciente é um desafio contínuo para o Brasil, assim como para outros mercados emergentes que também sofrem com a escassez ou mau uso de recursos, infraestrutura inadequada e gestão ineficiente. A continuidade dos modelos tradicionais de cuidado com a saúde parece improvável com o avanço das tecnologias disruptivas. Estas, por sua vez, são ferramentas capazes de testar os limites burocráticos de um país e, invariavelmente, acabam por empoderar uma sociedade.

Historicamente, o mercado da saúde tem sido lento para implementar ferramentas de tecnologia que transformaram outras áreas do comércio e da vida diária. Alguns fatores, entre muitos, são a forte regulação para produtos médicos, a confidencialidade dos dados e a sensível relação entre médico e paciente. Mas o impulso para um futuro mais digital está avançando. Esse cenário é habilitado por ferramentas, como os aplicativos, que permitem ao paciente um envolvimento mais ativo e próximo com seu médico, por exemplo, oferecendo informações em tempo real sobre seus sintomas. Inteligência artificial para auxiliar diagnósticos, telemedicina para auxiliar regiões isoladas, realidade virtual para aproximar o acadêmico da sua futura realidade e engenharia genética são as principais tendências no mundo das *health techs* e encontram-se mergulhadas em um verdadeiro mar azul de oportunidades para empreendedores.

Estas novas tecnologias devem estar comprometidas, sobretudo, com a segurança e autonomia do paciente, mas também devem objetivar a redução de custos e a melhoria da qualidade dos tratamentos. O aumento dos investimentos em saúde digital acontece em escala global. No setor privado, este movimento é mais rápido. A estratégia de grandes empresas do setor de apostar em iniciativas próprias de inovação é uma tendência que começa a desembarcar no Brasil. Os benefícios para o setor público são, igualmente, claros e cabe aos agentes políticos considerar com urgência a maneira mais eficaz de integrar essas soluções em benefício da população, seja por meio de uma regulação mais realista e menos conservadora, seja por meio de implantação destas soluções digitais na saúde pública.

A Verdadeira Função do Estado no Ensino Superior

Vanessa Muglia

Advogada, Prospect do IFL/SP

I. Educação Superior Privada no Brasil

Segundo a Constituição, a educação é direito social que deve ser prestado pelo Estado[1]. Isso não significa, contudo, que a iniciativa privada deva se eximir de atuar no mercado. A educação é prestada como um serviço – público ou privado – e é negociada no mercado como um bem de consumo.

O ensino superior privado no Brasil surgiu com a Constituição de 1891 e, posteriormente, foi reafirmado pela Constituição de 1988, que, com base no princípio liberal, manteve o ensino superior aberto à iniciativa privada, desde que fossem respeitadas as normas gerais da educação e houvesse autorização do poder público.

O Ministério da Educação, atuando como órgão regulador, organiza quem pode e como pode concorrer nesse mercado. Atualmente, a educação superior no mercado privado está estruturada em torno do oferecimento de vagas por Instituições de Ensino Superior ("IES") privadas com finalidade lucrativa.

Para poder operar, uma IES deve passar por cadastramento no MEC, além de solicitar autorização para o oferecimento de cursos específicos (no caso das faculdades, estas devem pedir autorização específica para cada novo curso e localidade oferecida, enquanto universidades e centros universitários, por sua vez, não prescindem de tais autorizações). Em contrapartida, também é possível a aquisição de IES já estabelecidas (i.e., regulares perante o MEC), o que se tornou uma estratégia de negócios valiosa para os projetos de expansão das grandes redes educacionais, resultando, desde os anos 2000, em inúmeras fusões e aquisições no setor.

---

[1] "Art. 205. A educação, direito de todos e dever do Estado e da família, será promovida e incentivada com a colaboração da sociedade, visando ao pleno desenvolvimento da pessoa, seu preparo para o exercício da cidadania e sua qualificação para o trabalho."

II. Crescimento do Ensino Superior Privado e a Intervenção Estatal

O Ensino Superior é considerado mercado em que os ativos estão pulverizados em todo o território nacional, o que facilita a estratégia de crescimento.

Além disso, a educação superior como bem mercantilizado é dotada de características especiais que a tornam essencialmente singular: (*i*) um bem de experiência, que só pode ser avaliado após quase completamente consumido; (*ii*) uma compra rara, que, usualmente, ocorre uma ou poucas vezes na vida de um indivíduo; e (iii) tem um custo de evasão muito alto.

Foi nesse contexto que ocorreu, no Brasil, um crescimento de 347,15%[2] no número total de matrículas nas instituições privadas entre os anos 1995 e 2010. Essa oportunidade foi explorada por grandes conglomerados no mercado de ensino superior privado que, nos últimos anos, ofereceram chance de ingresso no ensino superior a milhões de novos alunos.

Além disso, outro fator que possibilitou o crescimento de algumas redes de ensino privadas foi o fato de que, mediante a aquisição de outras entidades de ensino, a instituição mantenedora pode aproveitar, além do espaço físico, das instalações, fornecedores e equipamentos, o corpo docente e discente. Essas fusões e aquisições que ocorreram no setor de educação superior privada trouxeram e têm trazido eficiências tais como adoção de modelos de gestão mais eficientes, melhora no modelo acadêmico e no material didático, aumento do número de cursos ofertados, práticas de marketing e adoção de métodos mais eficientes de atração de financiamento para as mensalidades (Fies), melhores práticas na captação de alunos/clientes; etc.

No entanto, à medida que cresce a participação do setor privado na educação superior, também aumenta a intervenção do Estado. O argumento utilizado para defender tal interferência seria a de que o mercado não fornece esse serviço de modo satisfatório, em quantidade suficiente.

É o que se verifica, por exemplo, com o lançamento, em 2015, de um estudo do Departamento de Estudos Econômicos voltado aos atos de

---

[2] Disponível em: http://www.scielo.br/pdf/rbedu/v20n60/1413-2478-rbedu-20-60-0031.pdf

concentração do mercado de educação superior privada ("Estudo do DEE") e, recentemente, com a rejeição pelo CADE da fusão da Estácio/Kroton[3].

III. Reinvenção do Modelo Educacional

Vivemos em um mundo globalizado, onde há uma transformação constante de paradigmas nas relações econômicas, reguladas por um mercado sem fronteiras, influenciado pelas reestruturações tecnológicas que alteram as formas de produção, organização e gestão empresarial e, até mesmo, a própria natureza do Estado e a sua função enquanto instituição reguladora e promotora do bem-estar social e econômico.

Tais revoluções tecnológicas também geram impactos profundos no âmbito da educação. Atualmente, é um consenso que o modelo de ensino atual já não faz mais sentido para nenhum dos atores envolvidos no processo educacional. As instituições de ensino se distanciaram da realidade em que vivemos e insistem em reproduzir um modelo baseado na memorização de assuntos desconectados da prática e que é incapaz de estimular o aprendizado.

No mundo atual, em que a informação está disponível e acessível por todas as partes e a qualquer momento, o formato de ensino tradicional não valoriza a criatividade e a capacidade dos alunos de conectar novos conhecimentos, *skills* exigidos para que um profissional possa prosperar no mercado atual.

Nunca produzimos e armazenamos tantos dados, os quais podem ser facilmente acessados por qualquer pessoa por meio de um dispositivo conectado à internet. Como consequência, nos novos modelos que estão sendo discutidos e adotados, o professor perde sua condição de "proprietário" do conhecimento que vai ser repassado e a instituição "universidade" apresenta uma constante redefinição de suas funções materiais e simbólicas.

Um dos grandes avanços que essa discussão do modelo educacional permitiu foi a criação de alternativa ao módulo presencial de ensino. No Brasil e no mundo, o ensino a distância ("EaD") surgiu como uma solução para promover a democratização, a expansão do ensino e até para alavancar a

---

[3] Segundo o Estudo do DEE, *"grupos começaram a expandir suas operações adquirindo IES que atuavam em regiões onde esses ainda não ofertavam cursos, movimento que atingiu seu auge no período de 2011 a 2013"*.

transformação social via educação e tem apresentado um crescimento exponencial nos últimos anos.

O EaD funciona de uma forma prática e simples, dependendo apenas de um computador com acesso à internet e de conhecimentos básicos de informática. Essa modalidade se destaca pela flexibilidade e pelo caráter inovador e dinâmico, pois são disponibilizadas inúmeras ferramentas, como áreas com conteúdos de aulas, exercícios e trabalhos.

No EaD, encontra-se uma variedade de cursos e instituições, que oferecem qualificação desde níveis técnicos até graduações e pós-graduações. Isto amplia muito o campo de atuação e leva oportunidade de aprendizado a pessoas que não têm a possibilidade de cursar o ensino presencial, eliminando barreiras físicas existentes no desenvolvimento educacional profissionalizante.

IV. A perda de espaço das instituições públicas no ensino superior

O acesso à informação e, consequentemente, ao poder sempre esteve nas mãos de quem tinha acesso às instituições de ensino de renome e prestígio, por meio de aulas e interações presenciais. No entanto, o diploma emitido por essas instituições passou a perder seu valor a partir do momento em que a informação, antes restrita, tornou-se disponível a todos. Como consequência, passou-se a valorizar mais o uso efetivo e eficiente da informação (por qualquer pessoa) do que qualquer tipo de certificação que ateste o domínio e conhecimento daquela mesma informação.

Essa revolução foi percebida pelas instituições de ensino superior privado que, em virtude da evolução exponencial da tecnologia e de seus impactos na educação superior, passaram a reestruturar seus programas para que pudessem responder rapidamente e de forma eficiente às mudanças no cenário mundial. Investimentos vultuosos são realizados por muitas dessas instituições em tecnologias avançadas, sempre buscando atingir mais alunos e transmitir conhecimento de forma mais acessível.

Nesse contexto, o sucesso dos novos modelos adotados pelas instituições de ensino superior privado, incluindo o EaD, pode ser explicado a partir do conceito de "Organizações Exponenciais", desenvolvido por Salim Ismail e Michael S. Malone. A informação e o ensino deixaram de ser considerados tão somente no mundo analógico, da forma física e presencial, que é linear por natureza.

As mudanças que as instituições privadas de ensino superior estão promovendo permitem que tais empresas superem rapidamente as instituições públicas concorrentes no setor, justamente por utilizarem métodos modernos e inovadores, que fogem de padrões arraigados e conseguem mudanças rápidas.

Baseado nisso, é possível dizer que as instituições públicas de ensino superior perderão cada vez mais espaço para as privadas. Isso porque os pilares em que as universidades públicas se baseiam e a forma com que está estruturado o ensino superior público impossibilitam que estas intuições de ensino acompanhem as rápidas mudanças que vem ocorrendo na educação por conta dos avanços tecnológicos. As instituições públicas continuam crescendo e transmitindo conhecimento de forma linear, sem acompanhar, em tempo, as quebras de paradigmas e as oportunidades ligadas à inovação.

No Brasil, principalmente depois dos escândalos de corrupção expostos e da recessão econômica sem precedentes na história do país, é evidente a incapacidade do Estado, enquanto nação soberana, de impor sua autonomia frente à ordem global de liberação econômica, privatizações e revoluções tecnológicas. Isso afeta diretamente o setor da educação superior que, em comparação a outros países, tem ficado mais defasado a cada ano.

É o caso, por exemplo, da UERJ, reconhecidamente uma universidade de ponta e que, nos últimos anos, por conta de escândalos de corrupção, engessamento do sistema e falta de investimentos adequados, está passando por um processo de sucateamento, considerado por alguns como irreversível.

Assim, não obstante a Constituição reserve ao Estado o dever de prestar educação, considerando que as universidades públicas não conseguirão acompanhar as mudanças trazidas pelo avanço tecnológico e continuarão a se apegar aos seus modelos de educação tradicional, resistindo à inovação. O papel do ente governamental no âmbito da educação superior tende a ser reduzido ao longo do tempo, deixando livre o mercado a ser explorado pelas instituições privadas.

Ante o exposto e tendo em vista a massificação do acesso à educação superior, bem como todas as sinergias e eficiências geradas pelas operações que ocorrem no setor, como resultado das forças naturais de mercado, causando ganhos inquestionáveis aos consumidores do mercado de educação, não haveria que se falar na interferência constante e profunda do Estado. As próprias instituições públicas de ensino superior não estão aptas a acompanhar as mudanças trazidas pelo progresso tecnológico e a forte concorrência entre as inúmeras instituições privadas deveria ser suficiente para regular a qualidade dos cursos e serviços oferecidos.

SERIA *BLOCKCHAIN* UM FACILITADOR DA TEORIA AUSTRÍACA DA MOEDA?

Cesare Rollo Iacovone

ADMINISTRADOR DE EMPRESAS, ASSOCIADO DO IFL/SP

> *"O objetivo desse programa é impor uma disciplina – que hoje já se faz extremamente necessária – aos agentes monetários e financeiros existentes, tornando impossível, a qualquer um deles, por qualquer prazo, emitir dinheiro de um tipo substancialmente menos confiável e útil do que o emitido por qualquer outro. Tão logo o público se familiarizasse com as novas possibilidades, qualquer desvio da atitude correta de fornecer-lhe um dinheiro honesto iria, imediatamente, redundar na rápida substituição da moeda infratora por outras.".*
>
> Hayek, A Desestatização da Moeda (*p.25*)

Menos intervenção do Estado na economia e mais competição entre os empresários para servir aos consumidores são duas pautas prioritárias para qualquer pessoa que pensa ter uma visão "pró-mercado" ou liberal. No entanto, no que diz respeito à instituição responsável pelo controle do preço do dinheiro (juros) e que detém o monopólio da emissão da moeda no território de sua atuação – ou seja, o Banco Central – muitos liberais são a favor da sua existência. Inclusive, é sabido que o debate acerca do Banco Central e da moeda é uma das maiores divergências entre as Escolas de Chicago e a Escola Austríaca, as duas grandes escolas de pensamento liberal no século XX.

Atualmente, a estrutura de Banco Central existe na maior parte das economias desenvolvidas e, no mundo ocidental, convivemos há mais de 200 anos com o monopólio estatal da moeda. Nas palavras de Rothbard: "Um Banco Central é hoje uma instituição vista como sendo da mesma classe do sistema de saneamento básico e das boas rodovias: qualquer economia que não possua um é considerada "retrógrada" e "primitiva"[1].

---

[1] "O que fizeram com nosso dinheiro?" Murray Rothbard

Esse fato nos leva, naturalmente, a pensar que o Estado garante o valor do dinheiro, conferindo-lhe um lastro de acordo com o valor de face das notas. Essa condição, que não foi inteiramente falsa enquanto alguns países adotaram o padrão-ouro nas suas moedas nacionais, não é mais válida desde 1970, quando Nixon aboliu o padrão-ouro nos EUA e outros estados do mundo inteiro "seguiram a tendência". Nesse sentido, a instituição da moeda fiduciária, moeda cujo valor provém única e exclusivamente da confiança que depositamos no emissor, no caso o Estado, é atualmente o padrão nos países da economia moderna.

A crença do Estado ser capaz de prover uma "moeda honesta" se manteve praticamente inabalada até a crise de 2008, cujos desdobramentos mostraram aos cidadãos do mundo desenvolvido o poder sobre o dinheiro que foi conferido ao Estado[2]. Além disso, ficou claro o disfarce dos grupos de pressão atuando sobre o Estado, que encontraram uma justificativa plausível para a salvação dos grandes bancos[3]. E, também, ficou transparente a criatividade nas finanças inflacionárias com o novo conceito de *Quantitative Easing* (QE)[4], para a velha conhecida "impressão maciça de papel moeda".

Bitcoin surgiu justamente nesse contexto: na falta de confiança em relação ao controle estatal do dinheiro. Não é por acaso que a primeira transação efetuada com *Bitcoin* no seu "bloco Genesis" teve como égide a seguinte manchete do jornal Times do dia 03 de janeiro de 2009: "*Chancellor on brink of second bailout for banks*[5]". Ironicamente, os mesmos grandes bancos que se salvaram graças aos seus grupos de pressão, já perceberam o valor do *blockchain*, base tecnológica do *Bitcoin*, e estão estudando a implementação de suas próprias moedas privadas.

---

[2] Na verdade, infelizmente nos anos 80 e 90 os brasileiros já tinham presenciado o estrago que o governo pode fazer com a moeda (ou pior, como é no caso do Brasil, com as moedas).

[3] Como sabemos, com a argumentação que eles eram "muito grandes para falir" e que essa falência geraria uma crise sistêmica na economia.

[4] *Quantitative Easing* (QE) é a prática de o Banco Central criar dinheiro eletronicamente e realizar compras maciças de títulos públicos de bancos, seguradores e bancos de pensão para injetar dinheiro na economia por meio de novos empréstimos e investimentos diretos.

[5] Chanceler na iminência do segundo resgate aos Bancos.

Embora alguns puristas do *Bitcoin* possam desconsiderar essa tendência, desprezando as *blockchains* que não seguem o "padrão *bitcoin*", esse é um movimento viável como já foi explorado pela ciência econômica na teoria austríaca da moeda. A intenção deste artigo é expor como uma tecnologia inovadora, o *blockchain*, pode ser a força motriz geradora de modelos de negócios que tornam a sociedade mais próspera e livre.

A moeda para os austríacos e para o blockchain

> *"A passada instabilidade da economia de mercado é consequência de o dinheiro, o mais importante regulador do mecanismo de mercado, ter sido ele mesmo excluído da regulação pelo processo de mercado".*
>
> Hayek, *A Desestatização da Moeda*

Uma explicação aprofundada do que é *Bitcoin* e do conceito de dinheiro foge ao escopo desse artigo. Para entender esses dois assuntos, recomendamos a leitura da obra *Bitcoin*, de Fernando Ulrich, que consta no início deste livro. Vamos tomar os conceitos expostos no livro como premissas e aprofundar nos tópicos de *blockchain* e da teoria austríaca da moeda.

O *blockchain*, como dito anteriormente, é a tecnologia que permite o funcionamento do *Bitcoin*. Seu outro nome, "sistema de contabilidade distribuída", é mais ilustrativo do seu funcionamento, já que o sistema opera com base nos registros contábeis das transações, cujo histórico está armazenado nos inúmeros computadores ligados à rede. Nas palavras do fundador do *Ethereum*, Vitalik Buterin, um *blockchain* é "um sistema descentralizado que contem alguma forma de memória compartilhada"[6]. Sendo assim, é um sistema que (1) os próprios nódulos (às vezes em nódulos especiais, como os "mineradores" do *bitcoin*) garantem a veracidade do histórico das transações e das novas trocas que vão ocorrer, (2) permite transparência das reservas monetárias de cada agente do mercado, (3) garante a inviolabilidade dos blocos[7], dando segurança aos agentes a respeito dos valores transacionados e (4) estabelece uma política monetária cujo racional é programável e executado automaticamente, quando

---

[6] Disrupt SF, outubro de 2017.

[7] Ou melhor, a inviabilidade da violabilidade de 51% ou mais dos blocos de uma rede.

determinadas condições se satisfazem. Em suma, o sistema do *blockchain* provê a confiança necessária para garantir, digitalmente e sem intermediários, o valor de troca de um ativo e sua comercialização.

Com relação à teoria austríaca da moeda e aos seus desdobramentos, o artigo também não se propõe a explorar todas as consequências e benefícios que ela poderia trazer à economia atual. Para isso, recomenda-se a leitura dos livros utilizados como referência. Tendo como premissa os potenciais benefícios da teoria, o intuito do artigo é entender como alguns de seus principais gargalos podem ser desimpedidos com o *blockchain*.

A proposta dos austríacos é a abolição do monopólio estatal da emissão monetária, permitindo com que agentes privados (bancos) emitam suas próprias moedas, desde que garantam o seu lastro, ou seja, a restituição incondicional e à vista do seu valor de face[8]. À primeira vista, a emissão de uma própria moeda pode parecer um poder desproporcional para os bancos privados, principalmente, pensando no atual contexto de concentração bancária devido às regulações do mercado financeiro. E mais, uma crítica imediata remete às cenas frequentes do século XIX das corridas bancárias, situação inerente ao atual sistema de reservas fracionárias. Nesse contexto, é essencial, como podemos ler na citação apócrifa, manter condições de livre e frequente concorrência entre os diferentes emissores, pois essa seria a mais eficaz regulação dos valores de cada moeda, do seu ágio e da confiabilidade dos emissores. Como afirma Rothbard: "Como funcionaria a cunhagem privada? Da mesma maneira que qualquer outro empreendimento. (...) O preço desse serviço seria estabelecido pela livre concorrência do mercado".

Nesse contexto, algumas críticas frequentes, mesmo por autores liberais[9], recaem de maneira geral sobre os seguintes pontos: (1) o uso de diferentes moedas aumentaria os custos de transação, porque, dentre outros fatores, haveria situações cada vez mais frequentes de trocas cambiais, (2) implicaria

---

[8] É indispensável uma boa lei de propriedade intelectual e de marcas para o funcionamento do sistema proposto, impedindo assim que alguns comentam a fraude de emitir dinheiro com o nome de outros, se valendo de uma reputação comercial que não lhes são devida.

[9] BAGUS, Philip. *Monetary Reform and Deflation – A Critique of Mises*, Rothbard, Huerta de Soto and Sennholz.

em maior risco de instabilidade financeira, devido aos conflitos entre agente (exemplo: executivos dos bancos), e principal (exemplo: acionistas) no tocante à política monetária, (3) é inviável no atual sistema de reservas fracionárias e os custos da transição para uma economia com valores monetários 100% lastreados seriam proibitivos (ou pior, poderia haver necessidade de mais interferência do Estado durante esse período de transição).

Como permite uma política monetária "pétrea", isto é, definida a priori, transparente a todos e sem possiblidade de alteração futura, é possível que um *blockchain* equalize a confiança de uma moeda de emissão privada, desde que o banco emissor tenha uma total abertura a respeito da sua política monetária e programe os mecanismos necessários para implementá-la no próprio código do *blockchain* privado. Sem mais gerentes, diretores (nem ministros) arbitrando a quantidade de moeda ofertada, não haverá espaço para uma visão de curto prazo e, portanto, seria impossível uma emissão além do acordo inicial. Nesse sentido, o conflito potencial entre agente e principal é mitigado por meio de um *binding act* no momento de criação de uma determinada moeda, como se fosse um "contrato inteligente" entre usuário da moeda e emissor.

Ademais, em algumas versões de *blockchain* já é possível a operação anônima nas criptomoedas (e não somente incógnito como ocorre no *Bitcoin*[10]). Assim, é possível a abertura anônima dos valores nas contas para garantir que de fato existe lastro para cada uma das notas emitidas. Como não seria necessário especificar quem é a pessoa dona de cada conta e cada nota, não haveria uma quebra de sigilo bancário. Nesse contexto, é viável, do ponto de vista técnico, estabelecer um mecanismo que garanta ao público de uma determinada moeda que os compromissos de lastro estão sendo cumpridos dessa forma reprimindo, antes de surgir, o pânico gerador de uma corrida bancária[11].

Finalmente, com relação aos custos de transação, os mecanismos de liquidação e custódia de valores tem potencial de serem mais baratos com o *blockchain* do que com os recursos tradicionais do mercado financeiro. É claro que, nesse ponto, são necessários mais experimentos com a prática

---

[10] Monero e Zcash são exemplos disso.

[11] Vale ressaltar que, mesmo nesse caso, não seriam desprezíveis os custos da transição entre o sistema facionário atual e um sistema transparente e 100% lastreado

e a validação em diferentes casos de uso (transferências internacionais, liquidações de bolsa de valores, custódia de valores mobiliários, etc.) para provar exatamente qual o potencial de ganho com a implantação de um *blockchain* privado e se esses ganhos se mantém com a escala de um banco que atue globalmente[12]. No entanto, com diferentes *blockchains* privados, as transações de cambio entre as diferentes moedas seriam extremamente mais simples, pois poderiam ser programadas desde sua concepção para funcionar com interoperabilidade.

Em resumo, é razoável que, se a cunhagem privada fosse autorizada e cada banco possuísse sua própria moeda, a tecnologia do *blockchain* seria um facilitador, com uma política monetária pétrea, com lastro transparente, mostrando em tempo real a capacidade da instituição financeira de honrar suas obrigações e com uma comunicação simplificada no câmbio monetário entre instituições.

Conclusão

É uma falácia a ideia de que tecnologias disruptivas são capazes de alterar sozinhas as estruturas da sociedade. Para que as sociedades mudem, a economia se desenvolva e os homens sejam mais prósperos e livres, será sempre necessária uma ação consciente, por parte dos cidadãos comuns e, por vezes, daqueles que estão à frente do governo. Sem essa condição, e de um debate aberto de ideias e propostas, não é possível a mudança. No entanto, após essa pré-condição ser preenchida, a tecnologia pode se tornar uma grande força motriz da mudança, pois, ao libertar o homem de algumas amarras, ela torna possível o que antes era tido como uma mera utopia e viável o que antes era impraticável.

---

[12] Ressaltando que, mesmo na teoria clássica que não prevê o uso de *blockchains* privados, os custos de transação tendem a diminuir já que cada moeda será melhor adaptada para cada tipo de produto e não somente país (transações de toneladas de aço seriam mais facilmente executadas com sua própria moeda do que com a mesma moeda que usamos para, por exemplo, comprar um pão na padaria). Nas palavras de Hayek: " O que encontramos é um continuum em que objetos com vários graus de liquidez se confundem um com o outro quanto ao grau em que funcionam como dinheiro".

Referências

BAGUS, Philip. *Monetary Reform and Deflation – A Critique of Mises*, Rothbard, Huerta de Soto and Sennholz.

Disrupt SF, outubro de 2017

http://nakamotoinstitute.org/mempool/the-bitcoin-central-banks-perfect-monetary-policy/

https://www.americanbanker.com/opinion/how-cryptocurrencies-could-upend-banks-monetary-role

http://www.bbc.com/news/business-24614016

https://www.siliconrepublic.com/enterprise/major-banks-blockchain-cryptocurrency

IMPRESSÃO 3D – TECNOLOGIA, LIBERDADE DE CRIAÇÃO E MUDANÇA DE HÁBITOS DE CONSUMO

Renan Augusto Falcão Vaz

ENGENHEIRO CIVIL, PROSPECT DO IFL/SP

A impressão 3D já é uma realidade no mercado brasileiro. As impressoras mais simples podem ser encontradas a preços módicos, a partir de R$1.500. Essa tecnologia traz diversas soluções para os mais variados setores da indústria e também pode atender o consumidor final em suas residências.

A tecnologia consiste na impressão de diversas camadas de materiais termoplásticos ou polímeros. Mais de um material pode ser utilizado e uma peça pode ter as mais variadas cores, propriedades específicas e formatos. Para isso, são utilizados programas de modelagem 3D, que definem os materiais, as formas e a ordem da impressão do objeto. Arquivos digitais podem ser disponibilizados pela internet e o consumidor pode selecionar qual objeto deseja imprimir, definindo os detalhes de materiais e cores desejados. Em poucas horas uma peça de grandes dimensões pode ser produzida.

Charles Hull, em 1984, criou a primeira impressora 3D que, ao invés de imprimir tinta no papel, construía camadas. Mas, somente nos últimos anos, essa tecnologia evoluiu e ficou mais barata. Hoje, diversas soluções, nas mais variadas áreas, são possíveis, e muitas tecnologias, materiais e sistemas devem ser substituídos pelas máquinas inteligentes controladas por programas de computadores.

O setor automobilístico é um ótimo exemplo dos que mais investem nessa tecnologia. Em 2011, o Urbee foi o primeiro carro resultado de uma impressora 3D. Na realidade, somente sua carroceria foi resultado da impressão, mas a indústria já começa a se preparar para essa grande mudança.

Colecionadores de carros antigos também devem aproveitar essa nova tecnologia. Muitas peças raras eram caríssimas ou, muitas vezes, não eram mais encontradas no mercado, ou seja, muitas raridades ficavam nas garagens sem desfilar pelas ruas. Hoje essas peças podem ser projetadas em programas computacionais e impressas pelos colecionadores em material, muitas vezes, mais resistente e durável que o original.

Algumas empresas estão imprimindo comida 3D. Uma impressora com 12 compartimentos distintos pode imprimir diversas combinações diferentes, misturadas, quentes ou frias e com a quantidade de calorias desejada pelo cliente. No futuro, uma impressora dessa poderá imprimir o jantar de seus proprietários minutos antes dele chegar em casa, com a combinação de sabores, calorias, apresentação e temperatura que ele desejar.

Próteses médicas leves e duráveis de plástico poderão substituir as antigas de metal. Caso quebrem, rapidamente podem ser impressas novamente, substituindo a anterior e facilitando a vida de pessoas com alguns distúrbios ou síndromes.

Da mesma forma, órgãos estão sendo impressos com sucesso. Antony Atala, da Universidade Wake Forest, na Carolina do Norte (EUA), recriou a bexiga de um voluntário com defeito congênito, utilizando células da própria bexiga do paciente, injetando-as em um molde feito por uma impressora 3D e implantou o resultado da experiência de volta no voluntário. Já se estuda, inclusive, recriar rins sob medida para pacientes que fazem hemodiálise, utilizando órgãos saudáveis de doadores compatíveis.

Outra utilização médica para a impressora 3D é a criação de próteses ósseas. Pode-se fazer a impressão de uma mandíbula de titânio sob medida, por exemplo, e implantá-la em um paciente, com rapidez, custo relativamente baixo e baixo risco de rejeição. Ossos artificiais, criados com moldes obtidos pela tomografia da área lesionada, estão sendo desenvolvidos para substituir o gesso nos casos de fraturas. Após o prazo comum de recuperação, o osso artificial se dissolveria sozinho e seria expelido pelo organismo, sem deixar vestígios, e o paciente não precisaria voltar ao médico.

A indústria da moda é outra que já apresenta soluções interessantes, resultado da impressora 3D. Vestidos, biquínis e sapatos impressos sem um único ponto de costura, feitos de náilon, borracha, vidro, acrílico e cerâmica começam a chegar no mercado. O cliente pode escolher a cor, tamanho exato e modelo antes de acionar a impressora, evitando perdas de tecidos e a necessidade de grandes estoques.

O mercado da construção civil é outro que deve mudar radicalmente nos próximos anos. Conhecido por ser o principal gerador de resíduos e, principalmente, no Brasil, pela baixa produtividade, mão de obra intensiva, etapas repetitivas e lentidão na execução, a tecnologia de impressão 3D pode acabar com o grande déficit habitacional ainda existente.

Hoje, uma casa já pode ser impressa em menos de 24 horas, sem a necessidade de utilização de concreto, aço, metal e pessoas na construção. Areia e uma cola à base de magnésio podem ser a "tinta" utilizada pela impressora para se construir as camadas da casa.

A revolução está prestes a acontecer. Em um mundo onde as mudanças ocorrem de forma exponencial, muito provavelmente em breve os consumidores poderão imprimir em suas casas diversos itens de uso pessoal. Esse fenômeno pode acabar com a forma de consumo tradicional com que estamos acostumados. Produtos que são desenvolvidos em alguns polos por poucas indústrias, centros logísticos que os distribuem, supermercados, shoppings, lojas ou *marketplaces* que os vendem, todos esses intermediadores podem deixar de existir. O consumidor poderá ter a liberdade de imprimir um produto com o material, as cores e os tamanhos desejados, no momento em que quiser, sem precisar sair de sua casa.

Fica a expectativa de como a sociedade responderá a essas rápidas mudanças e qual é o limite das possíveis aplicações da impressão 3D nos mercados. Mas a possibilidade de imprimir produtos em casa, com rapidez e custo mais baixo, aumentaria a produtividade da sociedade e promoveria o acesso da população a diversos itens, reforçando valores como a liberdade individual e o livre mercado.

A liberdade de criação e expressão, o livre mercado e o respeito à propriedade privada trazem melhora na qualidade de vida das pessoas e prosperidade. As críticas feitas por George Orwell em sua magnum opus, *A Revolução dos Bichos*, contra a intervenção do estado na sociedade e o tolhimento das liberdades individuais ainda se aplicam à nossa sociedade. A evolução da impressão 3D pode trazer liberdade de consumo e criação para os cidadãos, redução de preços e maior concorrência nos mais variados setores.

Por outro lado, um ponto de atenção, que muitos estudiosos questionam, é até quando a inteligência artificial e toda a tecnologia exponencial que está sendo criada será útil para a sociedade e trará melhora real na qualidade de vida das pessoas.

Fazendo um paralelo com o filme *Matrix*, alguns grupos se perguntam se a evolução tecnológica e a inteligência artificial poderiam criar uma dependência tão grande das máquinas, que serão cada vez mais inteligentes e errarão cada vez menos, fazendo com que o ser humano se torne um escravo delas com a falsa ilusão de uma vida melhor do que a de seus ascendentes. O tempo, o senhor da razão, deve nos responder essas dúvidas. Mas quanto tempo isso levará?

LIBERDADE E TECNOLOGIA

Jamile Obeid

FASHION DESIGNER E ADVOGADA, ASSOCIADA DO IFL/SP

A tecnologia pode ser vista como fruto da busca humana pela sobrevivência e por uma melhor qualidade de vida. Os avanços tecnológicos configuram-se como causa e consequência do desenvolvimento humano enquanto civilização e ao longo de toda a história.

O conhecimento tecnológico possibilitou ao homem o domínio sobre as demais espécies, a construção de cidades e, principalmente, um ambiente propício ao desenvolvimento do estudo científico que, por sua vez, permitiu a cura de inúmeras doenças, maior longevidade, acessibilidade, agilidade e muitas outras facilidades que podem ser apontadas no estilo de vida moderno. Os avanços tecnológicos elevam cada dia mais o padrão de vida e, com isso, há mais tempo para as pessoas se dedicarem a novos projetos, viverem novas experiências, terem mais tempo para relaxar, cuidarem de si mesmas.

A tecnologia movimenta o mundo porque traz mudanças, cria novos mercados e expande vários já existentes, gera emprego e renda. Soluções para questões como pobreza, analfabetismo, desemprego, fome, surgem através de avanços tecnológicos.

O avanço tecnológico é o caminho para o futuro, mas, para que haja esta caminhada é necessário um mercado livre, ou seja, liberdade de entrada, longe das intervenções e restrições governamentais.

A tecnologia promove uma sociedade livre ao facilitar novos canais de comunicação, trabalho, competição e trocas voluntárias, vencendo barreiras físicas e sociais – assim como, no passado, a roda e o motor aumentaram e complementaram a força física do homem.

Quando há um Estado grande demais, os legisladores acabam por aprovar leis que restringem ou proíbem a tecnologia e seu avanço. Isto acaba privilegiando mercados já existentes, impondo barreiras que prejudicam o surgimento dos pequenos e garantem uma reserva de mercado para os grandes, inteferindo no enriquecimento das nações, comprometendo sonhos de gerações.

Para o economista austríaco Ludwig Von Mises, o conceito de liberdade faz sentido somente quando falamos de relações interpessoais. Se o governo faz mais do que proteger as pessoas contra a violência ou a fraude por parte de indivíduos antissociais, ele reduz a esfera da liberdade individual. Mises define a liberdade como o estado em que cada indivíduo é livre para escolher. Os indivíduos são livres quando podem praticar trocas voluntárias, contando com o aparato do governo somente para impedir a agressão alheia.

A liberdade faz parte do progresso constante, ao criar um estímulo para a busca do lucro e da inovação – que acaba por sua vez gerando produtividade, competitividade, preços mais baixos e mais opções de produtos e serviços. Países em que regimes socialistas e comunistas predominam são países em que tudo evolui muito lentamente, dando-nos a impressão de terem "parado no tempo". São países sem grande desenvolvimento, sem tecnologia, sem liberdade.

Quem escolhe olhar para o futuro prefere uma sociedade aberta, em que a criatividade e o empreendedorismo, operando sob regras gerais e previsíveis, gerem progresso de formas imprevisíveis. Ademais, quem olha para o futuro aprecia processos evolucionários como competição de mercado, pesquisa científica e inovação tecnológica; trabalha criativamente, vencendo obstáculos e em áreas outrora consideradas complexas, de modo a construir combinações baseadas na livre interação de imaginação e descoberta, buscando o progresso, em vez de perfeição, por meio de tentativas e erros. São aprendizes, experimentadores, tomadores de risco e empreendedores que entendem a importância do conhecimento local e de soluções pontuais para problemas complexos.

Já os que não desejam o futuro têm aversão à mudança, abominam o progresso ou querem controlá-lo de acordo com sua própria visão. Dentre estes, inclui-se os que anseiam a volta ao passado, defensores de grandes programas assistencialistas e indivíduos cujos investimentos ou empregos estão em risco devido à inovação. Eles podem vir da "esquerda" (sindicalistas, ambientalistas) ou da "direita" (tradicionalistas, nativistas). Os de "esquerda" querem regular o mercado e o desenvolvimento da tecnologia, enquanto os da "direita" são céticos quanto à mudança e têm inclinações econômicas protecionistas.

É evidente que nem toda mudança e tecnologia desenvolvida são boas, mas o fundamental é haver uma estrutura institucional libertária, que garanta ao homem a liberdade de buscar seu bem-estar moral e material, desde que não infrinja o direito equivalente dos outros. Só assim, uma pessoa será capaz de usar sua racionalidade e livre-arbítrio para escolher, criar e integrar todos os valores, virtudes e bens que possam levar ao bem-estar individual. Isso, naturalmente, inclui a escolha e o uso da tecnologia e das inovações.

REFERÊNCIAS

FRIEDMAN, David D. *Future Imperfect: Technology and Freedom in an Uncertain World*. Cambridge University Press.

MISES, Ludwig Von. Ação Humana. Instituto Ludwig Von Mises Brasil.

YOUNKINS, Edward. *Technology, Progress, and Freedom*.

http://www.misesbrasil.org.br

A Era da Informação
e a Nova Economia

Mauricio Filippon
EMPRESÁRIO, ASSOCIADO HONORÁRIO DO IFL/SP

Estima-se que o período de produção, inovação e exploração econômica de cada tecnologia de alto impacto descoberta e aplicada pela humanidade é de, aproximadamente, 50 anos. Foi assim com a descoberta da máquina a vapor, aplicada, no início do século 18, que deu origem à Revolução Industrial, e foi assim com a descoberta da eletricidade no início do século passado.

Baseado neste parâmetro, encontramo-nos, então, em pleno desenvolvimento de uma nova era, marcada pela transição da era industrial para a era dos serviços, mais conhecida como a Era da Informação, que se inicia a partir do advento e popularização dos microcomputadores. Porém, foi a comunicação descentralizada, conhecida como internet, que ocasionou a ignição desta revolução da informação, abrindo espaço para a Nova Economia, termo cunhado em meados da década 90.

A rede mundial de computadores teve seu surgimento tecnológico na Guerra Fria. Com fins militares, foi criada para que não houvesse uma unidade central de provimento de informações ou responsável por toda a comunicação, mas sim uma rede desenhada ponto a ponto, em forma de teia. Então, se o inimigo atacasse algum desses pontos, a comunicação entre os demais pontos permaneceria estabelecida.

Passado o período da Guerra, este tipo de rede e tecnologia teve, então, uma nova finalidade: conectar a comunidade acadêmica nos EUA e no mundo. No Brasil, era conhecida como a RNP ou Rede Nacional de Pesquisa.

Mas somente se define como Era da Informação de fato, quando a internet atende aos mais diversos fins comerciais e chega aos usuários de uma forma geral, algo entendido durante a década de 80. Estaria instalada, então, a plataforma que viabilizou tudo o que conhecemos e ainda iremos conhecer de inovações neste período, desde os rústicos acessos a servidores FTPs e a plataformas de chats, passando pela navegação WEB, comércio online, aplicações como serviço, as inúmeras plataformas *mobile*, para todos os tipos de fins, chegando atualmente à tecnologia de *block chain* e às criptomoedas, que prometem revolucionar o modelo financeiro tradicional e o que mais tiver por vir.

Com tanta inovação à vista, surgindo de diversos lugares, é natural concluir que o meio livre da internet e sua potencialidade funcionam como terreno fértil para toda essa criação de riquezas e solução de problemas sociais em escala e sem precedentes na história.

O universo virtual, criado por *bits* e *bytes* dos computadores, mostra-se hoje como o meio que oferece maior isonomia competitiva para qualquer ser humano do planeta que tenha acesso irrestrito à internet.

Para termos uma dimensão um pouco melhor do que ainda está por vir, gosto de citar o caso das criptomoedas, assunto que vem ganhando espaço nos noticiários financeiros de *main stream*. Para alguns poucos especialistas, essas tecnologias representam uma ameaça ao sistema monetário tradicional que conhecemos hoje e são um caminho sem volta. Primeiro foram as transações online – a estrutura bancária, as entidades emissoras de moeda como Bancos Centrais e órgãos reguladores apenas ajustaram suas regras e tudo ficou até mais fácil de ser controlado. Mas as *fintechs* – *startups* voltadas para o setor financeiro – prometem revolucionar o segmento bancário. Ainda mais revolucionário seria a chegada das criptomoedas e redes de transações criptografadas como o *blockchain*. Estas sim, em uma camada muito inacessível a controles governamentais. Por quê?

Simplesmente, porque você não tem um *headquarter* ou uma entidade física para essas tecnologias. Bancos centrais literalmente perdem a exclusividade e o monopólio da emissão de moeda. As transações não podem mais ser controladas de forma autoritária.

Apenas para ilustrarmos um efeito benéfico do uso de criptomoedas, em países como a Argentina há alguns anos, e a própria Venezuela hoje, devido a uma moeda absurdamente desvalorizada frente ao mercado mundial (consequência de governos controladores e asfixiantes), seus cidadãos se valeram do uso de mineração e câmbio de *Bitcoins* para converterem seu patrimônio monetário, que estava, literalmente, derretendo, em algo que pudesse manter o valor e estivesse de alguma forma acessível. Para aqueles que conseguiram realizar este câmbio e manter suas posições em *Bitcoins*, certamente, além de conseguirem proteger seus investimentos, disfrutaram da enorme valorização que a criptomoeda teve nos últimos anos.

O fato é que governos, até mesmo os mais liberais que hoje conhecemos, têm por regra regular tudo o que surge e gera impacto na economia, buscando infindáveis fontes de tributação e arrecadação. Foi assim com todos os setores: aviação, telecomunicações, energia, mercado financeiro, industriais, além de também regulamentar as profissões de atuação nestes segmentos. Para ilustrar, até mesmo Ronald Reagan, muito admirado no meio liberal por justamente frear um pouco o estado, simplificando o sistema de tributação americano e declarando abertamente guerra contra o socialismo no mundo, repetia a seguinte citação: *"If it moves, tax it. If it keeps moving, regulate it. And if it stops moving, subsidize it"*

Existe, obviamente, o viés negativo da tecnologia, o uso em prol de lesar as pessoas e instituições de diversas formas. Mas, definitivamente, não podemos acabar com o uso porque há abuso.

Então, durante toda essa revolução, regular este ambiente ainda com muito a se explorar poderia asfixiar o que ainda estaria por vir. E regular a profissão de desenvolvedor de software e engenheiro de software? Os cursos existem e são oferecidos nas universidades, mas muitos dos grandes empreendedores no segmento de tecnologia da informação saíram cedo da faculdade ou mesmo nunca a frequentaram.

Mas então qual o caminho?

Podemos transcorrer aqui um pouco sobre o caso brasileiro, com iniciativas como o Marco Civil da Internet, código que regulamenta o uso da internet e a atuação do estado.

A Era da Informação também nos proporcionou inúmeras formas alternativas de gerar riqueza com as nossas habilidades, reduzindo nossa dependência de empregos formais. Porém, até nisso o nosso governo atrapalha, mantendo a CLT (Consolidação das Leis Do Trabalho) desde 1943, legislação completamente nefasta e contraproducente, tanto para empregador como para empregado. E mantida até hoje, com todas as formas de trabalhar que surgiram, remotamente, de *home office* ou em qualquer lugar que estejamos, graças principalmente às tecnologias móvel e *wireless*, trabalharmos por hora demandada como nos sites de *freelancers* ou dirigindo um veículo com passageiro em prol de nós mesmos, agregando um serviço essencial de transporte com preço justo, sem o estado de atravessador.

Hoje, o consumidor no Brasil que experimenta essa nova economia, dificilmente voltará atrás. E o melhor caminho é entender toda essa nova revolução como aliada, deixando o campo aberto para a inovação e se aproveitando desta para buscar eficiência e ferramentas para uma melhor aplicação da justiça, entendendo essa nova era e flexibilizando o modelo trabalhista atual, além de simplificar e desonerar o sistema tributário. Afinal, desde o início da informatização, o governo brasileiro soube se valer muito bem para controlar todo o modelo de tributação, via imposto de renda, bem como a informatização de seu judiciário chegou antes se comparado ao setor privado da advocacia. O Brasil, com o caminho mais livre para empreender nos meios digitais, certamente, teria uma competitividade maior internacionalmente, pois, se compararmos ainda nossa infraestrutura de logística física, estamos a décadas de distância dos países considerados de primeiro mundo. A revolução tecnológica é uma oportunidade sem precedentes para reduzirmos essa distância.

O fato é que a Era da Informação tem gerado uma verdadeira destruição criativa no mercado global. Isso foi anunciado desde os primórdios de sua chegada, com o fim das empresas que fabricavam máquinas de escrever, por exemplo. Talvez, o caso mais emblemático tenha sido a falência da Kodak, líder de mercado absoluto no segmento de filmes fotográficos, que viu seu mercado ruir completamente, e, quando se deu conta, era tarde demais para a gigante aderir a tecnologia digital.

Hoje ainda, existe uma corrente de algumas pessoas que se apresentam como especialistas do futuro, com previsões um tanto apocalípticas, dizendo que a Era da Informação irá dizimar profissões inteiras nos próximos anos. Assim como, na década de 70 e 80, era anunciado que as máquinas e robôs tomariam todos os postos dos trabalhadores, o que não ocorreu na escala imaginada, bem como não tornou o mundo em algo como uma indústria gigantesca apenas.

Vejo essa transformação como desafiadora sim, mas muito mais positiva do que negativa, levando a humanidade de forma geral para um novo patamar de desenvolvimento e sustentabilidade.

A Era da Liberdade

Georges Ebel

Engenheiro e Empreendedor,
Diretor de Comunicação do IFL/SP

Guerras e fome. Refugiados. Aquecimento global. Desastres naturais. Terrorismo. Desigualdade. Acompanhamos apreensivos, por uma tela, a chegada de um furacão e observamos, em choque, os rastros de destruição poucas horas depois do fenômeno. Vemos cenas da guerra quase que ao vivo. Chocamo-nos com as condições de vida e trabalho de pessoas em lugares distantes. Nada passa despercebido. Uma semana acompanhando o noticiário nos faz perguntar como o mundo chegou a esse ponto, e o que fazer para melhorá-lo.

Mas será que o cenário é tão alarmante quanto parece? Um olhar atento em nossa história recente mostra que não.

Com duas guerras mundiais, epidemias, genocídios causados pela revolução socialista na União Soviética, comunista na China, pelo Nazismo e por governos ditatoriais por todo o mundo, o século XX foi um período marcado por violência e repressão. Foi somente nas últimas décadas desse século que o mundo iniciou uma guinada rumo à liberdade que possibilitou atingir conquistas nunca antes vistas na história da humanidade. Em 1980, havia apenas 37 democracias no mundo, um crescimento de apenas 12% em relação aos 20 anos anteriores (em 1960 havia 33). No ano 2000, 20 anos depois, esse número saltou para 77, e o último dado disponível é de 2009, quando o mundo tinha 87 democracias. No mesmo período, o PIB per capita dobrou, US$ 2.516 (1980) e US$ 5.482 (2000). Desde então, praticamente, dobrou novamente para US$ 10.150 (2016). Esses números são ainda mais expressivos quando observamos a Ásia, onde o aumento foi de 8 vezes no mesmo período.

Ao se analisar a pobreza extrema, os dados também são surpreendentes: desde 1970, houve uma redução de 80% no número de pessoas que vivem com 1 dólar por dia. A produção de alimentos teve um ganho de produtividade de 300% nos últimos 30 anos com um aumento de apenas 10% na área plantada graças à biotecnologia e outros avanços tecnológicos. O comércio mundial teve um salto de US$ 2,04 trilhões em 1980 para US$ 16,5 trilhões em 2015. O número de viagens internacionais passou de 625,6 milhões em 1995 para 1,36 bilhão em 2015. As mortes em zonas de guerra são as menores dos últimos 100 anos.

Dessa forma é incontestável a afirmação de que a qualidade de vida nunca foi tão boa, para tantas pessoas, em todo o globo, como é na atualidade. Os dados apresentados facilitam o entendimento dos fatores que possibilitaram essa melhoria:

- Rule of Law[1]
- Globalização
- Livre Comércio
- Empreendedorismo
- Respeito à propriedade privada

Esses fatores conduziram ao aumento das liberdades individuais, o que levou a cooperação entre os povos a um patamar sem precedentes. Tais liberdades, aliadas às novas tecnologias que estão surgindo, trazem-nos ao nascimento de uma grande revolução, na qual as últimas barreiras para uma verdadeira era de liberdade e prosperidade estão sendo quebradas.

Em abril de 2005, Jawed Karin publica um vídeo de 18 segundos sobre um passeio no zoológico, inaugurando a maior plataforma de compartilhamento de vídeos do mundo, o Youtube, fundada por Jawed e outros dois sócios que se conheceram no Paypal, empresa na qual trabalhavam juntos e que foi vendida para o Ebay. As três empresas citadas representam tecnologias que começaram a anunciar profundas mudanças que a internet estava trazendo para a vida de todos.

Foi pelo Youtube que o consumo de vídeos na internet se popularizou, mudando a forma com que as pessoas se comunicam, buscam informações e notícias e se entretém. O mercado de comunicação foi completamente alterado, os grandes grupos de mídias tradicionais lutam para se manterem

---

[1] Consiste no conceito associado à qualidade dos sistemas jurídicos sob critérios como: Liberdade de expressão, acesso à justiça, fácil compreensão das leis, livre associação, igualdade perante a lei, independência do poder judiciário. Normalmente traduzida como Estado de Direito, convido o leitor a se questionar se o Brasil vive sob o "Rule of Law".

vivos, enquanto plataformas de notícia e entretenimento começam a dominar o espaço nas residências, *smartphones* e *tablets*. A maneira como vídeos são consumidos e propagados torna acessível, instantaneamente, qualquer acontecimento, relevante ou não. Em um país onde as licenças para operar uma transmissora de rádio ou TV são outorgadas pelo Estado, essas tecnologias possibilitaram que qualquer pessoa, com um celular com câmera, torne-se uma emissora. As grandes celebridades possuem agora mais reconhecimento que os atores de grandes canais de TV, e, em alguns casos, possuem um rendimento maior também. Páginas como Twitter, Facebook e Youtube abrigam canais de notícia com mais credibilidade junto ao público que os grandes veículos tradicionais e passaram a impactar diretamente a política e a economia, para o bem ou para o mal.

O comércio eletrônico possibilitou a qualquer pessoa ou empresa acessar o mercado mundial, o que antes só era viável para grandes empresas e grupos multinacionais. A disponibilidade de informação juntamente com a maior eficiência e disponibilidade de sistemas logísticos nacionais e internacionais e novos sistemas de pagamento incorporaram, ao nosso cotidiano, o consumo de diversos produtos de outros países. E as últimas barreiras para tornar esse acesso, praticamente, universal estão prestes a serem quebradas. Custos elevados das transações internacionais foram reduzidos de maneira significativa com meios de pagamento como o Paypal, mas ainda estão atrelados ao sistema bancário, o que mantém alguns custos relativamente elevados. A execução de contratos no comércio internacional ainda é restrita a negociações de grandes valores, também por conta de seu alto custo. As criptomoedas e o *blockchain* são tecnologias que deverão superar esses obstáculos, eliminando a necessidade de se operar por meio dos sistemas bancários convencionais regulados pelos bancos centrais e criando contratos inteligentes arbitrados de maneira descentralizada, a um custo baixíssimo. As relações de troca e cooperação entre os povos passarão a operar de maneira descentralizada e não mais dependerão de políticas e barreiras governamentais criadas por grupos de interesse.

Das roupas coloridas, que eram restritas à nobreza antes da invenção de processos modernos de tingimento de tecidos, ao smartphone, a livre iniciativa aliada à tecnologia sempre trabalhou para oferecer soluções de produtos e serviços ao maior número de consumidores, melhorando a vida de todos nesse processo. A tecnologia nada mais é do que uma ferramenta a serviço da humanidade. Nos países com alta taxa de automatização, as pessoas trabalham menos horas e têm mais qualidade de vida. Robôs e sistemas ocuparam os lugares de trabalhadores em atividades perigosas, insalubres ou repetitivas, abrindo espaço para a criação de postos de trabalho que necessitam de habilidades únicas dos seres humanos, como a resolução de problemas, relacionamento e análise, nos quais homem e máquina se complementam. Esse ganho de eficiência se traduz em bens e serviços mais acessíveis, além de melhores salários. E a era da disrupção não será diferente.

Ninguém conhece melhor suas próprias necessidades, desejos e limitações do que o próprio indivíduo. A eficiência na alocação de recursos gera abundância e, consequentemente, redução de desperdícios e custos. Mais uma vez, a tecnologia diminuiu a assimetria de informações e aproximou as pessoas, fazendo nascer a economia compartilhada. O Airbnb conectou proprietários de imóveis ociosos que estavam dispostos a receber hóspedes, com viajantes à procura de acomodações mais baratas e com boa localização, assim mais pessoas puderam viajar. Os imóveis vazios agora estão ocupados, e os donos dos imóveis passaram a ter uma nova fonte de renda. O Uber conectou motoristas dispostos a dar caronas a passageiros dispostos a pagar por essas caronas. E agora comprar um carro não é mais uma necessidade. Empresas como a Leap Transit em San Francisco oferecem ônibus com rotas dinâmicas que atendem à demanda dos usuários, e os trajetos por transporte público ficaram mais rápidos. A Singu permitiu profissionais autônomos do mercado de beleza a aumentar sua renda, oferecendo seus serviços a uma base maior de clientes. Enquanto o livre mercado une pessoas e empresas para encontrarem melhores soluções para diversos problemas, governos se mobilizam para defender privilégios de pequenos grupos que estão se tornando obsoletos ao longo desse processo.

Enquanto a sociedade encara com entusiasmo essas novas possibilidades e soluções, governos buscam meios de conter, regular e taxar o avanço dessa nova era. Temos, pela frente, um futuro promissor, no qual os mesmos fatores que trouxeram desenvolvimento e melhor qualidade de vida para o mundo nos últimos anos 30 anos serão, exponencialmente, amplificados pelas novas tecnologias. Soluções para problemas crônicos em nossa sociedade estão surpreendendo o Estado e suas estruturas burocráticas e ineficientes, e as suas ações frustradas de conter esses avanços mostram que o poder de mudança está, mais do que nunca, na mão de cada um de nós. A era da liberdade chegou.

REFERÊNCIAS

Banco Mundial
Heritage Foundation
Instituto Friedrich Naumann para a Liberdade
Peace Research Institute Oslo (PRIO)
World Trade Organization

Este livro foi impresso em cartão Triplex 300 g,
na capa e papel Pólen soft 80 g, no miolo,
em outubro de 2017, na gráfica Ed. Loyola.